职业教育法

条文解读与适用要点

法律出版社法规中心／编著

法律出版社 LAW PRESS · CHINA
北京

图书在版编目(CIP)数据

职业教育法条文解读与适用要点 / 法律出版社法规中心编著. -- 北京 : 法律出版社, 2022

ISBN 978 - 7 - 5197 - 7021 - 1

Ⅰ. ①职… Ⅱ. ①法… Ⅲ. ①职业教育 - 教育法 - 研究 - 中国 Ⅳ. ①D922.164

中国版本图书馆 CIP 数据核字(2022)第 151308 号

职业教育法条文解读与适用要点
ZHIYE JIAOYUFA TIAOWEN JIEDU YU SHIYONG YAODIAN

法律出版社法规中心 编著

责任编辑 冯高琼
装帧设计 汪奇峰

出版发行 法律出版社
编辑统筹 法规出版分社
责任校对 张红蕊
责任印制 耿润瑜
经　　销 新华书店

开本 A5
印张 12.625　**字数** 337 千
版本 2022 年 11 月第 1 版
印次 2022 年 11 月第 1 次印刷
印刷 天津嘉恒印务有限公司

地址:北京市丰台区莲花池西里 7 号(100073)
网址:www.lawpress.com.cn
投稿邮箱:info@lawpress.com.cn
举报盗版邮箱:jbwq@lawpress.com.cn

销售电话:010 - 83938349
客服电话:010 - 83938350
咨询电话:010 - 63939796

书号:ISBN 978 - 7 - 5197 - 7021 - 1
定价:46.00 元

凡购买本社图书,如有印装错误,我社负责退换。电话:010 - 83938349

前　　言

职业教育是国民教育体系和人力资源开发的重要组成部分，是培养多样化人才、传承技术技能、促进就业创业的重要途径。党中央、国务院高度重视职业教育改革发展。1996年5月15日，中华人民共和国第八届全国人民代表大会常务委员会第十九次会议通过了《职业教育法》[1]，自1996年9月1日起施行。《职业教育法》对我国发展职业教育、提高劳动者素质、推动经济社会发展发挥了积极作用。随着我国进入新发展阶段，职业教育发展面临新形势、新要求。与建设现代化经济体系、建设教育强国的要求相比，我国职业教育还存在体系建设不够完善、企业参与办学动力不足、办学和人才培养质量参差不齐等问题。党的十九大报告提出，要完善职业教育和培训体系，深化产教融合、校企合作。国务院先后印发了《关于加快发展现代职业教育的决定》《国家职业教育改革实施方案》等文件，就职业教育改革发展出台一系列政策举措。为深入贯彻习近平总书记重要指示批示精神和党中央、国务院决策部署，解决职业教育领域突出问题，2022年4月20日，中华人民共和国第十三届全国人民代表大会常务委员会第三十四次会议修订通过了《职业教育法》，自2022年5月1日起施行。

与旧法相比，新《职业教育法》的特征主要体现在以下几个方面：

第一，充分强调并发挥党在职业教育发展中的领导作用。职业教育必须坚持中国共产党的领导，坚持社会主义办学方向。公办职业学

〔1〕 为便于阅读，本书中的法律法规均使用简称。——编者注

校与民办职业学校都应当充分发挥基层党组织在学校中的功能。

第二，强调职业教育与普通教育同等重要的法律地位。职业教育与普通教育的教育类型不同，但都在我国教育体系中发挥着重要作用。新法强调要促进职业教育与普通教育协同发展，增加职业教育中文化课程的比重，同时在普通学校中根据实际情况适当开展职业教育的内容。强调职业学校学生在升学、就业、职业发展等方面与同层次普通学校学生享有平等的机会。

第三，强化政府统筹和行业指导职责。国家根据产业布局和行业发展需要，支持高水平职业学校、专业建设；县级人民政府根据县域经济社会发展需要设立职业教育中心学校；政府行业主管部门、行业组织可以参与制定本行业职业教育相关标准，开展人才需求预测、职业生涯发展研究。

第四，推进体系贯通。着力建立健全服务全民终身学习的现代职业教育体系。

第五，强调企业在职业教育中的主体地位，深化产教融合。鼓励有条件的企业根据自身生产经营需求，利用资本、技术等要素，单独举办或者联合举办职业学校、职业培训机构；企业按照国家有关规定实行培训上岗制度。对深度参与产教融合、校企合作，在提升技术技能人才培养质量、促进就业中发挥重要主体作用的企业，按照规定给予奖励；对符合条件认定为产教融合型企业的，按照规定给予金融、财政、土地等支持，落实教育费附加、地方教育附加减免及其他税费优惠。

第六，促进职业教育办学多元化。国家不仅鼓励有条件的企业举办或联合举办职业学校、职业培训机构，还鼓励社会各方力量参与职业教育办学、支持引进境外优质资源发展职业教育。同时，鼓励职业学校、职业培训机构前往境外办学，增加对外交流，吸收先进教学经验。

第七，突出职业教育的就业导向。强调实施职业教育以促进就业为导向，坚持产教融合、校企合作、工学结合、知行合一。

第八，强调德技兼修，提升职业教育质量和水平。关于学校，规定职业学校应当加强校风学风、师德师风建设；职业学校依法办学、依据章程自主管理，可以根据产业需求，依法自主设置专业，制定人才培养方案，选用或者编写专业课程教材，设置教学过程和学习制度。关于教师，规定国家建立职业教育教师培养培训体系，建立适合职业教育特点的教师岗位设置、职务评聘制度，创新方式聘请技能大师、能工巧匠、非物质文化遗产代表性传承人等担任专职或兼职教师。关于学生，规定高等职业学校可以采取文化素质与职业技能相结合的考核方式招收学生；学生应当养成良好职业道德、职业精神和行为习惯，按要求参加实习实训，掌握技术技能等。

第九，完善对职业教育的保障机制。强调优化教育经费的支出结构，提高教育经费的使用效率，同时充分发挥失业保险金的作用，监督企业提取和使用职工教育经费。

为了帮助大家了解和学习新修订的《职业教育法》，我们特别编写了本书。在本书中，对每一个条文详细地作了解读。其中，本书通过"条文解读"和"适用要点"两个板块，全方面地对法条进行解析，相信读者一定能从中有所感悟、有所收获。本书还设有"关联法规"板块，提供了法条对应的其他法律文件中的相关规定，在一定程度上体现了《职业教育法》不是孤立存在的，与其他法律文件存在关联性，帮助读者更全面地了解相关内容。同时，本书对个别法条特别添加了"案例指引"板块，以更生动形象地帮助读者理解法律条文，实现对条文的运用。

最后，祝愿我国的职业教育事业蒸蒸日上，取得辉煌成就！再次诚邀读者朋友在使用本书的过程中给予批评、指正！

本书编委会

2022 年 6 月

目　录

中华人民共和国职业教育法

附　录　一

附　录　二

中华人民共和国职业教育法

（1996年5月15日第八届全国人民代表大会常务委员会第十九次会议通过　2022年4月20日第十三届全国人民代表大会常务委员会第三十四次会议修订）

第一章　总　　则

第一条　【立法目的和依据】[1]为了推动职业教育高质量发展，提高劳动者素质和技术技能水平，促进就业创业，建设教育强国、人力资源强国和技能型社会，推进社会主义现代化建设，根据宪法，制定本法。

条文解读

本条是关于立法目的和依据的规定。

立法目的是法律中规定的各项制度规范所追求达到的目标。立

〔1〕 条文主旨为编者所加，下同。——编者注

法目的决定了一部法律的内容导向,承载着一部法律的初心使命。本法修订后,本条在推进我国社会主义现代化建设这一根本目的的基础上,对立法目的作了充实完善,可概括为以下四个方面:

1. 推动职业教育高质量发展。《职业教育法》的修订,将职业教育放在了与普通教育同等重要的地位上。要落实职业教育高质量发展,不仅需要增强职业教育在社会上的适应性,还需要构建出具有现代化特征的职业教育体系。

2. 提高劳动者素质和技术技能水平,促进就业创业。从第一个层面来讲,我国是人口大国,整体上劳动者的素质有可提高的空间。从第二个层面来讲,随着普通教育的普及,高学历人才的数量稳步上升,而专业技术型人才无论是在数量上还是在技术技能水平上都有待提高。要贯彻科学发展的理念,必须增加专业技术型人才在全国劳动者中的占比。只有提高劳动者素质和技术技能水平,才能推广先进的科学技术,不断提高劳动生产率和经济效益,从而进一步提高社会发展水平。

3. 建设教育强国、人力资源强国和技能型社会。首先,要建设教育强国,必须要提高教育质量与教育水平。随着社会的发展,社会的主要矛盾也在不断改变,必须要将我国的教育目标从“普及教育”向“优良教育”的方向转变。其次,人力资源也是一个国家的劳动力资源。国家的人力资源质量越高,国家的竞争力就越强,越能促进社会的发展。推进《职业教育法》的落实也有利于全面发展我国人力资源水平,使人才分布更加均匀。最后,国家重视发展技能型社会,在技能型社会中,我们更需要具有“高学力”的人才。即劳动者应具有专业的技能和创新的能力。这都需要发展职业教育来帮助实现。

4. 推进社会主义现代化建设。沿着中国特色社会主义道路,集中力量进行社会主义现代化建设,是《宪法》前言中确定的我们国家的根本任务。提升职业教育水平,全面贯彻落实《职业教育法》,也是我们国家和社会发展的要求。

适用要点

在司法实践中,法律的立法目的更多的是作为一种衡量标准,起指导性作用,并不是针对某一具体事例适用,而是要体现整体的、宏观的法律精神。

关联法规

《宪法》第14条、第19条、第42条;《就业促进法》第44条

第二条 【职业教育概念及适用范围】本法所称职业教育,是指为了培养高素质技术技能人才,使受教育者具备从事某种职业或者实现职业发展所需要的职业道德、科学文化与专业知识、技术技能等职业综合素质和行动能力而实施的教育,包括职业学校教育和职业培训。

机关、事业单位对其工作人员实施的专门培训由法律、行政法规另行规定。

条文解读

本条是关于职业教育概念及适用范围的规定。

理解本条应注意以下几点内容:

1. 职业教育的直接目的,是要培养出高素质技术技能的应用型人才。高素质技术技能人才,就是既掌握专业的技术知识,也掌握必要的科学文化知识的人才。职业教育既不能一味强调理论知识方面的学习,也不能一味强调专业技能方面的学习。要将二者结合起来,使二者相辅相成,同时要与普通教育相区别,最终提高受教育者的综合

素质和职业能力。

2. 职业教育包括职业学校教育和职业培训。职业学校教育是学历性的,具体可分为中等职业学校教育和高等职业学校教育。其中,中等职业学校教育由高级中等教育层次的中等职业学校(含技工学校)实施,高等职业学校教育由专科、本科及以上教育层次的高等职业学校和普通高等学校实施。根据高等职业学校设置制度规定,将符合条件的技师学院纳入高等职业学校序列。其他学校、教育机构或者符合条件的企业、行业组织按照教育行政部门的统筹规划,可以实施相应层次的职业学校教育或者提供纳入人才培养方案的学分课程。职业培训是非学历性的,具体包括就业前培训、在职培训、再就业培训及其他职业性培训,可以根据实际情况分级分类实施。职业培训主要由职业培训机构、职业学校实施。其他学校或者教育机构以及企业、社会组织可以根据办学能力、社会需求,依法开展面向社会的、多种形式的职业培训。

3. 本法不适用于机关、事业单位对其工作人员实施的专门培训。机关、事业单位对其工作人员进行培训主要是为了让工作人员能够更好地适应工作,由机关、事业单位的人事部门及上级主管部门实施。此种专门培训因其培训内容的范围、性质等都具有一定的特殊性,甚至可能涉及国家秘密,必须由国家机关有组织、有计划地专门实施。例如,《公务员培训规定》第5条规定:"中央公务员主管部门负责全国公务员培训的综合管理工作。中央和国家机关各部门按照职责分工,负责相关的公务员培训工作,指导本行业本系统公务员培训。地方各级公务员主管部门负责本辖区公务员培训的综合管理工作。地方各级公务员所在机关按照干部管理权限,负责组织实施本机关的公务员培训工作。公务员主管部门应当会同有关部门对公务员培训工作进行监督检查,制止和纠正违反本规定的行为,并对有关责任人员提出处理意见和建议。"

需要注意的是，机关、事业单位对其工作人员实施的专门培训以外的涉及普通技能类的培训，仍然适用本法的规定。如安排工作人员进行计算机技术、速录技术等培训的，仍然属于职业培训的范围，应当按照本法的规定进行。

适用要点

本条在司法实践中的主要作用是明确本法的适用范围，虽然不能直接作为解决纠纷的依据，但是对解决纠纷是否应当适用本法有着指导性的意义。明确职业教育的概念，能够使职业教育工作更加有针对性地展开，同时找到专业技能教育与科学文化教育之间的平衡点，培养出更有利于社会发展的专业人才。

关联法规

《事业单位工作人员培训规定》;《公务员培训规定》

第三条 【职业教育的地位及制度体系建设】职业教育是与普通教育具有同等重要地位的教育类型，是国民教育体系和人力资源开发的重要组成部分，是培养多样化人才、传承技术技能、促进就业创业的重要途径。

国家大力发展职业教育，推进职业教育改革，提高职业教育质量，增强职业教育适应性，建立健全适应社会主义市场经济和社会发展需要、符合技术技能人才成长规律的职业教育制度体系，为全面建设社会主义现代化国家提供有力人才和技能支撑。

条文解读

本条是关于职业教育地位及建立职业教育制度体系的规定。

本条明确了职业教育的地位，将职业教育放在了与普通教育同等重要的地位上，改变了人们既往思想观念中职业教育“低人一等”的看法。在我国整体教育事业中，职业教育是不可忽视的一部分。在法律上明确职业教育的地位与作用，有利于提高大众对职业教育的认可度，促进职业教育的高质量发展。职业教育的作用，可以从以下三个方面理解：

1. 培养多样化人才。在传统的教育理念和教育环境中，普通教育占据教育资源的比重较大，文化课成绩的优异与否和学历的高低往往是判断能力的重要标准。我国人口基数大，劳动力也相对充裕，发展劳动密集型产业具有一定优势。但是，随着经济全球化的推进，我国正逐步升级制造业，即向技术密集型转变，技术型人才缺口逐步扩大。发展职业教育能够提高职业教育的专业性与多样化，更加有针对性地培养某一方面的技术型人才。

2. 传承技术技能。与普通教育的侧重点不同，职业教育更注重培养应用型人才，提高劳动者的实践技能和实际工作能力。这里的技术技能并不仅仅指传统的、需要多年传承的特殊技术，还包括在新时代背景下能够体现科技化水平和先进生产力的新技术。

3. 促进创业就业。随着社会的不断变革，我们国家的产业结构也随之发生变化。在新的产业结构以及社会需求的要求下，我们需要更加完善和多样化的劳动力。提高职业教育在社会中的地位，一方面可以增加大众对职业教育的重视程度，提高劳动者提升自身技术技能的积极性；另一方面有利于向社会输送人才，促进创业就业。

本法第 14 条第 1 款规定：“国家建立健全适应经济社会发展需要，产教深度融合，职业学校教育和职业培训并重，职业教育与普通教育相互融通，不同层次职业教育有效贯通，服务全民终身学习的现代职业教育体系。”职业教育体系包含以下四个方面的内容：

1. 职业教育的种类包括职业学校教育和职业培训。职业学校教育又包括中等职业学校教育和高等职业学校教育。职业培训包括就业前培训、在职培训、再就业培训及其他职业性培训，可以根据实际情况分级分类实施。

2. 国家建立健全各级各类学校教育与职业培训学分、资历以及其他学习成果的认证、积累和转换机制，推进职业教育国家学分银行建设，促进职业教育与普通教育的学习成果融通、互认。

3. 职业教育包含残疾人职业教育。残疾人职业教育除由残疾人教育机构实施外，各级各类职业学校、职业培训机构及其他教育机构应当按照国家有关规定，为残疾人接受职业教育提供必要的便利。

4. 县级以上人民政府教育行政部门也应当鼓励和支持在普通中小学、普通高等学校根据实际需要增加职业教育的相关内容。

适用要点

本条规定主要体现的是在法律层面上职业教育的重要性，对实践中发展职业教育有着指导性意义。一方面标志着职业教育从此与普通教育“平起平坐”，另一方面也有利于提高职业教育的“含金量”。

关联法规

《就业促进法》第44条

第四条　【职业教育基本原则】职业教育必须坚持中国共产党的领导，坚持社会主义办学方向，贯彻国家的教育方针，坚持立德树人、德技并修，坚持产教融合、校企合作，坚持面向市场、促进就业，坚持面向实践、强化能力，坚持面向人人、因材施教。

实施职业教育应当弘扬社会主义核心价值观，对受教育者进行思想政治教育和职业道德教育，培育劳模精神、劳动精神、工匠精神，传授科学文化与专业知识，培养技术技能，进行职业指导，全面提高受教育者的素质。

条文解读

本条是关于职业教育基本原则和指导思想的规定。可以从以下两个层面理解：

第一个层面，在职业教育的原则方面，必须坚持中国共产党的领导。

1. 社会主义制度是中华人民共和国的根本制度，中国共产党领导是中国特色社会主义最本质的特征，我国的所有政策和举措都必须建立在这两项原则之上。在职业教育中，坚持党的领导和社会主义办学方向也是必须遵守的根本原则。只有在坚持党的领导和社会主义办学方向的基础上，才能真正培养出适合我国社会发展需要的技术技能人才。

2. 在社会的不同发展阶段，我国的教育方针也有所不同，但根本上都是为建设社会主义现代化而服务。党的十八大报告中明确指出："坚持教育为社会主义现代化建设服务、为人民服务，把立德树人作为教育的根本任务，培养德智体美劳全面发展的社会主义建设者和接班人。"职业教育也应当按照党的教育方针贯彻落实。优秀的职业教育培育出的人才除了掌握专业技能与科学文化知识以外，还应当拥护党的领导,在德智体美各方面全面均衡发展。职业教育也应当因材施教,以培养出符合社会主义现代化需要的、具有实践能力和扎实技能的优秀人才。

第二个层面,实施职业教育,必须符合社会主义核心价值观的要求。

我国《宪法》第 24 条第 2 款规定:“国家倡导社会主义核心价值观,提倡爱祖国、爱人民、爱劳动、爱科学、爱社会主义的公德,在人民中进行爱国主义、集体主义和国际主义、共产主义的教育,进行辩证唯物主义和历史唯物主义的教育,反对资本主义的、封建主义的和其他的腐朽思想。”

在过去的职业教育背景下,普遍存在受教育者综合素质不高,价值观相对不成熟,容易受到社会不良影响的情况。在这种情况下,很难培养出真正适应社会发展潮流的劳动者。要扭转这一局面,首先要做的就是在法律中明确职业教育的指导思想,确定社会主义核心价值观在职业教育中起到的核心引领作用。

要充分在职业教育中体现社会主义核心价值观,除了要提高教师队伍的素质以外,还需要将思想品德教育融入平时的课业生活中。针对受教育者的不同年龄和不同水平,有针对性地开展德育教育。此外,还需要营造健康和谐的校园氛围。让受教育者在学校中感受到人文关怀,培养受教育者的劳模精神、劳动精神、工匠精神。

适用要点

法律原则标示着一部法律的精神内核,对法律的基本性质和价值观有着决定性的影响。职业教育基本原则的适用,一方面,可以弥补法律规则的不足,如果在司法实践过程中因法律规则的局限性不能很好地解决纠纷时,可以根据原则的精神对法律进行解释,从而促进纠纷的解决。另一方面,法律原则对法律适用中的自由裁量起着引导性的作用，引导纠纷公平、公正地妥善解决。

关联法规

《宪法》第1条、第19条、第24条

第五条 【权利】公民有依法接受职业教育的权利。

条文解读

本条规定确定了接受职业教育是公民的权利之一。

我国《宪法》第46条第1款规定："中华人民共和国公民有受教育的权利和义务。"《教育法》第9条规定："中华人民共和国公民有受教育的权利和义务。公民不分民族、种族、性别、职业、财产状况、宗教信仰等，依法享有平等的受教育机会。"受教育权是公民的基本权利之一，每个人都有权接受教育。本条规定的接受职业教育的权利正是基于受教育权这一基本权利产生的。将接受职业教育确定为公民的权利，代表着任何人都不得干涉他人行使这一权利，国家和社会也将采取措施保障这一权利的实现。

在职业学校教育方面，对职业学校教育的种类进行了划分。促进职业教育与普通教育的学习成果融通、互认，使职业学校的学生在升学方面更为便捷。在职业培训方面，完善了实施职业培训的机构，丰富了职业培训的方式，使职业培训更加符合社会需求。

同时，国家也督促地方政府加大对职业教育的经费投入和政策保障力度，以扩大职业教育的办学规模，提高职业教育的教学质量。除此之外，还要求各学校根据自身情况，将普通教育与职业教育相融合，营造出更加具有专业性和权威性的职业教育。

举例来讲，山西省平遥现代工程技术学校在立足于当地特色与传统文化的基础上，从传承和创新两个方面对学校的教育教学模式进行改革，走出了一条与众不同的职业教育道路，为国家培养出以新型职业农民为主体的农村实用人才。[1] 这在一定程度上也能为我国实施职业教育工作起到模范作用，使职业教育机构响应国家号召，有针对性地对受教育者开展职业教育活动，从而更加有效地落实受教育者接受职业教育的权利。

公民在享受职业教育这项权利所带来的保障时，也不能忽视相应的义务。我国《教育法》第 41 条规定："从业人员有依法接受职业培训和继续教育的权利和义务。国家机关、企业事业组织和其他社会组织，应当为本单位职工的学习和培训提供条件和便利。"由此可见，接受职业教育不仅仅是公民的权利，还是公民在某些情况下应当履行的义务。在如今这个飞速变化发展的新时代，要促进职业教育事业的发展，仅仅依靠国家的政策是不够的。受教育者还需要从自身提高对职业教育的重视程度，自觉接受与所需技能相关的职业教育，提升自己的综合素质。

适用要点

接受职业教育的权利受法律保护，他人不得侵犯。如果违反本法规定，侵犯了他人接受职业教育的权利，就需要承担相应的法律责任。职业学校、职业培训机构违反本法规定的，不仅需要承担对他人的侵权责任，还需要接受政府相关部门作出的处罚。

---

〔1〕 参见《发展职业教育　为乡村振兴耕耘——平遥现代工程技术学校乡村振兴案例》，载国家级农村职业教育和成人教育示范县展示与交流平台，http://sf.ouchn.edu.cn/Pages/Typical/2021/04/30/aaac33aa-f0d2-4e8d-a9d3 99efea7c0cec.htm。

关联法规

《宪法》第46条;《教育法》第9条、第41条

案例指引

齐玉苓诉陈晓琪等以侵犯姓名权的手段侵犯宪法保护的公民受教育的基本权利纠纷案[1]

案例要旨:原告齐玉苓主张的受教育权,属于公民一般人格权范畴。它是公民丰富和发展自身人格的自由权利。本案证据表明,齐玉苓已实际放弃了这一权利,即放弃了上委培的机会。其主张侵犯受教育权的证据不足,不能成立。但是,原告齐玉苓的姓名权被侵犯,除被告陈晓琪、陈克政应承担主要责任外,被告济宁商校明知陈晓琪冒用齐玉苓的姓名上学仍予接受,故意维护侵权行为的存续,应承担主要责任;被告滕州八中在考生报名环节疏于监督、检查,并与被告滕州教委分别在事后为陈晓琪、陈克政掩饰冒名行为提供便利条件,亦有重大过失,均应承担一定责任。本案在维护公民姓名权方面具有典型意义。此外,虽然在"受教育权"方面,原告的主张因证据不足未得到支持,但是"受教育权"因此再次被舆论关注,进而对维护和规范公民的受教育权具有一定的现实意义。

第六条 【职业教育管理体制】职业教育实行政府统筹、分级管理、地方为主、行业指导、校企合作、社会参与。

〔1〕 因篇幅有限,此处仅归纳案例要旨,如需阅读案例全文,请扫描侧边二维码,在线阅读。下同。——编者注

条文解读

本条是关于职业教育管理体制的规定。

理顺职业教育管理体制是解决职业教育谁来创办、谁来管理、谁来参与、如何办好等一系列问题的根本，是优化教育结构、引领全部职业教育具体规范的顶层设计，是实现职业教育在我国经济社会发展中发挥更大作用的关键。依据本条规定，职业教育管理体制主要由以下六个方面构成：

1. 政府统筹

国务院教育行政部门负责职业教育工作的统筹规划、综合协调、宏观管理，国务院有关部门在职责范围内分别负责有关的职业教育工作。近些年来，各地区各相关部门认真贯彻党中央、国务院决策部署，推动职业教育发展取得显著成绩。即以习近平新时代中国特色社会主义思想为指导，瞄准技术变革和产业优化升级的方向，推进产教融合、校企合作，吸引了更多青年接受职业技能教育，促进了教育链、人才链与产业链、创新链有效衔接。政府整体部署、统筹实施，有利于打破条块分割现状，统一优化教育配置、就业资源，为全国职业教育科学、有序发展奠定坚实基础。

2. 分级管理

全国各地经济社会发展对职业技术人才需求的层次性形成了职业教育分级管理的基础，我国职业学校教育分为中等职业学校教育、高等职业学校教育。2021 年 10 月中共中央办公厅、国务院办公厅印发的《关于推动现代职业教育高质量发展的意见》中就指出，推进不同层次职业教育纵向贯通，大力提升中等职业教育办学质量，优化布局结构，建设一批优秀中等职业学校和优质专业，注重为高等职业教育输送具有扎实技术技能基础和合格文化基础的生源。以不同层次的人才需求，进行不同层次的教学，实现人才在不同层级的有序流动。

3. 地方为主

在宏观指导的总基调下，简政放权，重心下移，把职业教育的管理权更多地下放给地方政府，由各级人民政府将发展职业教育纳入促就业、调结构、保发展等工作的整体部署中，推进实施。地方政府既可以根据本区域发展的需求，设立职业教育学校，也可以委托职业教育学校承担教学指导工作，让地方政府的自主权和积极性在多元化办学模式中，更好地服务本地社会需求。

4. 行业指导

谈到行业指导，不得不提到“全国行业职业教育教学指导委员会”（以下简称行指委）。行指委，是受教育部委托，由行业主管部门或行业组织等牵头组建和管理，对相关行业职业教育和培训进行研究、咨询、指导和服务的全国性、非营利性、非常设性专家组织。行指委既联系职业院校，又联系行业企业。其主要任务是跟踪产业政策、发展动态，系统梳理本领域产业、职业、岗位、专业的关系；研究新产业、新业态、新模式对职业教育专业建设的新要求，开展本行业（专业）领域技术技能人才需求预测分析，提出人才培养目标与培养规格以及职业院校专业设置建议；聚合行业企业资源，指导行业企业深度参与职业教育，组织开展产教对话等活动。

5. 校企合作

校企合作，在本法修改前就一直被提倡，本法的修订更加注重校企合作的深度融合，把临时的、表面的合作推向纵深领域。校企合作的方式是多种多样的，如职业学校与企业共同举办职业教育机构、组建职业教育集团或者开展定向培养等。为了深化产教融合，解决我国校企合作中企业内生动力不足的问题，本法修订后增加了诸多扶持、奖励措施。即国家鼓励企业举办职业学校；政府采取补贴、基金奖励、捐资激励等措施扶持企业开展职业教育；给予产教融合型企业金融、财政、土地等支持，落实教育费附加、地方教育附加减免及其他税费优惠等。

6. 社会参与

长期以来,受传统教育体制观念的影响,我国职业教育发展较慢。本法第 3 条已经明确了职业教育的地位,也就意味着职业学校毕业生在升学、求职、就业上的权利将进一步得到保障。教育制度的变革需要快速融入人们的思想观念中,这就需要新闻媒体和职业教育有关方面积极开展职业教育宣传,弘扬工匠精神,营造促进职业教育发展的社会氛围;另外,职业教育是投资较大的教育类型,需要大量的先进设备、教学模拟场地等投入,需要社会广泛参与。国家鼓励企业、事业单位、社会组织及公民个人对职业教育捐资助学,鼓励境外的组织和个人对职业教育提供资助和捐赠。

适用要点

一是要充分尊重地方政府的自主权,鼓励发展适合本地产业链、经济业态的职业教育内容。二是分级管理要明确,招录条件要确保明确统一,遵守教育公平原则,避免权力寻租。三是要有序开展校企合作,加强政府督导。学校与企业合作一般是教学内容、实习岗位等方面的合作,严禁校企双方搞“捆绑销售”式合作,侵害学生自由择业的合法权益。

关联法规

《宪法》第 19 条;《教育法》第 47 条

第七条 【政府实施职业教育的基本职责】各级人民政府应当将发展职业教育纳入国民经济和社会发展规划，与促进就业创业和推动发展方式转变、产业结构调整、技术优化升级等整体部署、统筹实施。

条文解读

本条规定了政府在实施职业教育过程中应当承担的基本职责。

实施职业教育应当是国民经济和社会发展规划的一部分，必须得到政府的重视以及政策支持。职业教育的发展不应是孤立的，应当是与社会的经济结构、发展目标等方面结合起来的，共同形成一个整体。《教育法》第11条第1款规定："国家适应社会主义市场经济发展和社会进步的需要，推进教育改革，推动各级各类教育协调发展、衔接融通，完善现代国民教育体系，健全终身教育体系，提高教育现代化水平。"《劳动法》第67条规定："各级人民政府应当把发展职业培训纳入社会经济发展的规划，鼓励和支持有条件的企业、事业组织、社会团体和个人进行各种形式的职业培训。"结合上述两条法律的规定，综合考虑本法的立法目的和精神，可以总结出政府在实施职业教育中的基本职责主要体现在以下几个方面：

1. 将发展职业教育纳入国民经济和社会发展规划。在国家整体的经济和社会发展规划的指导下，各级地方政府需要根据各地的不同情况制定不同的、适合当地发展的规划。在制定发展规划时，各级政府不能忽视教育在规划中的地位，除了要注重普通教育的发展以外，还要兼顾职业教育的实施。

要实现中华民族伟大复兴的中国梦，需要无数有文化、有技术的人才作为推动力。归根结底，教育的发展与社会、经济的发展是密不可分的。只有发展高质量的、全面协调的、人民喜闻乐见的教育，才能进一步推动我国小康社会的建成,促进我国生产力的提高,增进我国经济发展的速度。在我国的教育体系中,普通教育和职业教育占据着同样重要的位置。无论是普通教育还是职业教育,都能给我国的经济发展带来助力。因此,在发展普通教育的同时,还要注意职业教育的普及和落实,避免偏重一方而忽视另一方的情况发生。同时,也要注意教育和经济协调共同发展。适当加大对教育的财政投入,达到经济促进教育,教育反哺经济的目标。

2. 将发展职业教育与促进就业创业和推动发展方式转变、产业结构调整、技术优化升级等整体部署、统筹实施。就职业学校教育来讲,当完成义务教育阶段后,各地需要根据当地的具体情况,因地制宜地推动普通教育和职业教育协调发展。在目前这个需要加强职业教育力度的阶段,应与时俱进地作出推动职业教育发展的具体规划。

首先,在促进就业创业和推动发展方式转变方面,不仅要提高职业教育的教学质量,还要破除对职业教育的固有印象,推动企业接纳吸收职业教育毕业生。与此同时,各级政府还需要根据本地的情况,采取措施鼓励职业教育毕业生利用自身的专业技术进行自主创业,为决定创业的职业教育毕业生提供政策保障。

其次,在产业结构调整方面,要确保职业教育能够推动产业结构合理化、高级化。在目前的社会阶段,我国已经度过了经济高速发展的时期,逐渐向经济稳步发展转变。要保证经济持续、健康发展,必须建立起合理的产业结构。随着第三产业比重的逐渐提高,要顺应发展的潮流,必须要走信息化、技术化、科技化的新型工业化道路,这要求我们掌握先进技术和培养有创新能力的人才。为了达成这一目标,政府在实施职业教育时,要发挥引导作用,合理配置资源,统筹兼顾。

最后,在技术优化升级方面,要保证职业教育与新兴技术深度融合,建立起职业教育发展的“新模式”。在实施职业教育时,必须坚持走社会主义道路,坚持中国共产党的领导,认真落实中央对发展职业教育的统筹政策。加大对职业教育的政策支持，使职业教育牢牢把握住新科技、新技术，与世界前沿的创新技术紧密结合，最终完成职业教育转型。

适用要点

本条规定对各级政府主要起到指导和引领作用，为政府采取政策发展职业教育提供整体的方向。在发展职业教育时，要坚决不忘推进社会主义现代化建设这一目标。同时要坚持社会主义办学方向，贯彻国家的教育方针，将职业教育向更优的方向推进。

关联法规

《教育法》第 11 条;《劳动法》第 67 条

第八条 【政府实施职业教育具体职责】国务院建立职业教育工作协调机制，统筹协调全国职业教育工作。

国务院教育行政部门负责职业教育工作的统筹规划、综合协调、宏观管理。国务院教育行政部门、人力资源社会保障行政部门和其他有关部门在国务院规定的职责范围内，分别负责有关的职业教育工作。

省、自治区、直辖市人民政府应当加强对本行政区域内职业教育工作的领导，明确设区的市、县级人民政府职业教育具体工作职责，统筹协调职业教育发展，组织开展督导评估。

县级以上地方人民政府有关部门应当加强沟通配合，共同推进职业教育工作。

条文解读

本条规定了国务院及国务院各部门、各级人民政府及有关部门在职业教育中应当尽到的具体职责。

政府既是我国的行政机关，也是我国公共行政权力的象征。对于政府在职业教育中的职责，应当从政府的职能、职业教育的现状、职业教育发展的需求、职业教育发展的目标等多个方面进行考虑。其中，国务院作为我国最高行政机关，起到的是整体的统领作用。在国务院的宏观管理之下，各级地方政府也可根据当地的具体情况，因地制宜地制定当地的职业教育发展政策。无论是国务院还是各级地方政府，其所要达到的目的都是促进职业教育的发展，增加职业教育在当前教育体系中所占的比重。综合来看，政府在职业教育中起到的作用主要体现在以下几个方面：

1. 要根据各级政府的不同职责，共同建立起完善的职业教育法律法规体系。从国务院的角度来讲，根据《宪法》和法律，规定行政措施，制定行政法规，发布决定和命令是国务院的职责之一。在此职责的基础上，国务院要发挥职业教育工作统领作用，根据实施职业教育的具体需要，制定符合《宪法》以及本法精神的相关行政法规，完善职业教育发展中的不足。各级地方人民政府要在国务院的指导下，保证职业教育相关法律规定在当地的全面落实，并结合本地的具体情况发布地方性文件以促进职业教育的发展。最终从国务院到各级地方人民政府，形成越来越完善的职业教育法律法规体系。

2. 要建立起完善而合理的职业教育管理体制。国务院统一领导全国地方各级国家行政机关的工作，规定中央和省、自治区、直辖市的国家行政机关的职权的具体划分，领导和管理我国的教育工作。《教育部办公厅关于学习宣传和贯彻实施新修订的职业教育法的通知》中规定："各地要按照法律要求，将发展职业教育纳入国民经济和社会发展规划，统筹实施。要落实政府统筹、分级管理、地方为主、行业指导、校企合作、社会参与的管理体制。各地教育行政部门要加强职业教育工作的统筹规划、综合协调和宏观管理。各地要依法加强对职业教育工作的统筹,依法调整、优化职业教育的管理职责,提高管理效能。”在国务院的领导下,各级地方人民政府要各司其职,用适当的政策来弥补法律规定中不完善的部分,建立起符合当地发展情况的职业教育管理体系。

3. 要增加对职业教育的财政投入,保证发展职业教育资金充足。在本法修订以前,与普通教育相比,我国对职业教育的重视程度相对较弱。虽然近几年政府一直在加大对职业教育的支持力度,增加职业教育资金投入,但总体上讲,对职业教育的扶持仍然存在不到位、不充分的问题。本法修订以后,职业教育的地位大大提高,对职业教育的财政投入力度也相应提高,以增加、更新职业教育的软硬件设施,满足职业教育发展的需要。

4. 从政策层面保证职业教育的教学质量,加强对职业教育教学质量的监管力度。在以前的职业教育教学模式下,往往是在义务教育阶段成绩不太好的学生才会被动地选择职业教育,很少有主动选择职业教育以学习专业技术的受教育者。在这样的情况下,职业教育的院校和机构也往往会忽视教学质量问题,所追求的只是“有技术”而非“优技术”,导致职业教育质量参差不齐、就业表现不理想的问题出现。要解决这一问题,必须从政府的层面加强对职业教育教学质量的监管,并由政府实施不同的政策以保证职业教育的教学质量。确保接受职业教育的受教育者能够学习到高质量的、走在时代前沿的专业技术,从而提高职业教育受教育者在劳动市场上的竞争力。

5. 鼓励企业、社会团体等社会力量也参与到职业教育的办学中来,使职业教育的结构更加完善。要实现这一点,必须推进多元的办学格局。《教育部办公厅关于学习宣传和贯彻实施新修订的职业教育法的通知》中规定:“要按照法律规定,鼓励发展多种层次和形式的职业教育,推进多元办学,充分发挥企业的重要办学主体作用,支持社会力量广泛、平等参与职业教育。要采取积极有效措施，推动企业深度参与职业教育，构建更加灵活的机制，鼓励有条件的企业特别是大企业举办高质量职业教育。要加强与行业主管部门、行业组织、群团组织的协作，充分发挥其举办或者参与举办职业教育的优势和参与制定职业教育专业目录、教育标准、人才需求预测等方面的重要作用。”由此可见，要建立起多元化的职业教育体系，企业、社会团体的参与是必不可少的。发展职业教育的直接目的就是推动职业教育受教育者就业，而企业、社会团体参与职业教育的办学也有利于这一目的的达成。

6. 在法律的基础上赋予职业教育院校更多的办学自主权，使各个职业教育院校、机构能够发展出各具特色的教学风格。职业学校、职业教育机构可以根据当地发展状况以及风俗民俗等特点，制订教学计划，创新学习形式。只有各地结合当地实际需求、特点开展职业教育，才最有利于当地就业问题的解决。

适用要点

近些年来，在职业教育的发展过程中，我国政府既取得了不可忽视的成就，也存在需要改进的不足。各级政府应当各司其职，在《宪法》以及本条规定的基础上确定各自应当承担的责任。在司法实践中，本条规定也可作为判断政府是否尽到责任的标准之一，在纠纷的解决中起到指导性的作用。

关联法规

《宪法》第89条、第107条

第九条 【企业、事业单位以及社会组织在职业教育中的责任】国家鼓励发展多种层次和形式的职业教育，推进多元办学，支持社会力量广泛、平等参与职业教育。

国家发挥企业的重要办学主体作用，推动企业深度参与职业教育，鼓励企业举办高质量职业教育。

有关行业主管部门、工会和中华职业教育社等群团组织、行业组织、企业、事业单位等应当依法履行实施职业教育的义务，参与、支持或者开展职业教育。

条文解读

本条规定了企业以及有关行业主管部门、工会和中华职业教育社等群团组织、行业组织、企业、事业单位等在实施职业教育过程中应当承担的责任。

本条规定可以从以下三个层面进行理解：

1. 发展多元化的职业教育。随着社会多元化的发展，我们对发展社会所需生产力的要求也越来越多元化。近年来，第三产业不断兴起，与第三产业紧密联系的各种服务业在经济市场中所占的比重也越来越大。对于各种新兴产业，我们需要培养与新兴产业相关的各种专业人才来发展经济。在这样的背景下，让有能力的新兴产业企业参与到职业教育中来，能够更直接地培养出与新兴产业相适配的劳动者，从而达到受教育者快速上岗、灵活就业的目标。要使职业教育发展得更好、更强，需要全社会的力量参与职业教育实施。在培养受教育者专业知识的同时，也不能忽视对文化素养和职业精神的培养。只有全面化、多元化地实施职业教育发展政策，才能让职业教育更加适应瞬息万变的经济社会。

2. 发挥企业的重要办学主体作用。我国的劳动力数量虽然多，但是存在素质良莠不齐的情况。针对劳动者的具体情况进行职业教育，能够有效提高劳动者的整体素质。劳动者的素质越高，越能给企业的经营生产带来活力。因此，企业在职业教育中也应当充分发挥积极作用，承担起应尽的社会责任。企业与职业教育密切相关，需要在政府的统筹下参与职业教育的实施工作。例如，上海市金山区职业教育集团就曾深化产教融合，实现校企合作，根据本地所需要人才的特征，因地制宜地推动职业教育的发展。在实施校企合作过程中，该集团采用政策、机制、经费这三方面的保障措施，整合职业教育资源，最终达到促进共同发展的目的。[1]

3. 有关行业主管部门、工会和中华职业教育社等群团组织、行业组织、企业、事业单位等应当依法履行实施职业教育的义务。有关行业主管部门应当按照行业、产业人才需求加强对职业教育的指导，定期发布人才需求信息。除此之外，上述组织还可以根据需要，参与制定职业教育专业目录和相关职业教育标准，开展人才需求预测、职业生涯发展研究及信息咨询，培育供需匹配的产教融合服务组织，举办或者联合举办职业学校、职业培训机构，组织、协调、指导相关企业、事业单位、社会组织举办职业学校、职业培训机构。同时，根据区域或者行业职业教育的需要建设高水平、专业化、开放共享的产教融合实习实训基地，为职业学校、职业培训机构开展实习实训和企业开展职工培训提供条件和支持。

适用要点

在支持职业教育发展的政策中，除了国家和地方要对职业教育提供必要的保障以外，有关行业主管部门、工会和中华职业教育社等群

---

[1] 《深化“产教整合、校企合作”调研与探索——上海市金山区职业教育集团典型案例》，载东方网，http://edu.eastday.com/node2/jypd/n5/20220415/u1ai49435.html。

团组织、行业组织、企业、事业单位等同样负有不可推卸的责任。只有各部门、各单位共同努力,统筹发展,才能真正使职业教育走上强盛的道路。本条规定在适用中主要是起保障作用,明确各机关和组织的职责,为职业发展背书。

关联法规

《教育法》第 20 条、第 47 条、第 48 条

第十条 【对特定地区和特定群体的规定】国家采取措施,大力发展技工教育,全面提高产业工人素质。

国家采取措施,支持举办面向农村的职业教育,组织开展农业技能培训、返乡创业就业培训和职业技能培训,培养高素质乡村振兴人才。

国家采取措施,扶持革命老区、民族地区、边远地区、欠发达地区职业教育的发展。

国家采取措施,组织各类转岗、再就业、失业人员以及特殊人群等接受各种形式的职业教育,扶持残疾人职业教育的发展。

国家保障妇女平等接受职业教育的权利。

条文解读

本条是关于特定地区和特定群体在实施职业教育过程中的特殊规定。

本法修订后,在特殊地区与特殊群体方面增加了完善性规定。在特殊地区的职业教育方面,保留了对农村职业教育的保障,同时对发展农村职业教育提出了新的目标。除此之外,将原本的少数民族地

区、边远贫困地区职业教育扩充为革命老区、民族地区、边远地区、欠发达地区职业教育,使职业教育的发展范围更加全面,更有利于职业教育的开展。对特殊群体的保障也在原本的妇女、失业人员、残疾人的基础上,增添了各类转岗、再就业人员,使职业教育能够更加有针对性地展开,全方位地保障公民享有接受职业教育的权利。

本条第1款规定的重点是发展技工教育,提高产业工人素质。在发展普通职业教育的基础之上,要特别发展技工教育。技工教育就是以培养技术工人为目标的教育。发展技工教育是满足我国新时代发展目标的要求,培养高素质技术工人也有利于我国产业变革,提高社会生产力。在发展技工教育的过程中,也需要注意产教融合,同时从科学文化素养、思想道德素养、专业技术素养等多个方面提高技术工人的素质。例如,2021年12月印发的《山东省技工教育"十四五"发展规划》中对山东省范围内发展技工教育的工作进行了具体部署,响应了国家发展技工教育的政策号召。其他各地方也可以依据本地的情况,发展出特色的技工教育,共同促进国家职业教育事业的发展。

本条第2款规定的重点是加大农村职业教育的力度,培养高素质乡村振兴的人才。近几年来,我国的新农村建设取得了长足的进步。但是,仍然存在发展不均衡、产业结构不合理、整体发展速度缓慢等多方面的问题。党的十九大报告中提出了乡村振兴这一发展战略。只有尽快提高农村的发展水平,才能提高我国的整体发展水平,推动我国经济的发展进步。因此,要实现乡村振兴、改善农村中的人才结构,必须在农村中全面实施职业教育。

本条第3款规定的重点是对革命老区、民族地区、边远地区、欠发达地区职业教育的扶持工作。上述几类地区都是我国长年以来需要特殊政策扶持以及财政支持的地区。在发展职业教育时,同样应当将这些地区作为职业教育发展的重点扶持地区,采取政策应对这些地区的发展难点。同时加大对这些地区的人力、财力投入力度,从国家层面为这些地区普及职业教育提供保障。

本条第4款规定的重点是保障各类转岗、再就业、失业人员以及特殊人群等接受职业教育的权利,同时,也要扶持残疾人职业教育的发展。首先,对于各类转岗、再就业、失业等人员,要保障其能够进行再就业。保障这类人群接受职业教育的权利,无疑能够为其再就业提供更加多元化的选择途径。不仅能够解决上述人员就业难的问题,而且能提高我国劳动力的就业率,解决相应的社会问题。其次,对于残疾人等特殊人群,要保障其劳动权和受教育权,扶持职业教育的发展。残疾人可能在生理、心理、人体结构上,某种组织、功能丧失或者不正常,在正常参加工作方面具有一定的困难。扶持残疾人职业教育发展,残疾人能够学习更多地谋生手段。职业教育在提高残疾人就业率、促进残疾人融入社会、维护社会稳定方面有着举足轻重的作用。

本条第5款规定的重点是保障妇女平等接受职业教育的权利。在我国几千年的封建社会中,妇女一直处于比较低的社会地位。其受教育的权利、劳动权利会受到很多限制。新中国成立后,妇女的地位有了显著的进步,但受旧思想的影响,还是有很多妇女没有实现真正的“翻身解放”。与此同时,女性与男性相比,生理具有显著不同,在孕期、哺乳期等时期需要特殊照顾。在社会背景和女性自身生理特征的双重影响之下,需要对女性的受教育权和劳动权提供特别的保障措施。在接受职业教育方面,根据《妇女权益保障法》第15条、第20条的规定,国家保障妇女享有与男子平等的文化教育权利;各级人民政府和有关部门应当采取措施,根据城镇和农村妇女的需要,组织妇女接受职业教育和实用技术培训。保障妇女能够平等地接受职业教育、平等地就业,是我国发展职业教育的重点。

适用要点

我国既是人口大国，也是地域大国。众多的人口和广袤的土地不仅会给我国带来发展机遇，而且会带来发展不平衡、人口素质参差不齐等局限性。在发展职业教育过程中，我国需要采取法律保障、政策保障等多种方式，尽量平衡不同的地区与不同的群体之间的发展水平，以提高我国的综合国力。本条规定从法律层面对政策实施的方向和重点提供了指引，在职业教育的实际实施过程中也能起到引导作用。

关联法规

《乡村振兴促进法》第 26 条、第 27 条；《妇女权益保障法》第 15 条、第 20 条、第 57 条；《残疾人保障法》第 22 条、第 23 条、第 25 条；《就业促进法》第 49 条、第 50 条

第十一条 【职业教育的实施依据、教育标准、就业要求】实施职业教育应当根据经济社会发展需要，结合职业分类、职业标准、职业发展需求，制定教育标准或者培训方案，实行学历证书及其他学业证书、培训证书、职业资格证书和职业技能等级证书制度。

国家实行劳动者在就业前或者上岗前接受必要的职业教育的制度。

条文解读

本条的内容主要包括职业教育的实施依据、教育标准和就业要求，旨在明确职业教育对社会经济持续发展的重要性，原则上规定了

职业教育的内容，强调了职前教育制度的实行，体现了国家支持职业教育规范化发展的政策，理解本条应注意以下内容：

第一，职业教育具有适应性——实施职业教育应当根据经济社会发展需要。《中华人民共和国国民经济和社会发展第十四个五年规划和2035年远景目标纲要》（“十四五”规划）第43章中明确提出“建设高质量教育体系”“增强职业技术教育适应性”，表明了职业教育发展应提高适应性的政策导向和要求。职业教育的此种顶层设计具有极大的理论意义和现实意义。就理论意义而言，职业教育的适应性主要体现了马克思主义上层建筑与经济基础相适应原理，职业教育只有根植于国家社会经济发展的土壤中，才能成为反哺经济的有效教育。就现实意义而言，（1）宏观上职业教育承担着将我国的“人口优势”转化为“发展红利”的历史使命和责任。党中央在改革开放以后提出大力发展职业教育的决定，既与我国制造业、服务业、农业以及信息技术产业现代化发展战略相匹配，也与社会主义市场经济改革时期和新时代中国特色社会主义发展阶段中解决我国基本矛盾的要求相契合。不断成熟的现代职业教育体系培养了一批又一批的新型农民、技术能人以及大国工匠，为我国经济基本实现现代化奠定了诸多有利条件和良好工作基础。同时，在我国改革发展进入深水区、攻坚区后，工业化、信息化、城镇化、市场化、国际化深入推进，人口、资源、环境压力日益加大，经济发展方式加快转变，这都要求转变以往靠人口基数大而以劳动成本低的优势获取利润的方式，应通过职业教育，提高国民素质、为转型经济培养创新人才以便对接现代化经济体系和劳动力市场。（2）微观上职业教育的适应性保障个人最大化地实现社会价值。职业教育促进学习者发展“综合职业能力”，即个体当前就业和终身发展所需的能力。支持劳动者接受与经济社会发展需求相适应的职业教育，增强劳动者的技能，帮助学习者提高个人职业道德、职业水平和就业创业能力，既有利于个体在庞大的就业市场中寻找到适合自身发展的工作岗位,缓解当前劳动力供求结构失衡的矛盾;也有利于个体在具有“针对性”的高质量劳作中收获为社会贡献的愉悦。综上,职业教育应该秉承与经济社会发展相适应的基础理念,为国家现代化发展储备高素质劳动者和技能型人才。

第二,职业教育依循科学性——结合职业分类、职业标准、职业发展需求,制定教育标准或者培训方案。教育发展从来不是存于脑海、止于想象,教育发展应遵循处理好与社会发展关系、和人的发展关系的规律。职业教育在处理好适应社会经济发展的外部关系规律下,还应该处理好如何制定教育内容这一与受教育者密切相关的科学问题。本条语境下职业教育的科学性体现在开展职业教育要遵循科学的划分标准——《职业教育法》规定的职业分类、职业标准、职业发展需求,即职业教育应在就业市场、专业内容、技能需求等的科学研判基础上,正确对待内外关系以制定教育内容。(1)职业分类。职业分类能客观反映出我国国民经济各行各业及社会有关部门的设置和发展情况。科学的职业分类是实现职业科学管理,特别是劳动力科学管理的基础和前提,对于劳动力的合理使用、流动和培训等具有重要的指导意义。而且明确的职业分类使职业教育更有针对性,使职业教育更能适应社会和受教育者的需求。2015 年版的《职业分类大典》将职业分类结构为 8 个大类,共 1481 个职业,其中八个大类分别为“党的机关、国家机关、群众团体和社会组织、企事业单位负责人”“专业技术人员”“办事人员和有关人员”“社会生产服务和生活服务人员”“农、林、牧、渔业生产及辅助人员”“生产制造及有关人员”“军人”“不便分类的其他从业人员”。职业分类处于动态管理的状态,国家于 2021 年 4 月启动对《职业分类大典》的修改工作。2022 年 9 月,2022 年版《职业分类大典》终审通过。2022 年版大典在保持八大类职业类别不变的情况下,净增了 158 个新的职业,现在职业数达到了 1639 个。(2)职业标准。职业标准是职业教育培训课程开发的依据。国家职业标准通过工作分析方法，描述了胜任各种职业所需的能力，反映了企业和用人单位的用人要求。职业教育和职业培训的课程按照国家职业标准进行设置，能够摆脱“学科本位教育”重理论、轻实践，重知识、轻技能和重学业文凭、轻职业资格证书的做法，保证职业教育密切结合生产和工作的需要，使更多的受教育者和培训对象的职业技能与就业岗位相适应。开发制定国家职业标准，对于提高广大劳动者素质，引导职业教育培训，推动职业资格证书制度建设，促进就业和劳动力市场建设有着积极而重要的作用。当前我国的职业标准以职业分类为基础，颁布了包括国家职业技能标准、行业（地区）职业技能标准、企业职业技能标准的三级划分标准，并根据技能水平的高低和工作特点的不同，分别设立初、中、高三级制，初、中或中、高二级制，初一级制。例如，国家法律职业资格证分为A证和B证，A证在全国范围内有效，B证只在部分地区有效；又如，国家建筑工程师证分为三级，包括助理建筑工程师、建筑工程师、高级建筑工程师，等等。（3）职业发展需求。职业发展是指一个人对某种职业的渴求和欲望，与受教育个体的主体性息息相关。在复杂的社会经济面前，每位劳动者都应有选择职业的自由，广泛发展职业需求的机遇以尊重受教育者向劳动者转变时的主体意志、保障受教育者最大化地在劳动力市场实现个人价值和社会价值。综上，职业分类、职业标准和职业发展需求从客观和主观的角度对职业教育的培训内容提纲挈领地作出了规定，符合教育规律的发展要求。因此，职业教育应该依循此科学性编写教学方案或制定教育标准。

第三，职业教育需保证质量——实行学历证书及其他学业证书、培训证书、职业资格证书和职业技能等级证书制度。2019年的政府工作报告强调，加快发展现代职业教育，既有利于缓解当前就业压力，也是解决高技能人才短缺的战略之举。同时提出要扩大高职院校奖助学金覆盖面、提高补助标准，加快学历证书和职业技能等级证书互通衔接。随后，教育部等四部门印发了《关于在院校实施“学历证书+若干职业技能等级证书”制度试点方案》，提出要通过学位证 + 技能证书，即“1 + X”证书试点开展来深化复合型技术技能人才培养培训模式和评价模式改革，提高人才培养质量，畅通技术技能人才成长通道，拓展就业创业本领。除以上教育内容的确定标准外，在教育评价标准方面以取得学历证书为基本要求，其他资格证书为能力提升的补充证明，有利于发挥职业教育育人的基础保障作用。同时，充分利用诸如国家承认的职业培训机构或其他教育机构，就专题培训和教育为学习者颁发学业证书、培训证书以证明受教育者达到某种职业就业要求。设置具有社会通用性强、关系公共利益专业的职业资格证书和职业技能等级证书则集中反映了特定职业的实际工作要求，劳动者也可以在获得证书的过程中提高实际工作能力。综上，实行学历证书和其他技能证书结合的职业教育培养模式，有利于提高人才培养质量、增强人才培养与产业需求的吻合度。

第四，职业教育确保专业性——国家实行劳动者在就业前或者上岗前接受必要的职业教育的制度。劳动力是生产活动的第一要素，从业人员是生产经营活动最直接的承担者，与劳动者就职业教育或培训的内容签订协议是《劳动法》规定的内容。就业或上岗前进行必要的职业教育培训可以提高劳动者的专业性和技术性，保证劳动者的工作熟练度，有利于激发劳动者的创新能力。同时，实行必要的就业前职业教育或上岗前就业培训有助于增强劳动者的安全意识和预防危险的能力，降低行业风险，保障企业权益和员工人身权益。因此，存在安全风险的生产经营单位应严格遵循《安全生产法》等相关法律的规定，对从业人员进行安全生产教育和培训，保证从业人员具备必要的安全生产知识，熟悉有关的安全生产规章制度和安全操作规程，掌握本岗位的安全操作技能，了解事故应急处理措施，知悉自身在安全生产方面的权利和义务。未经安全生产教育和培训合格的从业人员，不得上岗作业。

适用要点

第一，我国各地区经济发展不平衡，各地教育水平有差异，因此各地政府应因地制宜地制定职业教育发展方案，保证职业教育在偏远地区及受众较少专业方面得到贯彻落实。第二，各级人民政府应结合本地资源状况及优势产业的发展，鼓励市场前景较好的专业大力发展职业教育，深化校企合作等保障职业教育与就业相衔接的模式，出台促进本地学生受益的职业教育政策方针。第三，应在职业院校及本科学校大力推广职业资格证书和技能证书的培训，提高通过率，增强学生的综合能力，提高就业竞争力，保障学生适应就业市场的需求。但应警惕部分单位以资格证为由"一刀切"地设置就业门槛，导致考证大于实干的畸形现象出现。第四，劳动者在就业前或者上岗前接受的职业教育应与生产经营单位开展的工作以及劳动者的岗位要求息息相关，避免走流程式岗前培训。

关联法规

《安全生产法》第 25 条；《劳动合同法》第 17 条；《就业促进法》第 46 条；《劳动法》第 68 条

第十二条　【表彰和奖励】国家采取措施，提高技术技能人才的社会地位和待遇，弘扬劳动光荣、技能宝贵、创造伟大的时代风尚。

国家对在职业教育工作中做出显著成绩的单位和个人按照有关规定给予表彰、奖励。

每年 5 月的第二周为职业教育活动周。

条文解读

本条是关于提高职业技能人才社会地位，对在职业教育工作中做出显著成绩的单位和个人予以表彰和奖励以及职业教育活动周的规定。

本条规定主要是为了纾解技术技能人才在就业市场上认可度不高的现实困境，要求国家采取相关措施，提高技术技能人才在就业市场上的认可度。具体体现在以下三个方面：

1. "国家采取措施，提高技术技能人才的社会地位和待遇，弘扬劳动光荣、技能宝贵、创造伟大的时代风尚。"依据本条第 1 款规定，其一，国家采取措施，提高技术技能人才的社会地位和待遇。党的十九大以来，党中央、国务院推出了一系列职业教育改革发展的重大举措。首先，关于提高技术技能人才社会地位。2019 年国务院印发的《国家职业教育改革实施方案》指出，"积极推动职业院校毕业生在落户、就业、参加机关事业单位招聘、职称评审、职级晋升等方面与普通高校毕业生享受同等待遇。逐步提高技术技能人才特别是技术工人收入水平和地位"。同时，2021 年人力资源和社会保障部印发的《"技能中国行动"实施方案》强调"技工院校高级工、预备技师（技师）班毕业生在应征入伍、就业、确定工资起点标准等方面，分别按照大学专科、本科学历毕业生享受同等待遇。推动将高技能人才纳入城市直接落户范围，其配偶、子女按有关规定享受公共就业、教育、住房等保障服务"。其次，关于提高技术技能人才待遇。《国家职业教育改革实施方案》明确，"支持技术技能人才凭技能提升待遇，鼓励企业职务职级晋升和工资分配向关键岗位、生产一线岗位和紧缺急需的高层次、高技能人才倾斜"。2021 年人力资源和社会保障部办公厅印发《技能人才薪酬分配指引》，推动企业建立符合技能人才特点的工资分配制度。此外，《"技能中国行动"实施方案》明确，"落实《技能人才薪酬分配指引》，引导企业建立健全体现技能价值激励导向的薪酬分配制度。指导企业对技能人才建立岗位价值、能力素质、业绩贡献的岗位绩效工资制，合理评价技能要素贡献”。其二，弘扬劳动光荣、技能宝贵、创造伟大的时代风尚。例如，《“技能中国行动”实施方案》指出，创新方式方法，结合世界技能大赛、国内职业技能竞赛、高技能人才评选表彰、世界青年技能日等重大赛事、重大活动和重要节点，采取群众喜闻乐见的形式，讲好技能成才故事，传播技能文化，弘扬劳模精神、劳动精神、工匠精神。各地可利用技工院校、职业院校、博物馆、文化宫、青少年宫等教育和培训场所，推动设立技能角、技能园等技能展示、技能互动区域，引导广大劳动者，尤其是青少年关注技能、学习技能、投身技能，从而在社会层面形成“弘扬劳动光荣、技能宝贵、创造伟大”的时代风尚。

2.“国家对在职业教育工作中做出显著成绩的单位和个人按照有关规定给予表彰、奖励。”职业教育关乎培养多样化人才、传承技术技能、促进就业创业、推动创新发展等一系列重大理论与实践问题，国家将在职业教育工作中做出显著成绩的单位和个人作为榜样进行表彰和奖励，一方面可以表彰先进，增强受表彰的单位和个人的荣誉感，促进其继续为职业教育事业做贡献；另一方面可以鼓励更多的单位和个人向他们学习，形成重视职业技能技术人才培养的良好社会氛围。以此激励职业教育单位和职教老师更好地从事职业教育工作，提高技能技术人才的培养质量，进而提高技术技能人才的职业技能水平，为产业发展和实体经济建设添砖加瓦。在实践方面，我国各级人民政府为提高职业教育的认可度，鼓励职业教育发展，加强职业学校师资队伍和办学条件建设，已经开展了对在职业教育工作中做出显著成绩的单位和个人给予奖励的活动。形式上包括精神层面的表彰和物质层面的资金支持等。例如，浙江省、山东省、河南省、湖南省、广东省、青海省校企合作推进力度大、职业教育发展环境好、推进职业教育改革成效明显，2019 年获国务院表彰。同时，上述地方被优先纳入职业教育改革试验区建设、现代职业教育质量提升计划等中央专项活动中。

3.“每年5月的第二周为职业教育活动周。”依据本条第3款规定，每年5月的第二周为职业教育活动周。2015年国务院批复将每年5月第二周设为“职业教育活动周”，该活动周已经成为社会了解职业教育、体验职业教育、理解职业教育从而支持和参与职业教育的重要平台。各地、各职业院校也依托“职业教育活动周”通过线上和线下相结合的方式，向学生、家长以及社区居民展示技术技能服务美好生活、职业教育成果，以及进行招生宣传等。

适用要点

一是国家采取措施提高技术技能人才社会地位和待遇以及“弘扬劳动光荣、技能宝贵、创造伟大”的时代风尚方面。首先，各个部门要统筹协调，确保有关措施落到实处。关键是要让接受职业教育的学生就业有通道、升学有渠道、发展有空间，打通职业院校毕业生在就业、落户、参加招聘、职称评审、发展晋升等方面的通道，为职教学生提供平等的就业和职业发展的机会。其次，可以通过各大媒体深入挖掘大国工匠、能工巧匠的典型事例，在全社会弘扬“劳动光荣、技能宝贵、创造伟大”的时代风尚。

二是表彰和奖励方面。表彰和奖励的主体是在职业教育工作中做出显著成绩的单位和个人。至于什么样的成绩才算“显著成绩”，可以结合职业教育学生在就业市场上的受欢迎程度、职业教育学生的技术技能熟练程度等多种因素综合考虑。

三是职业教育活动周方面。由教育部牵头协同中央宣传部、中央网信办、人力资源和社会保障部、工业和信息化部、农业农村部等举办职业教育活动周活动。

关联法规

《教育法》第5条、第11条

第十三条 【职业教育改革发展的新方向】国家鼓励职业教育领域的对外交流与合作,支持引进境外优质资源发展职业教育,鼓励有条件的职业教育机构赴境外办学,支持开展多种形式的职业教育学习成果互认。

条文解读

本条规定了职业教育改革发展路程上的新方向。

在发展职业教育时,不仅要让受教育者学习掌握我国的先进技术,还应让其了解世界各国之所长,对世界前沿的科学技术充分知晓。我国的职业教育可以参考国外职业教育的发展经验,取其精华去其糟粕,总结为适合中国特色社会主义制度的职业教育发展方式。要促进职业教育与世界接轨,可以从以下几个方面进行分析:

1. 国家鼓励职业教育领域的对外交流与合作。我国社会主义仍然处于并将长期处于社会主义初级阶段,在发展过程中仍然面临许多问题。职业教育不仅要顺应我国生产力发展的需要,还要符合中国特色社会主义道路的前进方向。要建立中国特色社会主义的职业教育,不仅需要结合我国的发展情况与实际需要,还需要吸收外国的先进理论知识,从而使我国的职业教育的发展道路更加快捷,减少走弯路的可能。因此,鼓励对外交流与合作的根本目的是增强我国的综合国力。

2. 国家支持引进境外优质资源发展职业教育。要提高职业教育的质量,建立起更优良的职业教育体系,仅仅在我国范围内钻研技术是远远不够的。国家需要采取措施，增加与国外交流的平台，提高国内外交流的积极性，以促进我国学习借鉴国外职业教育的优良技术以及先进发展模式。例如，可以引进国外的优质师资、优质教学模式、优秀教材等，提高我国职业教育的综合水平。引进国外优质资源后，不能直接生搬硬套，要结合我国本地的发展特色，对国外优质教育资源进行“本土化”处理，使其能够更好地与我国的职业教育目标和任务相结合，最终达成提高社会生产力的目的。

3. 国家鼓励有条件的职业教育机构赴境外办学。除了将国外的优质教学资源引进国内，国家还需要鼓励国内的职业教育走出国门。要从国家层面，提供政策保障，加大资金投入，建设起具有强大竞争力以及国际化特色的职业教育机构，使我国的职业教育成果与世界职业教育相融合。

4. 国家支持开展多种形式的职业教育学习成果互认。国家建立健全各级各类学校教育与职业培训学分、资历以及其他学习成果的认证、积累和转换机制，推进职业教育国家学分银行建设，促进职业教育与普通教育的学习成果融通、互认。

适用要点

我国社会发展的不同时期，具有不同的发展目标。本条是结合我国现阶段发展目标以及改革开放的要求作出的规定，表达出我国法律对职业教育的新展望。同时，加强与国外的职业教育交流互动也是对我国“一带一路”这一经济发展倡议的响应。

关联法规

《教育法》第20条、第67条

第二章　职业教育体系

第十四条　【职业教育体系】国家建立健全适应经济社会发展需要，产教深度融合，职业学校教育和职业培训并重，职业教育与普通教育相互融通，不同层次职业教育有效贯通，服务全民终身学习的现代职业教育体系。

国家优化教育结构，科学配置教育资源，在义务教育后的不同阶段因地制宜、统筹推进职业教育与普通教育协调发展。

条文解读

本条是关于我国职业教育体系的规定。

本条第1款主要规定了职业教育体系的特点。本法修订前，职业教育体系的特点主要是职业学校教育与职业培训并举，并与其他教育协调发展。由此可以看出，在旧法中并没有充分强调职业教育的重要性，也没有突出职业教育在我国整个教育体系中的重要地位。很显然，旧有的职业教育体系已经无法适应新时代职业教育的发展前景。本法修订首次明确提高了职业教育的地位，确认了职业教育与普通教育地位的平等性。职业教育地位的提高，体现出职业教育在我国越来越受到重视，职业教育体系也需要随着时代发展不断完善。根据本款规定，职业教育体系的特点主要体现在以下几个方面：

1. 适应经济社会发展需要。在中国共产党的领导下,我国实现了全面建成小康社会的发展目标,开启全面建设社会主义国家、步入第二个百年奋斗目标的新征程。在这样的时代背景下,职业教育需要向更高层次发展。因此,职业教育体系也应当随着时代的发展进一步完善。首先,要建立起职业教育分级制度,对职业学校以及职业培训机构进行分级管理。其次,要建立健全各级各类学校教育与职业培训学分、资历以及其他学习成果的认证、积累和转换机制。再次,要加强对残障人士接受职业教育权利的保障。最后,要将职业教育融入中小学阶段,实现职业启蒙、职业认知、职业体验。

2. 产教深度融合。实现产教深度融合,能够提高职业教育对专业技能人才的培养水平,使职业教育受教育者更适应社会主义现代化生产。要实现产教深度融合,首先,要实现职业教育与企业共同发展,让企业深度参与职业教育办学,使职业教育能够适应本地产业和经济的发展。其次,要突出企业在职业教育办学中的主体作用,通过国家政策来鼓励企业参与职业教育办学,使职业教育能够在依托企业提供的教学资源的基础之上,向更高层次发展。最后,要使职业教育更符合本区域的发展潮流。职业教育往往具有地域性特征,即地方设置的专业体现的一般为当地的经济发展状况和需求。只有将职业教育与各地生产实际结合起来,才能培养出真正能够促进生产的专业技术人才。

3. 职业学校教育和职业培训并重。职业教育分为职业学校教育和职业培训,二者在教育任务、教育方式、教育对象等方面均存在差异。各级职业学校教育主要由对应等级的职业学校实施;职业培训则是由相应的职业培训机构、职业学校实施。二者最大的区别,就是职业学校教育主要为学历教育,而职业培训为非学历教育。职业学校教育是让受教育者对专业技能进行系统学习,同时提升科学文化素质。职业培训主要是让受教育者对某一专业或岗位的专项学习,但相对来说实践性更强。虽然二者有所区别,但都是我国职业教育的重要组成部分,对培养先进技术技能人才有重要意义。

4. 职业教育与普通教育相互融通。职业教育与普通教育注重培养的是不同方面的人才,二者在整个教育体系中所发挥的作用同样重要,对我国社会主义现代化建设都发挥了重要作用。为了实现职业教育全民化,使更多的人乐于接受职业教育,需要职业教育与普通教育相互融通。一方面,要促进职业教育与普通教育的学习成果融通、互认;另一方面,要鼓励和支持普通中小学、普通高等学校,根据实际需要增加职业教育相关教学内容,进行职业启蒙、职业认知、职业体验。

5. 不同层次职业教育有效贯通。除了要实现职业教育与普通教育相互融通以外,还要实现不同层次职业教育的有效贯通。一方面,国家建立健全各级各类学校教育与职业培训学分、资历以及其他学习成果的认证、积累和转换机制,推进职业教育国家“学分银行”建设。另一方面,中等职业学校教育也可以由技工学校实施;根据高等职业学校设置制度规定,将符合条件的技师学院纳入高等职业学校序列。

6. 服务全民终身学习。要建立新的职业教育体系,不仅要推动职业教育全民化、普及化,还要推动职业教育先进化、高端化。职业教育向更高层级迈进,必须要扩大职业教育的涵盖范围,建立职业教育终身学习制度。要完善成人职业教育与老年职业教育制度,实现职业教育全面覆盖、服务全民。

本条第 2 款主要规定了国家推动职业教育体系改革的方式。国家通过以下两种方式实现职业教育体系改革:

1. 优化教育结构,科学配置教育资源。优化职业教育结构,主要从以下两个方面进行:一方面,优化职业教育的办学结构,突出企业的办学主体地位,鼓励社会力量参与职业教育办学工作,促进产教融合,提高实践课程在总体课程中的比重。同时注重对受教育者科学文化课程的培养,建立起专业技能课程与文化课程并重的教学体系。另一方面，优化生源结构，省级教育行政部门会同同级人民政府有关部门建立职业教育统一招生平台，汇总发布实施职业教育的学校及其专业设置、招生情况等信息，提供查询、报考等服务。

2. 在义务教育后的不同阶段因地制宜、统筹推进职业教育与普通教育协调发展。根据《义务教育法》的规定，我国实行九年义务教育，即从小学到初中阶段为义务教育阶段。系统性的职业教育一般从初中毕业后开始，包括职业学校教育和职业培训。职业教育与普通教育共同构成我国教育体系，二者需相辅相成、协调发展。既要在职业教育过程中开设科学文化课程，保证职业教育受教育者的基本文化素养，也要根据不同阶段以及当地的不同情况在普通教育中融入职业教育，使职业教育能够服务全民。

适用要点

本条是对职业教育体系的规定，对本法第 2 章起到整体的统领作用，本章内其他规定都是围绕本条规定展开的。一个现代化的职业教育体系，必然是符合社会主义经济发展需要的、符合人民精神文化发展需求的、走在世界前列的职业教育体系。要建立起现代化职业教育体系，就要丰富职业教育的方法，明确职业教育的等级。使职业教育能够与当地经济发展情况与发展方向紧密结合，促进当地就业。同时，还要保障残障人士等特殊人群接受职业教育的权利，充分发挥职业教育在促进生产中的作用。

关联法规

《义务教育法》第 2 条、第 3 条;《教育法》第 11 条、第 20 条、第 42 条

第十五条 【职业学校教育的类型和实施机构】职业学校教育分为中等职业学校教育、高等职业学校教育。

中等职业学校教育由高级中等教育层次的中等职业学校(含技工学校)实施。

高等职业学校教育由专科、本科及以上教育层次的高等职业学校和普通高等学校实施。根据高等职业学校设置制度规定,将符合条件的技师学院纳入高等职业学校序列。

其他学校、教育机构或者符合条件的企业、行业组织按照教育行政部门的统筹规划,可以实施相应层次的职业学校教育或者提供纳入人才培养方案的学分课程。

条文解读

本条规定的主要内容包括两部分:前3款旨在明确我国职业教育体系下职业学校教育的类型或层次,即职业教育纵向推进的阶段;第4款意在落实“学分银行”的制度设计以实现对职业教育学习成果的认定、积累和转换。

职业学校教育的类型,包括中等职业学校教育、高等职业学校教育。第一,就中等职业教育而言,国家将中等职业教育定位为普及高中阶段教育和建设中国特色职业教育体系的重要基础,对发展中等职业教育提出保持高中阶段教育职普比大体相当、改善中等职业学校基本办学条件、重点支持集中连片特困地区建设中等职业学校、指导各地优化中等职业学校布局结构、加大金融支持力度、为广大农村培养以新型职业农民为主体的农村实用人才等要求。[1] 中等职业教育,是

〔1〕 参见《国务院关于印发国家职业教育改革实施方案的通知》,载中国政府网,http://www.gov.cn/zhengce/content/2019-02/13/content_5365341.htm。

在高中教育阶段进行的职业教育，也包括一部分高中后职业培训，其定位就是在九年义务教育的基础上培养技能型人才和高素质劳动者。中等职业教育是目前我国职业教育的主体，主要由中等职业学校实施。我国中等职业学校共有四类：中等专业学校（简称"中专"），以招初中毕业生为主，学制三年或四年。传统的培养目标主要是中级技术人员、管理人员和小学教师。技工学校，主要招收初中毕业生，学制三年，培养目标是中、初级技术工人。职业高级中学（简称"职业高中"），大部分由普通中学改建而成，一般招收初中毕业生，学制三年，也有二年和四年的。培养目标与中专和技工学校类似，以生产服务一线的操作人员为主。成人中等专业学校（简称"成人中专"），最早定位是把有初中文化程度的成年人（在职人员为主）培养成中等技术人员。由于形势的变化，其招生对象已经以应届初中毕业生为主，学制二年或三年。[1] 第二，就高等职业教育而言，高等职业教育是我国改革开放后为适应地方经济社会发展需要而创建的，其定位就是在高中阶段教育的基础上培养高技能人才，是优化高等教育结构和培养大国工匠、能工巧匠的重要方式。结合新时代地区发展及劳动力市场的要求，国家提出从培养服务区域发展的高素质技术技能人才、支持高等职业教育学习者重点服务企业，特别是中小微企业的技术研发和产品升级、加强社区教育、建立"职教高考"制度并完善"文化素质＋职业技能"的考试招生办法、扩展现代产业职教范围等方面推动高等职业教育改善质量、提高水平。[2] 目前的高等职业学校主要是在改革原高等专科学校、职业大学和成人高校，以及整合优质中等职业学校资源的基础上发展起来的，包括以专科和本科为主的高校以及符合条件的技

---

〔1〕 参见《中等职业教育》，载中国政府网，http://www.gov.cn/ztzl/2006-08/27/content_370667.htm。

〔2〕 参见《高等职业教育》，载中国政府网，http://www.gov.cn/ztzl/2006-08/27/content_370669.htm。

师学院。高等职业学校主要招收普通高中和中等职业学校毕业生，学制二年或三年，特别强调应用型、工艺型高技能人才的培养。[1] 第三，值得注意的是，本次修订的《职业教育法》对职业学校教育层次的规定中删除了原法中"初等职业学校教育"的设置，这与我国经济结构转变、产业升级、职业学校教育层次优化的现实相契合。改革开放初期，我国经济结构主要是以劳动密集型为主的产业技术结构；1997 年后，主要是以资源/资本密集型为主的产业技术结构；2008 年以来，则逐步转向以技术/知识密集型为主的产业技术结构。这使我国劳动力市场减少了对技术含量低的劳动力的需求，转而寻求掌握特定领域专业技术的劳动力。因此，我国的劳动力供给结构也应优化，即要不断提高劳动者的劳动素养和专业技能，以适应市场需求。所以，本法通过集中资源发展中高层次的职业教育路径，符合职业教育从重数量向重质量转变的方向要求，有利于升级职业教育结构，提高受教育者的综合素质和复合能力。[2]

除了以上纳入国家事业单位管理的中等和高等职业教育学校外，本条第 4 款还规定了承担职业教育的其他机构，包括其他学校、教育机构或者符合条件的企业、行业组织。这符合国家以多元格局推动企业和社会力量举办高质量职业教育的政策方针，为职业教育的发展提供更广阔的空间。在教育行政部门的统筹规划下，以上机构可以实施相应层次的职业学校教育或者提供纳入人才培养方案的学分课程。提供相应层次职业学校教育的，应该为受教育者提供基本的学历证书，并通过其他技能证书提高受教育者的综合能力。为受教育者提供纳入人才培养方案学分课程的，应落实国家"学分银行"建设的政策要

---

〔1〕 参见《国务院关于印发国家职业教育改革实施方案的通知》，载中国政府网，http://www.gov.cn/zhengce/content/2019-02/13/content_5365341.htm。

〔2〕 参见吴全全等：《职业教育深度改革政策的理念转变和路径转向》，载搜狐网 2020 年 1 月 29 日，https://www.sohu.com/a/369341799_99917745。

求，保证为受教育者建立职业教育个人学习账号，将其的各类学习成果转换成学分进行存储，实现不同类型学习成果的转换，为其申请相关学历证书、学位证书、毕业证书、资格证书等提供依据。同时高校、行业、企业和用人单位等应主动沟通、通过协议或联盟等方式，推进相互之间学习成果的互认。[1]

适用要点

第一，本条是对职业学校教育层次的内部划分，应客观地认识职业学校教育中、高层次划分对职业教育体系完善的重要性。同时不应将该内部划分与职业教育和普通教育的外部划分相混淆，将已经过时的“层次论”代入本条的理解，会导致对中、高等职业教育的意义出现理解偏差。第二，个人在选择具体的承担中、高等职业教育的实施机构时，应详细咨询机构类型、学制、可得证书、就业前景等。第三，若接受学分课程，个人应详细询问是否个人建档，学分是否可追溯、可查询、可转换，以及学分如何被承认等问题。

关联法规

《教育法》第 20 条、第 47 条

第十六条　【职业培训的类型、实施机构】职业培训包括就业前培训、在职培训、再就业培训及其他职业性培训，可以根据实际情况分级分类实施。

---

〔1〕 参见《教育部：开放大学将建立“学分银行”　实现学习成果积累和转换》，载中国政府网 2016 年 2 月 4 日，http://www.gov.cn/xinwen/2016－02/04/content_5039432.htm。

职业培训可以由相应的职业培训机构、职业学校实施。

其他学校或者教育机构以及企业、社会组织可以根据办学能力、社会需求，依法开展面向社会的、多种形式的职业培训。

条文解读

本条是关于职业培训的类型和实施机构的规定。

“职业培训包括就业前培训、在职培训、再就业培训及其他职业性培训，可以根据实际情况分级分类实施。”现代职业教育体系强调学历教育与技能培训并重，以畅通技术技能人才的成长渠道，并通过职业培训证书的获得与国家“1+X证书制度”相衔接。国家支持开展高质量职业培训，要求各级政府根据经济社会发展的状况简政放权、优化服务为社会力量营造职业培训的良好氛围来推动职业培训的深入发展。本条规定职业培训包括以下四类：第一，就业前培训。就业前培训又称职前培训，是指劳动者在就业之前接受的培训，主要针对新员工。多方面的培训可以帮助即将参加工作的人员掌握职业所需技能、熟悉所在单位文化、快速融入工作团体。第二，在职培训。在职培训，是指为提高在职劳动者的技术技能水平，由用人单位直接或委托其他培训机构对劳动者实施的培训。在职培训是企业发展的支柱，有利于增进员工对企业的认同度、提高员工的工作创新力、增强企业发展的动力。我国《劳动法》等法律法规均规定了保障劳动者接受培训的权利。该权利可通过劳动合同约定培训事项、用人单位保障劳动者培训时间、培训条件、违约赔偿培训费等方式保证实现。第三，再就业培训。再就业培训，是指国家对失业或再次择业的人员进行再次培训以帮助受训者培养信心、增强实干能力，最终减轻就业者的负担、提高整体的社会生产力。再就业培训涉及的人群较为复杂，包括社区矫正人员、下岗职工、未就业农民等。因此，国家鼓励院校、工会、妇联和其他社会团体积极参与和实施再就业培训计划，发动全社会的力量为相关人员提供培训服务。第四，其他职业性培训。本条对职业培训类型的规定是根据职业培训阶段划分的，相比本法修订前规定的职业培训包括从业前培训、转业培训、学徒培训、在岗培训、转岗培训等而言，这符合现实生活中职业培训类别多样化，法律不能穷尽列举的立法技巧，同时通过阶段归纳强调实施主体，用“其他”的兜底性阐述概括了学徒培训等传统培训方式。本款最后还规定，职业培训可以根据实际情况分级分类实施，面对基本条件参差不齐、就业需求各有不同的受培训者，分级分类实施职业培训可以保障劳动者选择适合自身的职业培训。

本条第2款和第3款规定了职业培训的实施机构，特定领域的职业培训应由经过依法登记的职业培训机构、专门的职业学校实施。在国家多元化职业教育格局的部署下，其他有资源的机构和高校可以承办培训活动，企业、社会组织等在完成对本单位职工的培训外，有办学能力的可以面向社会提供多种形式的、可以累积学分课程的职业培训。

适用要点

第一，国家通过各种途径、采取各种措施发展职业培训事业，开发劳动者的职业技能，劳动者应重视就业培训，选择合适的培训种类，不断增强就业能力和工作能力。第二，个人在选择具体的培训机构时，应认真辨别其登记范围，避免接受“劣质”的培训。

关联法规

《劳动法》第66条；《就业促进法》第46条

第十七条　【职业教育与普通教育的融通】国家建立健全各级各类学校教育与职业培训学分、资历以及其他学习成果的认证、积累和转换机制，推进职业教育国家学分银行建设，促进职业教育与普通教育的学习成果融通、互认。

军队职业技能等级纳入国家职业资格认证和职业技能等级评价体系。

条文解读

本条是关于职业教育学习成果认定、积累和转换的规定，即促进职业教育与普通教育的学习成果融通、互认。

本条第 1 款中规定，"国家建立健全各级各类学校教育与职业培训学分、资历以及其他学习成果的认证、积累和转换机制"。本法第 14 条明确规定，职业学校教育和职业培训并重，职业教育与普通教育相互融通，不同层次职业教育有效贯通。《教育部办公厅关于学习宣传和贯彻实施新修订的职业教育法的通知》中强调，要按照构建不同层次职业教育纵向贯通、不同类型职业教育横向融通、服务全民终身学习的现代职业教育体系的法律要求加快构建现代职业教育体系。因此，实行各级各类学校教育与职业培训及其他学习成果互相认证、积累和转换是贯彻以上人才培养体系衔接要求的体现。本条中各级各类学校教育包括职业学校教育、普通学校教育和其他技工院校等。各级各类学校应在学校教育可获得的学历证书基础上，与重实践的职业培训发展"1 + X"制度相衔接，强化学历和培训学分、相关课程、资格证书的相互融通，逐步实现职业教育体系内部的学校教育与职业培训、普通学校教育与职业培训的互通互认，为技术技能人才持续成长扩宽通道。

"推进职业教育国家学分银行建设"。"学分银行"是一种对各级各类职业教育学习成果按照相关指标转换成学分，进行存储、认证、积累与转换，借鉴银行的某些功能而形成的学习激励制度和教育管理制度。其主要特点是将学习成果不断累积，突破了学习级别与类别的限制，可以记录学习者被认可的学习成果，也突破了固定学习制的学习方式，利用弹性学制获取的成果同样可以转换成学分，如技能培训、职业技能考证等。[1] 大力推行学分银行有助于满足学习者技能提升的功能需要、应对时代变革的需要，是实现人才培养与强国的重要途径。自2005年《教育部关于加快发展中等职业教育的意见》中首次提出“学分银行”的概念以来，我国教育专家就把“学分银行”当作发展各类教育的“推动器”。[2] 2006年，北京市职工素质建设工程在北京燕山石化公司开展了“学分银行计划”的试点工作；2011年，《上海市终身教育促进条例》明确规定：“逐步建立终身教育学分积累与转换制度，实现不同类型学习成果的互认和衔接。”根据2012年7月的报道，由上海市教委组建、上海开放大学具体实施运作的上海“终身教育学分银行”已完成制定6个专科专业、166门课程学分与其他相同层次教育类型课程学分的认定转换标准、139个职业资格证书与学历教育课程学分转换标准，还启动了学历教育学分信息库建设，建立个人学习档案，开展学分存入、认证和转换的信息化管理等工作。[3] 2019年，国务院印发的《国家职业教育改革实施方案》中强调要推进职业教育国家“学分银行”建设，实现学习成果的可追溯、可查询、可转换，为落实“学分银行”制度提供了政策依据。2020年，在落实改革方案时，教育部印发了《关于做好职业教育国家“学分银行”建设相关工作的通

---

〔1〕 参见程舒通、徐从富：《职业教育国家学分银行的建设现状、困境和对策》，载《成人教育》2021年第8期。

〔2〕 参见黄庆平、巩利芳：《本来与未来：基于终身教育学分银行向国家学分银行的跃迁》，载《职业技术教育》2018年第28期。

〔3〕 参见《终身学习与“学分银行”的教育管理模式》，载教育部官网，http://www.moe.gov.cn/jyb_xwfb/s5989/s6634/201207/t20120716_139364.html。

知》,明确了推进职业教育国家学分银行建设的目标任务是坚持以学习者为中心,建立符合中国国情的职业教育国家学分银行,结合“1+X”证书制度试点工作,有序开展学习成果的认定、积累和转换。如今,职业教育国家“学分银行”信息平台已经运行,“学分银行”信息平台总体架构设计分为基础设施层、数据层、支撑层、应用层和用户层,为教育行政部门、教育机构、培训机构、社会成员等提供了便利的数据支撑和记录服务。

本条第2款规定,军队职业技能等级纳入国家职业资格认证和职业技能等级评价体系。军队职业技能等级是现役士兵职业技能鉴定的结果,是国家职业技能鉴定的重要组成部分。它是按照国家职业技能标准和军队规定的考评标准,由人力资源和社会保障部授权的职业技能鉴定机构,对现役士兵从事岗位工作必须具备的专业知识和操作技能进行等级考核与认定后的结果。《中国人民解放军现役士兵职业技能鉴定规定》参照国家鉴定工作体系明确建立实行鉴定工作综合管理、专业指导和组织实施三项机制;将士官专业全部纳入鉴定范围,对鉴定专业进行动态更新,适时将军队新增专业(工种)纳入鉴定范围;将技能等级作为士官选取晋升的基本条件,规定选取为初级、中级、高级士官的须分别具备初级技能、中级技能、技师以上技能等级;明确士官技能等级将与工资待遇挂钩,取得技能等级资格的士官,享有相应的工资待遇。而且通过鉴定的士兵所获“国字号”证书,代表着国家和军队对士兵岗位任职能力的认可,获得者不仅服役期间享受相应待遇,退役后也可作为职业能力的重要依据,且在全国范围内通用。

适用要点

第一,对职业教育学习成果认定、积累和转换的认识应从职业教育体系内部和外部两方面出发。职业教育体系内部的各类职业教育学校开展职业培训,应根据其职业资格要求设置相关课程以便学生取得相应学历学位证书及职业资格证书。职业教育体系外部的各类学校主要指普通教育学校，在推进职普协调发展的思想指导下，应加大职普学习成果互通互认的探索力度。途径上除了加强职业教育文化课程的重视力度、普通学校教育实践课程的推行力度外，还应该依托国家“学分银行”平台，公开共享学生的学习成果，提高社会对职业教育的认可度。第二，职业教育国家“学分银行”建设是国家学分银行的重要组成部分，利用“学分银行”制度实现对职业教育学习成果的储存和认可是统筹国家职业教育格局的重要手段。各地在设置本地职业教育“学分银行”系统时，应大力推广优势产业相关课程，创新发展科技产业相关课程，保护和支持其他专业课程的设置。同时也应明确转换规则，在区域统一的基础上，消除互认壁垒，并逐渐与国家或其他省市的转换规则相衔接，促进人才流通。第三，军队职业技能鉴定纳入国家职业资格和技能认证体系，适应了国家职业技能鉴定制度改革的需要、落实了军队人才政策制度创新发展的要求，着力培养大批高素质技能型军队人才，为实现强军目标提供有力支撑，同时促进了现役士兵退役后与社会的接轨。

关联法规

《教育法》第 20 条

第十八条 【残疾人职业教育】残疾人职业教育除由残疾人教育机构实施外，各级各类职业学校和职业培训机构及其他教育机构应当按照国家有关规定接纳残疾学生，并加强无障碍环境建设，为残疾学生学习、生活提供必要的帮助和便利。

国家采取措施，支持残疾人教育机构、职业学校、职业培训机构及其他教育机构开展或者联合开展残疾人职业教育。

从事残疾人职业教育的特殊教育教师按照规定享受特殊教育津贴。

条文解读

本条规定了残疾人职业教育的实施机构、实施原则,以及国家对实施残疾人职业教育的保障。

残疾人与普通人一样,享有法律规定的各项权利。同时,国家还对残疾人作出了一系列特殊保护措施。保障残疾人能够正常行使权利是我国民生保障工作不可忽视的一部分。《残疾人保障法》第2条中规定:“残疾人是指在心理、生理、人体结构上,某种组织、功能丧失或者不正常,全部或者部分丧失以正常方式从事某种活动能力的人。残疾人包括视力残疾、听力残疾、言语残疾、肢体残疾、智力残疾、精神残疾、多重残疾和其他残疾的人。”保障残疾人接受职业教育的权利,能够帮助其更好地融入社会,也是保障残疾人平等就业权的体现。

本条规定包含三款,从不同方面规定了保障残疾人接受职业教育权利的内容。其中,本条第1款主要规定了实施残疾人职业教育的机构以及相关机构在实施残疾人职业教育过程中应尽到的义务;本条第2款主要规定了在开展残疾人职业教育方面国家应当采取的措施;本条第3款主要规定了对从事残疾人职业教育的特殊教育教师应当享有的特殊教育津贴。这三款内容相辅相成,共同为残疾人职业教育工作保驾护航。从本条规定可以总结出,要切实落实残疾人职业教育,应当从以下几个方面着手:

1. 残疾人职业教育,必须在社会层面更加广泛地宣传残疾人职业教育,扩大实施残疾人职业教育的机构范围。除了专门实施残疾人教育的机构外,其他各级各类职业学校、职业培训机构及其他教育机构也有接纳残疾学生、实施残疾人实施教育的义务。由于残疾人的特殊生理原因,在对残疾人实施职业教育时需要采取特殊的教育方式。专门的残疾人教育机构可以根据不同的残疾类型,有针对性地设置专业并开展教学活动,更有利于身有残疾的受教育者更加快速地掌握技能和知识。与此同时,要求普通职业学校或职业培训机构接纳残疾学生,可以从其他方面促进残疾人职业教育的开展。从教学活动的针对性和专业性来讲,普通职业学校与职业培训机构可能无法达到残疾人专门教育机构的教学水平。但是,普通职业学校与职业培训机构能够为残疾受教育者提供更为包容的受教育环境和更多专业选择。普通职业学校与职业培训机构的受教育者主要是普通人,所设专业更为多样,而在教学活动中残疾受教育者与普通受教育者一同学习,更有利于其融入社会群体,从而模拟将来的就业环境,提高残疾受教育者在社会工作、生活的适应性,最终达成促进残疾人就业的目的。

2. 国家为残疾人接受职业教育提供政策保障。《残疾人保障法》第 5 条规定:“县级以上人民政府应当将残疾人事业纳入国民经济和社会发展规划,加强领导,综合协调,并将残疾人事业经费列入财政预算,建立稳定的经费保障机制。国务院制定中国残疾人事业发展纲要,县级以上地方人民政府根据中国残疾人事业发展纲要,制定本行政区域的残疾人事业发展规划和年度计划,使残疾人事业与经济、社会协调发展。县级以上人民政府负责残疾人工作的机构,负责组织、协调、指导、督促有关部门做好残疾人事业的工作。各级人民政府和有关部门,应当密切联系残疾人,听取残疾人的意见,按照各自的职责,做好残疾人工作。”本条规定与上述规定相衔接。从立法角度来讲,国家要健全保障残疾人权利的法律体系,将残疾人接受职业教育的权利落到实处,做到有法可依。从执法角度来讲,国务院及各部门可以根据残疾人职业教育的具体落实情况,制定相应的行政法规和部门规章,以贯彻落实法律规定。各级地方政府也可以根据本地的具体情况,颁布一系列规范性文件,共同促进残疾人教育事业的实施。同时，中央和地方也需要制定鼓励和支持残疾人职业教育工作开展的政策，多方面促进残疾人接受职业教育。

3. 提高从事残疾人职业教育的特殊教育教师的待遇和福利水平。本条第3款规定，从事残疾人职业教育的特殊教育教师按照规定享受特殊教育津贴。由于残疾受教育者接受职业教育与普通受教育者相比较为困难，作为从事残疾人职业教育的特殊教育教师在教学活动中需要付出更多的辛苦，而一名优秀的特殊教育教师也显得尤为难得。为了更好地开展残疾人职业教育，需要壮大特殊教育教师的队伍。为达成这一目的，需要国家采取措施保障特殊教育教师的权利，同时提高特殊教育教师的待遇和福利水平，这样能吸引更多教师投身特殊教育事业，并提高特殊教育教师的教学积极性，最终推动残疾人职业教育的发展。

适用要点

本法第10条第4款规定："国家采取措施，组织各类转岗、再就业、失业人员以及特殊人群等接受各种形式的职业教育，扶持残疾人职业教育的发展。"这主要体现了我国扶持残疾人职业教育的决心，是原则性的规定。本条规定则是对残疾人职业教育工作实施的进一步规定，在司法实践中更有适用意义。

本规定从多个方面保障了残疾人接受职业教育的权利。如果残疾人的这一权利受到侵犯，可以根据本条规定，通过向有关组织反映情况、申请仲裁、提起诉讼等方式维护权利。

关联法规

《残疾人保障法》第3章；《残疾人教育条例》

第十九条 【鼓励普通学校为实施职业教育提供条件和支持】县级以上人民政府教育行政部门应当鼓励和支持普通中小学、普通高等学校,根据实际需要增加职业教育相关教学内容,进行职业启蒙、职业认知、职业体验,开展职业规划指导、劳动教育,并组织、引导职业学校、职业培训机构、企业和行业组织等提供条件和支持。

条文解读

本条是关于鼓励普通学校为实施职业教育提供条件和支持的规定。

我国《教育法》第 11 条规定:"国家适应社会主义市场经济发展和社会进步的需要,推进教育改革,推动各级各类教育协调发展、衔接融通,完善现代国民教育体系,健全终身教育体系,提高教育现代化水平。国家采取措施促进教育公平,推动教育均衡发展。国家支持、鼓励和组织教育科学研究,推广教育科学研究成果,促进教育质量提高。"要促进职业教育的发展,除了要确定职业教育与普通教育地位同等重要外,还要促进职业教育与普通教育相融合,这样才能培养出专业技能和科学文化知识兼备的优秀人才。

根据本条规定,普通学校在职业教育中的职责可以体现为以下四点:

1. 根据实际需要增加职业教育相关教学内容。在实施职业教育时,应当注意"因地制宜"这一原则。普通学校开展职业教育的范围、方式、深度等方面内容,需要依照当地的经济发展状况以及本校学生的实际需求来确定。

2. 职业启蒙、职业认知、职业体验。普通学校开展职业教育,在不同的教学阶段有不同的教学任务。学校和政府也应当考虑不同年龄阶段的学生的心智发育特征，开展与之年龄阶段相适应的职业教育活动。在小学阶段，学生正处于学习的起步期。对于这一阶段的学生，要以职业启蒙作为主要的教学任务，让学生对职业教育有概念。例如，学校可以通过劳动课来培养学生对于不同专业技能的兴趣，使学生更早地认识和了解各种职业的工作特点，对感兴趣的职业有向往，便于其长大后接受职业教育。在中学阶段，学生的人生观与价值观初步形成，文化课的成绩也逐渐稳定。在这种情况下，学生将要直面未来的发展方向，更需要学校和老师加以引导。此时，学校可以根据学生的特长，以及性别差异、家庭情况等，引导学生选择相应的职业教育发展方向。在高等教育阶段，学生大多已经成年，即将面临毕业后的就业问题。在这个阶段，学校要从促进就业的角度对学生开展职业教育，以增强学生在就业市场中的竞争力。

3. 开展职业规划指导、劳动教育。在普通学校中开展职业教育，需要加强职业教育与普通教育的融合，以及做好各个学习阶段的衔接工作。在普通学校中开展职业规划有利于帮助学生拓展职业教育结束后的就业途径，促进学生及家长对职业教育的了解，提高学生接受职业教育的热情。在普通学校中开展劳动教育有利于发现学生的特长，培养学生对专业技能的兴趣。

4. 组织、引导职业学校、职业培训机构、企业和行业组织等提供条件和支持。长久以来，普通学校的教学重点为科学文化知识。要实现普通教育与职业教育的融合，只靠普通学校的努力远远不够，职业学校、职业培训机构、企业和行业组织等应共同参与，并提供必要的帮助。

适用要点

本条规定在实际适用中可能很少作为诉讼中的审判依据，但是可以作为指导性规定来引导职业教育与普通教育之间的融合。

第三章　职业教育的实施

第二十条　【国务院教育行政部门职责】国务院教育行政部门会同有关部门根据经济社会发展需要和职业教育特点，组织制定、修订职业教育专业目录，完善职业教育教学等标准，宏观管理指导职业学校教材建设。

条文解读

本条是关于国务院教育行政部门在实施职业教育过程中的职责的规定。

职业教育与提高劳动者素质及技能水平、促进就业创业、经济持续发展密切相关，教育部门要与各部门密切合作，推动我国职业教育高质量发展。本条要求国务院教育行政部门会同有关部门履行相应的职责，具体体现为以下三个方面：

1. 组织制定、修订职业教育专业目录。由国务院教育行政部门牵头，组织其他有关部门，如省级教育部门、职业学校等相互配合、通力合作，制定、修订职业教育专业目录对于健全和完善职业教育体系，优化专业布局，科学地培养更多的高素质技术技能人才，实现中华民族伟大复兴的中国梦具有现实意义。

其一，国务院教育行政主管部门会同有关部门组织、制定职业教育专业目录的时候,不仅要考虑社会经济发展的需要,还要考虑职业教育的特点、遵循职业教育发展规律和技术技能人才的成长规律。这样,一方面,能增强职业教育的适应性,使培养出来的高素质技术技能人才能为社会主义现代化建设提供坚实的技能支撑;另一方面,能够事半功倍地培养既有技术技能又有文化素质及工匠精神的高素质人才,让他们能在自己的工作岗位上更好地发挥自身价值。其二,国务院教育行政主管部门会同有关部门制定职业教育目录时,对于技术含量高、紧缺的、新兴的专业和领域可以适当倾斜,帮助职业技术技能人才实现高质量的就业,帮助企业培养合适的技术技能人才,实现双赢。同时,综合考虑经济和科技水平的发展、技术技能人才培养的规模等因素,对职业教育目录进行动态调整,对于技术含量不高、人才饱和、过时的专业或领域,适时进行撤销或者合并。

2. 完善职业教育教学等标准。职业教育教学标准是监控学业质量水平以及衡量职业教育成果优劣的尺度。完善职业教育标准是评价职业教育成果的前提以及提高职业教育地位的重要举措。首先,完善职业教育教学标准,应当深化职业教育评价改革,形成具有职业教育特点的评价标准和办法,健全国家、省(区、市)、学校三级质量年报制度,加大对职业教育质量统筹监管的力度,引入第三方开展评价监测。其次,具体的职业教育教学标准主要分为四个方面:一是课程设置与课程安排。课程的设置与安排既要重视专业技能的学习,也要注重职业素养的培养。在专业技能的学习方面,接受职业教育的学生既要了解本专业的基础知识,又要了解应用技巧,掌握各种仪器、设备的使用方法;在职业素养的培养方面,学校既要培养学生爱岗敬业、恪守职业道德的良好品质,也要培养学生收集信息、分析信息、处理信息等的调研能力。二是教学应用标准。职业教育是与生产实践紧密联系的一种教育,重在培养职业教育学生系统掌握相关技术、技能以及文化知识的能力。教学应用标准对于评估职业教育学生未来工作能力具有重要作用。具体而言,教学应用标准是检验学生是否能够熟练地将所学知识应用于实践,能否解决工作实际问题的能力的指示灯。职业技能大赛是检验教学应用标准的绝佳平台。因此,鼓励职业教育学生积极参与职业技能大赛,有利于增强学生的动手实践能力、调动他们学习的积极性,提升他们的本领,增强他们的荣誉感,使他们能更好地参与国家发展建设。三是教学实训环境标准。职业教育的顺利开展离不开硬件设施的支持。教育功能是实训基地的首要功能,此外,实训基地还承担着生产功能、科研功能甚至社会功能。实训基地要实现教育的功能,就要符合一定的标准,如对于生产设备的要求、对于场地的要求,对于指导教师的要求等。四是学生技能考核标准。职业教育的目标是培养生产一线需要的专业技能型人才,职业教育的效果最终的检验者是用人单位。因此,国务院教育行政主管部门要引导职业教育学校与企事业单位、社会团体、行业组织的积极合作,制定科学、合理、详尽的考核标准,透明、公开、公正的考核程序。学生技能考核可以校内考核评价与校外企业、行业组织等评价考核相结合的方式进行。完善学生学习过程中监测、评价、反馈机制,引导学生自我管理、主动学习,提高学习效率。

3. 宏观管理指导职业学校教材建设。提高职业学校教材建设水平事关推动职业教育高质量发展,事关建设教育强国、人力资源强国目标的实现,事关推进社会主义现代化建设。没有高质量的职业学校教材建设,就没有高质量的职业教育。从另一个角度来看,职业学校教材建设的水平与职业教育的水平是相互影响、相辅相成的关系。高水平的职业学校教材建设可以促进职业教育的高质量发展,而职业教育的高质量发展也为职业学校的教材建设提供经过实践检验的宝贵素材。教育部办公厅印发的《"十四五"职业教育规划教材建设实施方案》(以下简称《方案》)和《教育部办公厅关于组织开展"十四五"首批职业教育国家规划教材遴选工作的通知》就"十四五"职业教育规划教材建设作出了具体部署。

《方案》指出,"十四五"期间,分批建设1万种左右职业教育国家规划教材,指导建设一大批省级规划教材,加大对基础、核心课程教材的统筹力度,突出权威性、前沿性、原创性教材建设,打造培根铸魂、启智增慧,适应时代要求的精品教材,以规划教材为引领,高起点、高标准建设中国特色高质量职业教育教材体系。《方案》强调,规划教材建设要突出重点,加强公共基础课程和重点专业领域教材建设,补足紧缺领域教材,增强教材适用性、科学性、先进性。鼓励职业院校与高水平大学、科研机构、龙头企业联合开发教材。鼓励具有高级职称的专业带头人或资深专家领衔编写教材,支持中青年骨干教师参与教材建设。

适用要点

一是在组织制定、修订职业教育专业目录方面。教育部印发的《职业教育专业目录(2021年)》(以下简称《专业目录》)按照"十四五"国家经济社会发展和2035年远景目标对职业教育的要求,在科学分析产业、职业、岗位、专业关系基础上,对接现代产业体系,服务产业基础高级化、产业链现代化,统一采用专业大类、专业类、专业三级分类,一体化设计中等职业教育、高等职业教育专科、高等职业教育本科不同层次专业,共设置19个专业大类、97个专业类、1349个专业,其中中职专业358个、高职专科专业744个、高职本科专业247个。此外,教育部要求各省级教育行政部门要依照《专业目录》和相关规定,结合区域经济社会高质量发展需求合理设置专业,并做好国家控制布点专业的设置管理工作。中等职业学校可按规定备案开设《专业目录》外专业。高等职业学校依照相关规定要求自主设置和调整高职专业,可自主论证设置专业方向。

二是在完善职业教育教学标准方面。分别完善中等职业学校专业教学标准以及高等职业学校专业教学标准。完善职业院校专业实训教学条件建设标准，主要内容包括对实训教学场所的要求、对实训设备的要求以及实训过程中出现安全事故的应急处理措施等方面的要求。

三是在宏观管理指导职业学校教材建设方面。第一，《方案》要求统一编写使用中等职业学校思想政治、语文、历史教材，用好《习近平新时代中国特色社会主义思想学生读本》。第二，规范建设公共基础课程教材，统一规划中等职业学校数学、英语、信息技术、艺术、体育与健康、物理、化学教材的编写和选用工作，每门课程教材不超过5种。第三，开发服务国家战略和民生需求紧缺领域专业教材，如新能源、新材料、现代农业、人工智能等领域需要的专业课程教材。第四，支持建设新兴专业和薄弱专业教材。即重点支持《专业目录》中新增和内涵升级明显的专业。第五，加快建设新形态教材。例如，活页式、工作手册式等新形态教材。第六，鼓励职业院校与高水平大学、科研机构、龙头企业联合开发教材。第七，规划教材每三年修订一次，每年动态更新。如果连续三年不更新、编者出现违法违纪或者师德师风问题，这些教材将会成为劣质教材并从规划教材目录中删除。同时，出版社、编者也将按照相关法律规定被追责。第八，及时淘汰不合格教材并建立责任倒查机制，检查的范围包括教材、教辅以及课外读物等，通过检查和监督保证教材的质量，推进教材更新使用。

关联法规

《"十四五"职业教育规划教材建设实施方案》；《职业教育专业目录（2021年）》

第二十一条 【县级以上地方人民政府办学职责及职业教育培养方向】县级以上地方人民政府应当举办或者参与举办发挥骨干和示范作用的职业学校、职业培训机构，对社会力量依法举办的职业学校和职业培训机构给予指导和扶持。

国家根据产业布局和行业发展需要，采取措施，大力发展先进制造等产业需要的新兴专业，支持高水平职业学校、专业建设。

国家采取措施，加快培养托育、护理、康养、家政等方面技术技能人才。

条文解读

本条规定包含3款内容，其中第1款规定了县级以上地方人民政府在职业教育中的办学职责，第2款和第3款规定了职业教育中的重点培养方向。

县级以上地方人民政府在职业教育办学上的职责主要有以下两点：

1. 举办或参与举办发挥骨干和示范作用的职业学校、职业培训机构。为了促进职业教育的发展，我国教育部与财政部曾在全国范围内推动建设100所国家示范性高职院校与100所国家骨干高职院校。在《国务院关于大力发展职业教育的决定》中规定："建立和完善遍布城乡、灵活开放的职业教育和培训网络。在合理规划布局、整合现有资源的基础上，每个市（地）都要重点建设一所高等职业技术学院和若干所中等职业学校。每个县（市、区）都要重点办好一所起骨干示范作用的职教中心（中等职业学校）。"由此可见，要推动职业教育发展，深化职业教育改革，不仅要加大职业教育学校与培训机构的办学力度，还要充分发挥骨干和示范性职业学校的带头作用。

要发挥骨干和示范性职业学校与职业培训机构的带头作用，不能仅靠政府的扶持，还需要各方共同努力。从骨干和示范性职业学校、职业培训机构的角度来看，要牢记职责，争做行业内的领头人。一方面要落实自身的校内改革措施，推动校内教学质量稳步上升；另一方面要利用自身优势，提高受教育者的知识水平和技术水平，为当地就业和经济发展作出贡献。

2. 对社会力量依法举办的职业学校和职业培训机构给予指导和扶持。首先，各级政府应当根据本地的经济发展状况、职业教育发展需要等实际情况为职业学校和职业培训机构提供政策上的扶持和帮助。例如，加大对建设职业学校、职业培训机构的财政拨款力度，采取措施适当减免职业学校、职业培训机构应缴纳的税费等。其次，可以提高对职业教育的宣传力度，鼓励符合入学条件的人员接受职业教育。再次，为职业学校和职业培训机构的教学活动提供便利条件，如增加受教育者参与教学实践活动的途径等。最后，可以为职业学校和职业培训机构的受教育者增加就业机会，鼓励本地企业接收毕业后的受教育者，提高就业率。

除了要加强建设骨干和示范性职业学校、职业培训机构以外，本条还规定了在实施职业教育过程中应当遵循的重点培养方向。根据当今的产业布局和行业发展方向，我国紧缺的是掌握新兴高端技术的人才，能够在新兴制造业、第三产业发光发热的人才。从新中国成立以来，我国一直大力发展工业。现今，我国已经成为一个工业大国。但是，我国在先进制造业方面仍然有待提高。因此，我国将职业教育的培养重点放在了高端制造业和第三产业上。

随着人们生活水平的提高，需求也在不断改变。多年来，第一产业和第二产业在我国的产业结构中始终占据着比较重要的地位，而第三产业发展占比不高。在我国发展的现阶段，要维持经济继续高速稳定发展，必须深化产业结构变革，优化第三产业在产业结构中所占的比重。

要使职业教育的培养方向落到实处,必须从以下几个方面开展职业教育工作:

1. 继续推动产教深度融合。产教融合,就是将产业和教育深度融合在一起。职业教育的内容是培养受教育者的专业技能,目的是培养出能够适应社会的、为国家新兴产业发展作出贡献的专业技术型人才。要实现职业教育的价值,必须推动产教融合,使受教育者的学习活动与产业发展结合起来,增加企业与职业学校、职业培训机构的合作,实现企业与职业教育互惠互利的良好效果。

2. 推动专业课程的完善与发展。托育、护理、家政等专业在我国的发展时间不长,要培养专业人才,必须完善与改进此类专业课程。国家可以通过颁布规范性文件、加大教学资源投入等措施,鼓励此类专业发展。例如,2019 年《国务院办公厅关于促进家政服务业提质扩容的意见》明确指出:"原则上每个省份至少有 1 所本科高校和若干职业院校(含技工院校,下同)开设家政服务相关专业,扩大招生规模。开展"1 + X"证书制度试点,组织家政示范企业和职业院校共同编制家政服务职业技能等级标准及大纲,开发职业培训教材和职业培训包,支持家政服务相关专业学生在获得学历证书的同时,取得家政服务类职业技能等级证书。"将专业培训与高等教育融合起来,既有利于促进专业教育高质量发展,也有利于提高受教育者的综合素质。

3. 推动专业学习终身化。随着经济的发展,医疗水平的提高,人们的寿命也有了显著的延长,与之相伴的则是我国人口结构问题显现,即老龄化愈加严重。在这样的背景下,放宽职业教育的年龄限制,降低准入门槛,既有利于职业教育向大众普及,满足不同年龄对职业教育的渴望,也有利于增加退休人员再就业的比例,缓解养老金不足等问题。

适用要点

本法第8条第2款和第3款规定："国务院教育行政部门负责职业教育工作的统筹规划、综合协调、宏观管理。国务院教育行政部门、人力资源社会保障行政部门和其他有关部门在国务院规定的职责范围内，分别负责有关的职业教育工作。省、自治区、直辖市人民政府应当加强对本行政区域内职业教育工作的领导，明确设区的市、县级人民政府职业教育具体工作职责，统筹协调职业教育发展，组织开展督导评估。"由此可以看出，本条规定体现的主要是国家及地方政府在职业教育中所起到的统筹作用，与本法第8条的规定相呼应，是第8条规定的具体体现。与第8条相比，本条规定更为具体，适用情形也更多。

关联法规

《教育法》第54条

第二十二条　【职业教育中心学校】县级人民政府可以根据县域经济社会发展的需要，设立职业教育中心学校，开展多种形式的职业教育，实施实用技术培训。

教育行政部门可以委托职业教育中心学校承担教育教学指导、教育质量评价、教师培训等职业教育公共管理和服务工作。

条文解读

本条是关于县级人民政府发展职业教育的职责以及职业教育中心学校的工作任务的规定。

本条第1款规定了县级人民政府根据本县域内经济和社会的发

展需要，在发展职业教育的工作中应尽到的职责。该职责主要有以下三个方面的内容：

1. 设立职业教育中心学校。职业教育中心学校，是指为了提高区域内职业教育的综合质量和资金利用效率而建设的场所，一般具有区域性特征。与其他职业学校、职业培训机构相比，职业教育中心学校注重的是对本区域内职业教育事业的统领作用。在教学方面，职业教育中心学校要善于利用其优势，发挥统领作用，在教育行政部门委托下承担教育教学指导、教育质量评价、教师培训等职业教育公共管理和服务工作。职业教育中心学校自身的教学质量要过硬，以起到示范性的作用。建设职业教育中心学校也能使本区域内的职业教育事业发展更具有凝聚力和核心竞争力，不仅能够使实力强劲的职业学校、职业培训机构进一步发展，而且能够使实力较弱的职业学校、职业教育机构迎头赶上，缩小区域内职业学校、职业培训机构之间的差距，从而提高职业教育质量，促进当地职业教育发展。

2. 开展多种形式的职业教育。要开展多种形式的职业教育，需要多管齐下，国家与社会共同努力。在教学方面，要广泛开设专业课程。不仅要顺应时代潮流，开设新兴技术与新兴服务行业的专业课程，而且要完善、改进多年来已经具有坚实经验基础以及成熟技术的专业课程。同时，要加强各专业课程之间的沟通和联结，不能将受教育者的视野局限在当前所学的专业中。并且，在加强专业技术教育的同时，也要重视教授科学文化知识。虽然职业教育与普通教育的教学侧重点不同，但这并不代表职业教育的受教育者无须掌握科学文化知识。随着时代的发展，越来越多的专业技术需要科学文化作为底蕴，才能将专业技术提升至更高的阶段。

在教育形式方面，既要注重职业学校的建设，也不能忽视对职业培训机构的扶持。职业学校与培训机构在对受教育者的培养重点上不尽相同，但本质上都是为了培育出更多具有高等专业技术的人才。

因此,必须同时发展两种职业教育形式,才能使技术型人才的质量与数量更快速地提高。与此同时,也不能将职业教育与普通教育完全割离。在义务教育阶段,要做到职业教育的启蒙;在高等教育阶段,要做到普通教育与职业教育相融合。

同时,社会力量也是开展多种形式职业教育不可或缺的一部分。企业、行业协会等群团组织都需要根据自身的特征,在职业教育实施过程中给予必要的指导帮扶,共同促进职业教育多元化发展。

3. 实施实用技术培训。要实施实用技术培训,主要应从以下两个方面着手:第一,要提高职业教育办学水平与教学质量。政府应当对职业学校、职业培训机构提供政策扶持,通过提高教师待遇等方式,鼓励优秀教师或经验丰富的专业技师加入职业教育的队伍中。同时,要完善职业学校、职业培训机构内的基础设施建设,对购买教学用具等行为提供优惠或帮助。第二,需要将职业教育的教学活动与实践活动结合起来。根据马克思主义唯物辩证法的原理,实践决定认识,实践是认识的基础、是认识的来源、是认识发展的动力。只有实践才是检验真理的唯一标准。也就是说,要培养优秀的专业技术人才,高水平的教学活动与丰富的实践活动都是不可或缺的。受教育者学到的专业技术知识,必须通过实践才能真正掌握,才能切实地利用所学专业知识为社会发展做贡献。因此,政府和社会都应当为职业学校、职业培训机构的实践活动提供便利,如提供实践机会、实践场所等。

本条第 2 款为第 1 款的延伸,在第 1 款的基础上阐明了职业教育中心学校在实施职业教育过程中的工作任务。教育行政部门可以委托职业教育中心学校承担职业教育公共管理和服务工作,包括教育教学指导、教育质量评价、教师培训等。我国青岛市城阳区职教中心学校就秉持着"让每个学生都有一个出彩人生"的教学理念,严守自身作为职业教育中心学校的本分,保持教学高质量发展,起到了示范和引领的作用,对当地的经济发展和解决学生的升学就业问题作出了巨大的贡献。[1] 其他职业学校、职业培训机构要以该职业教育中心学校为榜样，共同促进职业教育事业的发展。

适用要点

《职业教育法》修订以后，首次在法律层面上提出了“职业教育中心学校”的概念，并明确了职业教育中心学校在职业教育发展过程中应起到的作用以及重要性。在司法实践中，本条规定可能很少被运用到诉讼裁决当中，但可以为县级人民政府以及职业教育中心学校的工作起到指引和规范作用。

关联法规

《教育法》第 15 条

第二十三条 【行业主管部门等群团组织、行业组织实施职业教育工作任务】行业主管部门按照行业、产业人才需求加强对职业教育的指导，定期发布人才需求信息。

行业主管部门、工会和中华职业教育社等群团组织、行业组织可以根据需要，参与制定职业教育专业目录和相关职业教育标准，开展人才需求预测、职业生涯发展研究及信息咨询，培育供需匹配的产教融合服务组织，举办或者联合举办职业学校、职业培训机构，组织、协调、指导相关企业、事业单位、社会组织举办职业学校、职业培训机构。

[1] 参见《学校管理优秀案例|城阳区职业教育中心学校：精创有恒育英才 润物无声谱华章》，载澎湃新闻网 2021 年 12 月 21 日，https://m.thepaper.cn/baijiahao_15951081。

条文解读

本条规定有 2 款内容,其中第 1 款主要规定了行业主管部门在职业教育中应尽到的指导作用,第 2 款主要规定了行业主管部门、工会和中华职业教育社等群团组织、行业组织在实施职业教育过程中的工作任务。

行业主管部门就是主管某一行业的部门,它并不是政府的直属部门,而是一种民间组织,所起到的是连接政府与企业的桥梁作用。行业主管部门的工作职责主要是对本行业范围内的企业等进行指导、协调、管理和监督。根据行业主管部门的基本工作职责,本条第 1 款规定了行业主管部门在实施职业教育过程中需要承担的工作任务,主要包括以下两个方面:

1. 加强对职业教育的指导。各地区的经济发展状况和行业要求是不同的。如果以同一个标准和要求来指导职业教育,必然无法使职业教育适应社会的发展。因此,各个行业主管部门需要根据本行业特点及专业要求,对当地的职业教育开展指导工作。即因地制宜地提出意见、建议;建设符合当地行业发展方向的职业学校、职业培训机构,从而培养出与当地经济发展相适应的专业技术人才。同时,职业学校、职业培训机构也要配合行业主管部门的工作,共同促进职业教育的发展。

2. 定期发布人才需求信息。要落实职业教育工作,必须切实解决职业教育受教育者的就业问题,否则所有的工作都是纸上谈兵。行业主管部门作为本行业、产业内的领导者,应当指导解决职业教育后续的就业问题。行业主管部门需要掌握本行业、产业内的人才需求方向,定期向社会以及各职业学校、职业培训机构发布人才需求信息。一方面,有利于各职业学校、职业培训机构有针对性地培养促进行业发展的专业人才;另一方面,也能使面临就业问题的职业教育受教育者根据人才需求信息判断其所适合的行业,使其更加快速、便捷地就业。

本条第2款中行业主管部门、工会和中华职业教育社等群团组织、行业组织的工作任务主要包括以下几个方面：

1. 参与制定职业教育专业目录和相关职业教育标准。根据国务院印发的《国家职业教育改革实施方案》中的精神，各群团组织、行业组织需要定期参与制定职业教育专业目录和相关职业教育标准的工作。制定职业教育专业目录和相关职业教育标准，一方面是为了给各职业学校、职业培训机构的教学活动提供方向和指引；另一方面是为了优化专业布局结构，使专业建设更符合国家和社会发展的要求。

2. 开展人才需求预测、职业生涯发展研究及信息咨询。此项工作任务主要是为了解决职业教育发展过程中的就业问题。在实施职业教育过程中，各群团组织、行业组织需要未雨绸缪，预测未来的行业发展方向，定向培养人才，使职业教育与行业发展齐头并进。除此之外，各群团组织、行业组织还要兼顾职业生涯发展研究以及信息咨询工作，使各项工作互相衔接，共同提高本行业人员的就业率。

3. 培育供需匹配的产教融合服务组织。2021年10月中共中央办公厅、国务院办公厅印发的《关于推动现代职业教育高质量发展的意见》中明确指出："积极培育市场导向、供需匹配、服务精准、运作规范的产教融合服务组织。分级分类编制发布产业结构动态调整报告、行业人才就业状况和需求预测报告。"培育供需匹配的产教融合服务组织，有利于进一步完善职业教育的办学体制，促进职业教育高质量发展。

4. 举办或者联合举办职业学校、职业培训机构。在实施职业教育的过程中，职业学校、职业培训机构的建设与发展不能同各群团组织、行业组织脱节。除了对职业学校、职业培训机构的办学提供支持以外，各群团组织、行业组织还可以举办或者联合举办职业学校、职业培训机构。这样便于将各组织的优势最大化，建立起适合本行业发展的、能为经济发展作出突出贡献的职业教育模式。

5. 组织、协调、指导相关企业、事业单位、社会组织举办职业学校、职业培训机构。各群团组织、行业组织在举办或联合举办职业学校、职业培训机构的同时，也需要担负起组织、协调、指导相关企业、事业单位、社会组织举办职业学校、职业培训机构的任务。这是为了促进产业与职业教育更好地融合，使职业教育与行业发展相辅相成、共同进步。

适用要点

本条规定明确了行业主管部门等群团组织、行业组织在实施职业教育过程中的工作任务。行业主管部门等群团组织、行业组织应当按照本法的规定履行义务。如果有落实不到位的，必要时，可以根据本条规定进行相应的追责。

关联法规

《中等职业学校职业指导工作规定》第 14 条；《国务院办公厅关于深化产教融合的若干意见》第 20 条

第二十四条 【企业实施职业教育的职责和义务】企业应当根据本单位实际，有计划地对本单位的职工和准备招用的人员实施职业教育，并可以设置专职或者兼职实施职业教育的岗位。

企业应当按照国家有关规定实行培训上岗制度。企业招用的从事技术工种的劳动者，上岗前必须进行安全生产教育和技术培训；招用的从事涉及公共安全、人身健康、生命财产安全等特定职业（工种）的劳动者，必须经过培训并依法取得职业资格或者特种作业资格。

企业开展职业教育的情况应当纳入企业社会责任报告。

条文解读

本条是关于企业在实施职业教育过程中的职责和义务的规定。

本法第 9 条规定:"国家鼓励发展多种层次和形式的职业教育,推进多元办学,支持社会力量广泛、平等参与职业教育。国家发挥企业的重要办学主体作用,推动企业深度参与职业教育,鼓励企业举办高质量职业教育。有关行业主管部门、工会和中华职业教育社等群团组织、行业组织、企业、事业单位等应当依法履行实施职业教育的义务,参与、支持或者开展职业教育。"本条规定是关于企业在职业培训方面的义务,是对本法第 9 条规定的具体体现。

本条第 1 款中规定的企业在实施职业教育过程中的职责主要体现在以下两个方面:

1. 按照国家有关规定,有计划地对本单位的职工和准备招用的人员实施职业教育。按照国家有关规定,对职工和准备招用的人员实施职业教育是企业的法定义务,企业必须按照规定履行。法律规定必须进行岗前培训的工种,企业必须对其实施职业教育。其他未被法律规定的必须进行培训的工种,企业可以根据本企业与具体岗位的实际需要,决定是否需要对职工和准备招用的人员实施职业教育。

2. 设置专职或者兼职实施职业教育的岗位。实施职业教育不仅是企业的法定义务,也是对企业的发展有着巨大帮助作用的举措。对职工和准备招用的人员实施职业教育,有利于员工掌握岗位所需的专业技能,从而更好地适应工作环境,在最短的时间内了解岗位的工作内容,提高劳动者的综合素质,为企业带来更高的收益。同时,实施职业教育还可以使劳动者掌握工作中的注意事项,如工作中的安全问题等。企业实施职业教育后,可以提高员工工作效率,使劳动者避开工作中的安全隐患,避免人身损害及因此给企业带来的损失。企业在内部设置专职或者兼职实施职业教育的岗位,一方面有利于职业教育与岗位工作相衔接,另一方面可以节约职业教育的成本。

我国《劳动法》第 68 条规定："用人单位应当建立职业培训制度，按照国家规定提取和使用职业培训经费，根据本单位实际，有计划地对劳动者进行职业培训。从事技术工种的劳动者，上岗前必须经过培训。"由此可见，必须进行岗前培训的人员主要是从事技术工种的劳动者。本条第 2 款根据《职业教育法》的立法精神以及职业教育应当遵循的原则，明确了必须进行岗前培训的具体工种以及具体培训内容，主要体现在以下两个方面：

1. 从事技术工种的劳动者，上岗前必须进行安全生产教育和技术培训。技术工种是指技术具有一定的复杂性，可能涉及国家财产安全、人民生命安全以及消费者利益的工种，如生产设备的操作人员等。如果从事技术工种的劳动者未能掌握或未能完全掌握相应的劳动技能，很可能给企业、国家以及人民的财产、人身安全带来损害。因此，此类劳动者必须经过岗前培训才能正式上岗。

2. 从事涉及公共安全、人身健康、生命财产安全等特定职业（工种）的劳动者，必须经过培训并依法取得职业资格或者特种作业资格。本条规定对从事上述职业（工种）的劳动者在接受岗前培训的基础上，多加了一条限制性条件，即依法取得职业资格或者特种作业资格。也就是说，从事涉及公共安全、人身健康、生命财产安全等特定职业（工种）的劳动者，不仅需要具备专业技术，而且需要保证其专业技术达到一定的水平。如果此类劳动者的专业技术未达到相应的标准，一旦在工作、生产过程中出现问题，很可能会给企业乃至国家和公共利益造成巨大的损失。因此，企业在对此类劳动者实施职业教育的同时，还要注意审查其取得的职业资格或者特种作业资格是否合法有效。

本条第 3 款规定企业应当将开展职业教育的情况纳入企业社会责任报告。企业社会责任报告承载的是企业履行社会责任的相关内容，企业需要定期将企业社会责任报告进行披露，以接受利益相关方以及公众的监督。将职业教育的情况纳入企业社会责任报告中，也能起到督促企业履行开展职业教育的义务，保证劳动者接受职业教育的权利等作用。

适用要点

根据本法第5条的规定，公民有依法接受职业教育的权利。本条规定的是企业实施职业教育的义务，与公民接受职业教育的权利相呼应。将实施职业教育确定为企业的法定义务，这表示如果企业未按照法律规定实施相应职业教育的，需要承担相应的法律责任。此外，对于从事技术工种的劳动者，上岗前，企业必须要对其进行安全生产教育和技术培训；特别是对于一些特定工种，需要取得相应的职业资格或者特种作业资格才能上岗，如果让劳动者“无证上岗”，企业会受到相应的处罚。

关联法规

《劳动法》第68条；《安全生产法》第28～30条；《就业促进法》第47条、第51条

第二十五条 【企业举办职业学校】企业可以利用资本、技术、知识、设施、设备、场地和管理等要素，举办或者联合举办职业学校、职业培训机构。

条文解读

本条是关于企业可以利用资本、技术等要素举办或者联合举办职业学校、职业培训机构的规定。

本条规定为《职业教育法》修订后的新增条款，是对旧法中关于企业实施职业教育义务的细化与升级。本法修订以后，详细地规定了企业在职业教育中应尽到的义务，也强调了企业在职业教育办学工作中的主体作用。除了对本单位的职工和准备招用的人员实施职业教育以外，企业也可以参与职业教育的办学工作。

企业参与职业教育办学工作主要有以下几个方面的意义：

1. 从职业教育的发展来看，鼓励企业举办或者联合举办职业学校、职业培训机构有利于促进产教深度融合。企业利用资本、技术、知识、设施、设备、场地和管理等要素举办职业学校、职业培训机构，有利于企业将这些要素直接带入教学活动中。企业需要聘用专业技术能力强的人才，而将企业经营过程中的经验融入教学活动中，有利于使教学内容与产业联系得更为紧密，促进产业和职业教育进一步深度融合。让企业参与教学活动，也有利于明确职业教育的培养目标，改善教学结构，培养出兼具专业技术与实践创新的优秀人才。

2. 从职业教育的目的来看，企业参与职业教育办学工作有利于促进就业；有利于促进企业与职业学校、职业培训机构一体化。这在最大程度上增强了职业教育的受教育者在学校与企业之间的连接性，能够避免受教育者结束职业教育课程以后出现“断档期”的问题。将企业的生产、经营经验与教学活动相融合，也能够增加受教育者的实践经验，便于受教育者在毕业后的快速上岗。具有熟练专业技能的受教育者，在求职过程中也具有更大的竞争力，能够更好地投入经济建设中。

3. 从企业本身来看，企业参与职业教育的办学工作，有利于促进企业自身的发展。企业参与职业教育的办学活动，不仅能够将企业的资金、经验、设备等资源投入职业学校、职业培训机构中，而且可以将职业学校、职业培训机构的教学内容融入企业的日常经营中。在深度参与职业教育教学活动的过程中，有利于企业吸取经验。一方面，企业可以将这些经验运用到企业的生产、经营过程中，便于企业在内部设立职业教育岗位或部门；另一方面，也能使企业对行业未来的发展方向以及劳动者所掌握的专业技能进行深一步了解，从而促进企业的发展。

适用要点

本条规定虽然是关于企业举办或者联合举办职业学校、职业培训机构的规定，但是本条规定并不是强制性的，而是对企业开展职业教育办学工作起到引导性的作用。

关联法规

《就业促进法》第47条；《职业学校校企合作促进办法》第10条

第二十六条 【对社会力量实施职业教育的扶持】国家鼓励、指导、支持企业和其他社会力量依法举办职业学校、职业培训机构。

地方各级人民政府采取购买服务，向学生提供助学贷款、奖助学金等措施，对企业和其他社会力量依法举办的职业学校和职业培训机构予以扶持；对其中的非营利性职业学校和职业培训机构还可以采取政府补贴、基金奖励、捐资激励等扶持措施，参照同级同类公办学校生均经费等相关经费标准和支持政策给予适当补助。

条文解读

本条是关于国家鼓励社会力量举办职业学校、职业培训机构及采取的扶持措施的规定。

本条在突出社会力量办学主体地位的基础之上，明确了国家对社会力量举办职业学校、职业培训机构采取的扶持措施，具体如下：

1. 对于企业和其他社会力量依法举办的职业学校和职业培训机构，地方各级人民政府采取购买服务，向学生提供助学贷款、奖助学金等措施予以扶持。我国《民办教育促进法》第46条规定："县级以上各级人民政府可以采取购买服务、助学贷款、奖助学金和出租、转让闲置的国有资产等措施对民办学校予以扶持；对非营利性民办学校还可以采取政府补贴、基金奖励、捐资激励等扶持措施。"由此可见，地方政府对本区域内的民办学校进行政策支持是我国一直以来的立法精神。地方政府作为当地的行政机关，对社会力量举办的职业学校、职业培训机构进行政策扶持，不仅可以提高社会力量的办学意愿，而且可以在一定程度上提高职业教育的地位，促进职业教育发展。

2. 对其中的非营利性职业学校和职业培训机构还可以采取政府补贴、基金奖励、捐资激励等扶持措施，参照同级同类公办学校生均经费等相关经费标准和支持政策给予适当补助。《民办教育促进法》第19条第2款规定："非营利性民办学校的举办者不得取得办学收益，学校的办学结余全部用于办学。"由此可见，对于非营利性的职业学校、职业培训机构来说，没有资金支持的情况下，要维持教学活动的正常进行、提高教学质量是有一定困难的。因此，非营利性的职业学校、职业培训机构在享有与营利性职业学校、职业培训机构同样的扶持政策基础上，法律还规定了其有权享有的特殊扶持措施。

适用要点

本条规定涉及的扶持措施只是对扶持措施的例举，并不代表国家对社会力量举办职业学校、职业培训机构的扶持措施只限这几项内容。本条规定的作用主要是从法律的角度肯定社会力量在职业教育办学中的重要地位，同时规定了地方各级人民政府对社会力量举办的职业学校、职业培训机构有扶持的义务。

关联法规

《民办教育促进法》第 19 条、第 46 条、第 47 条;《教育法》第 54 条;《教育部、财政部、中国人民银行、银监会关于完善国家助学贷款政策的若干意见》;《国务院办公厅转发中国人民银行等部门关于助学贷款管理若干意见的通知》

第二十七条 【对企业的激励政策】对深度参与产教融合、校企合作,在提升技术技能人才培养质量、促进就业中发挥重要主体作用的企业,按照规定给予奖励;对符合条件认定为产教融合型企业的,按照规定给予金融、财政、土地等支持,落实教育费附加、地方教育附加减免及其他税费优惠。

条文解读

本条规定了对在职业教育与产教融合中发挥重要主体作用的企业的激励政策。

本法第 9 条第 2 款规定:“国家发挥企业的重要办学主体作用,推动企业深度参与职业教育,鼓励企业举办高质量职业教育。”第 26 条第 1 款规定:“国家鼓励、指导、支持企业和其他社会力量依法举办职业学校、职业培训机构。”除了上述规定以外,本法中还多次提到了企业在实施职业教育中的重要作用。为了实现产教融合,最终促进社会经济发展,本法修订以后,强调突出企业在实施职业教育中的主体地位。

为了提高企业参与职业教育的热情和积极性,本法从拓宽企业参与办学的途径和方式;进一步规范企业参与职业教育的行为方式;深化对企业办学的扶持和激励机制等多个方面,为企业提供了保障。根据本条规定,对企业的激励作用主要体现在以下两个方面:

1. 对深度参与产教融合、校企合作,在提升技术技能人才培养质量、促进就业中发挥重要主体作用的企业,按照规定给予奖励。实践中,可以将企业的新技术、新工艺、新理念纳入职业教育的教学活动,让企业内具有丰富实践经验与扎实专业技术的骨干员工深入校园,对受教育者进行实务上的指导;企业还可以为职业教育的受教育者提供良好的实践机会,让受教育者的理论学习与实践活动相结合,培养出高质量的专业技术人才,从而促进就业和经济发展。对于在产教融合、校企合作中发挥了重要主体作用的企业,国家和政府必须积极予以鼓励,以促使职业学校、职业培训机构与企业之间形成良性循环,共同促进职业教育发展、社会主义建设与经济的增长。

2. 对符合条件认定为产教融合型企业的,按照规定给予金融、财政、土地等支持,落实教育费附加、地方教育附加减免及其他税费优惠。本条规定中的企业虽然没有在职业教育中起到重要的主体作用,但仍然为职业教育的发展、产教深度融合作出了一定的贡献。为了促进各企业积极平等地参与职业教育,在奖励发挥重要主体作用企业的同时,也不能忽视对落实产教融合的企业的扶持,激励其他企业深度参与产教融合,促进职业教育的发展。

适用要点

本条规定的目的,一方面是促进企业深度参与职业教育,提高职业学校、职业培训机构与企业的融合,加快职业教育与企业一体化;另一方面是督促政府对在促进产教融合中表现优异的企业进行激励。本条规定也体现出我国改革职业教育体制、发展社会主义现代化的决心。

关联法规

《教育法》第47条;《职业学校校企合作促进办法》

第二十八条 【联合办学协议和委托合同】联合举办职业学校、职业培训机构的,举办者应当签订联合办学协议,约定各方权利义务。

地方各级人民政府及行业主管部门支持社会力量依法参与联合办学,举办多种形式的职业学校、职业培训机构。

行业主管部门、工会等群团组织、行业组织、企业、事业单位等委托学校、职业培训机构实施职业教育的,应当签订委托合同。

条文解读

本条是关于联合办学协议和委托合同的规定。

本条第1款规定了联合办学协议。根据本法的规定,可以举办职业学校、职业培训机构的主体主要有企业、政府、群团组织、行业组织、事业单位、社会组织等。这些主体既可以单独进行办学活动,也可以联合进行办学活动。多个主体联合举办职业学校、职业培训机构的优势主要体现在以下两个方面:

1. 有利于优势互补。多个主体之间可能存在形式不同、优势不同的情况。在这种情况下,多个主体之间虽然存在差异,但也具有很好的互补性,能够各取所长,共同推动职业教育向多元化、多层次的方向发展。

2. 有利于资源的集中。不同的主体所掌握的社会资源不同,能在办学过程中起到的作用也不尽相同。当多个主体联合办学时,就能促使各方调动先进资源并结合起来,更有利于提高教学质量与水平,从而培养出更具适应性与多元化的人才。

当多个办学主体决定共同举办职业学校、职业培训机构时，应当注意按照法律规定签订联合办学协议。在本法修订前，此处的规定为“联合办学合同”，与“联合办学合同”相比，“联合办学协议”的随意性与自由度更高，可以增强各个主体之间联合办学的意愿。

本条第2款主要规定了国家对各个社会力量进行联合办学的态度。为了实现职业教育向多元化、多层次发展，国家鼓励各社会力量联合起来，共同参与职业教育的办学工作。同时，地方各级人民政府及行业主管部门也应当采取优惠政策或激励政策鼓励联合办学活动的开展。

本条第3款是关于委托合同的规定。行业主管部门、工会等群团组织、行业组织、企业、事业单位等主体不仅能直接举办或者联合举办职业学校、职业培训机构，而且能委托学校、职业培训机构实施职业教育。需要注意的是，上述活动应当签订委托合同。关于委托培训，举例来说，假如某企业需要对即将上岗的员工进行岗前培训，但是该企业既没有参与举办职业培训机构，企业内部也没有专门的职业培训部门，此时，该企业便可以与其他职业培训机构签订委托合同，委托该职业培训机构对员工进行职业培训。

适用要点

需要注意的是，联合办学时签订联合办学协议，委托学校、职业培训机构实施职业教育时签订委托合同，都是法律的强制性规定，是必须履行的程序，是不能跳过的。在联合办学协议与委托合同中，双方应当就权利义务关系进行明确的约定，避免在履行合同或协议过程中发生纠纷。并且，联合办学的主体不仅包括国内的办学主体，而且包括境外的组织和个人。在中外联合办学的情况下，同样需要签订联合办学协议。

关联法规

《民法典》第919条、第920条

第二十九条 【地方政府加强实习实训基地建设】县级以上人民政府应当加强职业教育实习实训基地建设,组织行业主管部门、工会等群团组织、行业组织、企业等根据区域或者行业职业教育的需要建设高水平、专业化、开放共享的产教融合实习实训基地,为职业学校、职业培训机构开展实习实训和企业开展培训提供条件和支持。

条文解读

本条是关于地方政府加强实训基地建设的规定。

针对以往职业教育实习实训基地水平不够高、不够专业等问题,本条强调了县级以上人民政府是加强职业教育实习实训基地建设的责任主体;列举了县级以上人民政府履行职责的方式;明确了县级以上人民政府要为职业学校、职业培训机构开展实习实训和企业开展培训提供条件和支持。

1. 加强实习实训基地建设是县级以上人民政府在推进职业教育事业发展过程中的重要工作职责。县级以上人民政府有关部门与其他部门加强沟通配合,共同推进实习实训基地建设是其重要工作内容。省、自治区、直辖市人民政府应组织开展对设区的市、县级人民政府加强实习实训基地建设的责任督导和评估,以保证地方政府加强实习实训基地建设的责任落到实处。同时,设区的市、县级人民政府组织加强实习实训基地建设的情况要依法接受省、自治区、直辖市人民政府的督导和评估。

县级以上人民政府落实加强职业教育实习实训基地建设责任，可以提高实习实训基地建设的水准。实习实训既是职业教育中不可缺少的重要环节，也是培养技术技能人才的重要途径。实习实训基地建设的好坏，直接影响职业教育受教育者运用知识、将知识转化为劳动成果的能力强弱，是衡量职业教育教学条件的重要标准。

2. 县级以上人民政府在加强实习实训基地建设的时候要积极调动社会各方面力量，同时重点关注职业教育资源区域分布不平衡的问题，加大对重点行业的实习实训基地建设。职业教育实习实训基地的建设水平、专业程度，与地方政府各部门工作密切相关，需要地方政府承担相应的责任，调动社会各个方面的力量，共同做好加强职业教育实习实训基地建设的工作。具体而言，县级以上人民政府可以组织行业主管部门、工会等群团组织、行业组织、企业等根据区域或者行业职业教育的需要建设高水平、专业化、开放共享的产教融合实习实训基地，为职业学校、职业培训机构开展实习实训和企业开展培训提供条件和支持。长期以来，我国不同地区的职业教育资源分配不均。因此，需要倡导那些已经建设了高水平、专业化、开放共享的产教融合实习实训基地的，职业教育发展较快、较好的地区对职业教育发展相对缓慢的地区提供支援和帮助，促进职业教育资源的分配科学、合理。高水平、专业化、开放共享的产教融合实习实训基地一般会根据那些企业规模大、经济效益好、发展潜力好、掌握高新技术的行业和企业的需求设置。实习实训基地是教学实践的重要平台，实习实训基地提供的教学应该同时具备理论知识和实践技能。其中，专业技能的占比应更加突出，这样职业教育受教育者能够按照未来工作岗位的需求，熟悉和锻炼相应的工作技能，切实提高核心技术能力以及独立解决复杂技术问题的能力。

3. 建设高水平、专业化、开放共享的产教融合实习实训基地不仅是职业学校或者职业机构进行职业教育，提升受教育者技术技能的平台,而且是企业职工进行职业培训,德技并修,提升自身综合素质的场所,以满足行业或者企业发展和生存的需要,亦满足其适应社会主义市场经济需求和社会发展的需要。

产教融合实习实训基地在职业教育的过程中要不断改进教育方法和教学以及培训内容,目的是培养受教育者的创新能力、解决问题的能力、将知识技能转化为职业技能的能力,以及职业道德工匠精神,全方位、多角度地提升职业教育受教育者的职业技能以及职业素养。2017 年《国务院办公厅关于深化产教融合的若干意见》指出,开展生产性实习实训;健全学生到企业实习实训制度;鼓励以引企驻校、引校进企、校企一体等方式,吸引优势企业与学校共建共享生产性实训基地;支持各地依托学校建设行业或区域性实训基地,带动中小微企业参与校企合作;通过探索购买服务、落实税收政策等方式,鼓励企业直接接收学生实习实训;推进实习实训规范化,保障学生享有获得合理报酬等合法权益。深化产教融合的主要目标是,逐步提高行业企业参与办学程度,健全多元化办学体制,全面推行校企协同育人,用 10 年左右时间,教育和产业统筹融合、良性互动的发展格局总体形成,需求导向的人才培养模式健全完善,人才教育供给与产业需求重大结构性矛盾基本解决,职业教育、高等教育对经济发展和产业升级的贡献显著增强。2019 年国家发展改革委、教育部等六部门印发的《国家产教融合建设试点实施方案》明确,要落实组合投融资和财政等政策激励;中央预算内投资支持试点城市自主规划建设产教融合实训基地,优先布局建设产教融合创新平台;强化产业和教育政策牵引,允许符合条件的试点企业在岗职工以工学交替等方式,接受高等职业教育,支持有条件的企业校企共招、联合培养专业学位研究生;探索建立体现产教融合发展导向的教育评价体系,支持高职院校、应用型本科院校、"双一流"建设高校等各类院校积极服务、深度融入区域和产业发展,推进产教融合创新。根据上述规定,建设高水平、专业化的产教融合实习实训基地需要逐步提高行业和企业参与职业教育办学的积极性。形成教育和产业统筹融合的格局不可能一蹴而就,需要长时间的探索和调整。一方面需要提升企业办学的参与度,另一方面要增强产教融合实习实训基地对受教育者的吸引力,使他们能够真正提升自身的技术技能,并且是经得起检验、受到社会认可的技术技能。

4. 县级以上人民政府要为职业学校、职业培训机构开展实习实训和企业开展培训提供条件和支持。主要措施包括:落实组合投资以及财政等政策激励,增强企业参与办学的积极性;完善人才培养模式,创新人才培养方式和人才评价体系;允许符合条件的试点企业在岗职工以工学交替等方式,接受高等职业教育;支持企业根据自身的经营发展需要,自主设置职业技能岗位等级,自主制定职业等级评价标准规范,自主开展技能等级认定;探索建立体现产教融合发展导向的教育评价体系。在这些政策措施的引领下,各职业学校、职业教育机构以及实习实训基地将不断深化产教融合,着力构建高质量技术技能人才培养体系,培养高技能人才、大国工匠、能工巧匠,形成规模宏大、结构合理、技能精湛、素质优良的人才队伍,为我国经济建设添砖加瓦。

适用要点

一是在责任承担主体方面,县级以上人民政府是加强职业教育实习实训基地建设的责任主体。县级以上人民政府组织加强实习实训基地建设的情况要依法接受省、自治区、直辖市人民政府的督导和评估。二是在责任承担方式方面,县级以上地方人民政府通过与其他部门的沟通、协调和配合,组织行业主管部门、工会等群团组织、行业组织、企业等根据区域或者行业职业教育的需要建设高水平、专业化、开放共享的产教融合实习实训基地。三是实习实训基地的建设要贯彻落实我国新发展理念,紧贴发展需求,以需求为导向,结合企业实际的经营发展需要,培养大国工匠、能工巧匠,全面提升受教育者的综合素质。四是在实习实训基地的服务对象方面，实习实训基地既服务于职业学校、职业教育机构，为职业教育学生提供实习机会、培养实践能力；也是企业为新进职工、在岗职工、转岗职工提供技术技能培训的平台，是提高企业职工技术技能水平的重要基地。

关联法规

《教育法》第48条；《职业学校学生实习管理规定》；《残疾人教育条例》第30条

第三十条 【中国特色学徒制】国家推行中国特色学徒制，引导企业按照岗位总量的一定比例设立学徒岗位，鼓励和支持有技术技能人才培养能力的企业特别是产教融合型企业与职业学校、职业培训机构开展合作，对新招用职工、在岗职工和转岗职工进行学徒培训，或者与职业学校联合招收学生，以工学结合的方式进行学徒培养。有关企业可以按照规定享受补贴。

企业与职业学校联合招收学生，以工学结合的方式进行学徒培养的，应当签订学徒培养协议。

条文解读

本条是关于国家引导、鼓励和支持校企合作，通过学徒制的教育模式培养技术技能人才的规定。

通过学徒制教育传承技术和技艺在我国有悠久的历史。世界各国也广泛采用学徒制的教育模式培养技术技能人才，国际上比较成熟的学徒制模式主要集中在几个经济较发达的国家，如德国的“双元制”

模式、英国的“三明治模式”、澳大利亚的“新学徒制”。[1] 中国特色学徒制既根植于中国历史，也积极吸收和借鉴国外的成功经验。中小企业是我国经济发展的重要支柱。为广大中小企业培养和输送高质量的技术技能人才、提高职业教育学生就业率、降低企业职业教育培训的成本是中国特色学徒制教育的主要目标。依据本条的规定，推行中国特色学徒制，需要国家、企业、职业教育培训机构或者职业学校三方的共同努力。

国家为中国特色学徒制的推进提供了制度保障和资金支持。其一，制度保障方面。国家引导企业按照岗位总量的一定比例设立学徒岗位，支持企业与职业学校或职业培训机构合作进行学徒培养，同时鼓励和支持企业对新进职工、在岗职工以及转岗职工进行学徒培训。技术技能人才最终是为企业提供服务，由国家引导企业设立学徒岗位有利于职业教育课程设置与社会需求相匹配，进而提高职业教育人才培养质量和就业竞争力；不仅能让企业参与培训学徒、降低招聘成本、更容易招聘到企业需要的人才，还能让学徒在参与学习的过程中更加深入地了解未来从事行业的岗位职责以及工作内容，以便更加从容地进入就业市场。由于以往关于学徒制教育的法律政策不健全，在很长的一段时间内，学徒制并没有受到企业的重视，企业的培养能力参差不齐，工学教育内容对接错位，在岗技能培训课程单一且技术含量不高……这些因素都是推行学徒制教育受到阻碍的重要原因。如今，学徒制教育已经上升到国家层面的法律制度，学徒制教育必将受到各级政府、各个企业以及职业学校、职业培训机构的高度重视。各级政府会在《职业教育法》的指导下制定相关的配套政策，进一步细化和落实中国特色学徒制。在国家的鼓励和支持下，企业应积极与职业学校合作，主动加强企业的人才队伍建设，不断提高企业的培养能力，开放学

〔1〕 参见滕道明：《中国特色学徒制“特”在何处》，载《中国教育报》2021年4月13日，第5版。

徒岗位，为学徒教育提供良好的平台。同时，企业可以根据自身的发展需要，培养急需的技术技能人才，使人才培养与产业发展相互支撑。职业学校也应积极与企业合作，联合招生。其二，经费保障方面。企业培养学徒、对在岗职工进行培训，必然会增加企业的经营成本；为了减轻企业的经济压力，调动企业培养学徒的积极性，鼓励企业参与学徒制教育，帮助企业提升其学徒教育水平，国家会对符合条件的企业给予相应的补贴。2021 年人力资源社会保障部等五部门印发的《关于全面推行中国特色企业新型学徒制　加强技能人才培养的指导意见》（以下简称《意见》）强调，要完善经费补贴政策，对开展学徒培训的企业按规定给予职业培训补贴，补贴资金从职业技能提升行动专账资金或就业补助资金列支。补贴标准由各市（地）以上人力资源社会保障部门会同财政部门确定，学徒每人每年的补贴标准原则上 5000 元以上，可结合经济发展、培训成本、物价指数等情况定期调整。

职业学校与企业是开展学徒制教育的重要平台。技术技能人才的培养既离不开职业学校的滋养和培育，也离不开企业提供的广泛实践机会和条件。职业学校与企业合作招生，以工学结合的方式进行学徒培养的，应当签订学徒培养协议。学徒培养协议中可以约定培养目标、培养方式、培养时间、费用承担、考核标准等内容。根据《意见》的要求，中国特色企业新型学徒制以至少签订一年劳动合同的技能岗位新招用和转岗等人员为主要培养对象，发挥企业培养主体作用，推行培养和评价“双结合”，企业实训基地和院校培训基地“双基地”，企业导师和院校导师“双导师”培养模式。学徒培养目标以符合企业岗位需求的中级工、高级工及技师、高级技师为主。培养期限为一至两年，特殊情况可延长到三年。对于职业学校而言，与企业签订学徒培养协议，有利于提升学徒培养质量，保障学徒的权益；另外，也可以提升职业学校对于潜在生源的吸引力，从长远来看，还有助于提高职业学校的办学水平和办学规模以及知名度。对于企业而言，其从学徒教育获得的收益越多,需要其承担的培训成本越低,其参与学徒教育、提供学徒岗位的积极性越高。推行中国特色学徒制,难点在于新技术、高端技术产业领域的探索,如现代农业、智能制造、高端装备、节能环保等领域,就需要企业倾其专业优势,传授学徒企业内部先进技术与经验,促进学徒进一步探索、创新。从培养的内容上看,企业可以根据其产业发展需求,紧扣制造强国、质量强国、网络强国、数字中国建设之急需和企业未来技能需求,对学徒加大岗位技能、数字技能、绿色技能、安全生产技能和职业道德、职业素养、工匠精神、质量意识、法律常识、健康卫生等方面的培训力度。企业培养学徒,学徒反哺企业,是企业参与学徒教育动力之一。企业设立学徒岗位是主动培养企业所需人才的重要途径,企业与职业学校合作招生,通过工学结合的方式进行学徒培养,并与职业学校签订培养协议,增加了企业在培养学徒时的主动性以及灵活性。政府、企业、职业学校或者职业培训机构,三者密切配合、紧密合作、相互推动,协同发展,会使中国特色学徒制教育发挥更大成效,从而适应经济社会发展的需要。

随着职业教育的不断发展,职业教育匹配的岗位收入也会逐步增加。学生或者职工为了提升收入水平、改善经济条件,也会主动接受学徒教育。职业学校以及企业扩大其办学规模和提升办学质量,也能吸引更多的学生或者职工接受职业教育。职业学校以及企业会培养更多的与岗位需求相匹配的高技能专业人才,从而提升企业的生产效益。职业学校以及企业也会因政策支持获得相应的资金奖励,降低企业的招聘成本以及培训成本,从学徒制教育中获取利益。这样,越来越多的企业支持产教融合,加快产教融合实训基地建设,参与中国特色学徒制教育,缓解传统行业人才过剩、新兴行业或者高科技产业技术技能人才不足的矛盾,从而推进中国特色学徒制教育良性发展,提升劳动者技能与素质,为国家的技术创新和产业发展提供动力,为建设技能中国提供充足的人才储备,促进我国经济可持续发展。

适用要点

一是各级政府要认真履行自身的职责，如设置专项资金、制定税收优惠政策、加强对中国特色学徒制教育的宣传力度、积极引导企业设立一定比例的学徒岗位、鼓励和支持校企合作联合招生，进行学徒制教育。同时，政府还应当依据培养成本、当地的经济发展水平等因素为进行学徒制教育的企业提供相应的补贴。二是企业在国家的鼓励和支持下，按照岗位的一定比例设置学徒岗位。企业可以与职业学校或者职业教育机构合作，对新招用职工、在岗职工和转岗职工进行学徒培训，提升职工的技术技能水平；企业也可以与职业学校联合招收学生，制定选拔标准，参与选拔技术技能人才的环节。三是企业与职业学校联合招收学生，以工学结合的方式进行学徒培养的应当签订学徒培养协议，学徒培养协议可以约定培养目标、培养方式、培养年限等内容。

关联法规

《人力资源社会保障部　财政部　国务院国资委　中华全国总工会　全国工商联关于印发〈关于全面推行中国特色企业新型学徒制加强技能人才培养的指导意见〉的通知》；《人力资源社会保障部、财政部关于全面推行企业新型学徒制的意见》

第三十一条　【职业教育的学习资源和信息化建设】国家鼓励行业组织、企业等参与职业教育专业教材开发，将新技术、新工艺、新理念纳入职业学校教材，并可以通过活页式教材等多种方式进行动态更新；支持运用信息技术和其他现代化教学方式，开发职业教育网络课程等学习资源，创新教学方式和学校管理方式，推动职业教育信息化建设与融合应用。

条文解读

本条是关于职业教育的学习资源和信息化建设的规定。

职业教育的学习资源，包括专业教材、职业教育网络课程。

国家鼓励行业组织、企业等参与职业教育专业教材开发，将新技术、新工艺、新理念纳入职业学校教材，并可以通过活页式教材等多种方式进行动态更新。职业教育专业教材是职业教育实施机构开展教学实践与研究的重要参考资料。2019 年 12 月，教育部印发了《职业院校教材管理办法》，用以规范和加强职业院校教材管理，打造精品教材，切实提高教材建设水平。根据《职业院校教材管理办法》的规定，职业院校教材编写需坚持的原则包括：第一，体现党和国家意志。坚持马克思主义指导地位，体现马克思主义中国化要求，体现中国和中华民族风格，体现党和国家对教育的基本要求，体现国家和民族基本价值观，体现人类文化知识积累和创新成果。第二，全面贯彻党的教育方针，落实立德树人根本任务，扎根中国大地，站稳中国立场，充分体现社会主义核心价值观，加强爱国主义、集体主义、社会主义教育，引导学生坚定道路自信、理论自信、制度自信、文化自信，成为担当中华民族复兴大任的时代新人。职业院校教材的管理工作由国家教材委员会指导和统筹，实行分级管理，教育行政部门牵头负责，有关部门、行业、学校和企业等多方参与。2021 年 12 月，教育部办公厅印发的《"十四五"职业教育规划教材建设实施方案》明确了教材编写要求，包括遵循职业教育教学规律和人才成长规律。教材内容应符合学生认知特点，体现先进职业教育理念，鼓励专业课程教材以真实生产项目、典型工作任务等为载体，体现产业发展的新技术、新工艺、新规范、新标准，反映人才培养模式改革方向，将知识、能力和正确价值观的培养有机结合，适应专业建设、课程建设、教学模式与方法改革创新等方面的需要，满足项目学习、案例学习、模块化学习等不同学习方式要求，有效激发学生学习兴趣和创新潜能。结合国家在职业教育改革

"知行合一、工学结合""校企深度合作"的要求,本法将鼓励行业组织、企业等参与职业教育专业教材开发法律化,将党和国家提出的新发展理念融会贯通于职业教育学习资源的开发过程中。即职业教育学校应借鉴"双元制"等模式,校企共同研究制定人才培养方案,及时将新技术、新工艺、新规范纳入教学标准和教学内容,强化学生实习实训。行业组织和企业应协调本行业领域的资源和专业人才支持教材建设。在教材适用方面,《职业院校教材管理办法》规定职业院校要严格执行国家和地方关于教材管理的政策规定,健全内部管理制度,选好用好教材。在国家和省级规划教材不能满足需要的情况下,职业院校可根据本校人才培养和教学实际需要,补充编写反映自身专业特色的教材。学校党委(党组织)对本校教材工作负总责。有鉴于此,对于统编教材因规划、编制、审核、发布等时间较长而造成的滞后于快速发展的经济社会的情况,国家也倡导院校和机构使用新型活页式、工作手册式教材等多种方式进行动态更新以保证职业教育教学内容的适时性。

支持运用信息技术和其他现代化教学方式,开发职业教育网络课程等学习资源,创新教学方式和学校管理方式,推动职业教育信息化建设与融合应用。在"互联网+职业教育"的发展趋势下,运用现代信息技术改进教学方式和学校管理方式是推动职业教育信息化建设的重要部分。在"互联网+"支持下,终身学习体系要求的"学校壁垒消除"已经在国家开放大学、中国慕课工程的运行过程中实现了教学方式的创新,同时在学校与社会广泛合作办学的新体制下促进了高等教育、职业教育与继续教育的融合发展,优化了学校管理方式,推动了教育公平。当前职业教育的数字化资源中心包括国家有关部门负责的"智慧职教",企业经营的中国知网平台上"职业教育专业教学资源库"等,提供了较为全面的教学资源。

适用要点

第一，教材就是学生手中的权威学习资源，教师深入理解教材，引导学生重视应用教材，有助于培养学生良好的读书习惯。[1] 因此，发掘教学资源、提升教材质量是保证职业教育质量的重要环节，教材编写工作者应坚持习近平新时代中国特色社会主义思想的指导，坚守政治方向，增加职业素养和专业内容，确保教材政治正确、编写科学、理论扎实、质量过硬。同时使用时要灵活地采取多种措施对教材进行实践补充，保证教材专业性的同时确保知识的及时更新。第二，国家对于职业教育教材实行统筹规划的管理方式，《职业院校教材管理办法》对职业院校的教材选择作了明确规定，但对职业培训机构等社会机构的教学资料内容未作规定，各地人民政府及相关部门在规范职业培训时应对职业培训机构的教学资料内容加强审核。第三，顺应产业革命和技术改革的潮流，国家应大力发展职业教育的信息化建设和数字化开发，推动职业教育资源库的完善，为学习者提供开放共享的便利条件。

关联法规

《职业院校教材管理办法》第 3 条、第 5 条、第 8 条、第 12 条

第三十二条 【职业技能竞赛】国家通过组织开展职业技能竞赛等活动，为技术技能人才提供展示技能、切磋技艺的平台，持续培养更多高素质技术技能人才、能工巧匠和大国工匠。

---

〔1〕 参见《挖掘教材资源 提高作业质量》，载教育部官网，http://www.moe.gov.cn/jyb_xwfb/moe_2082/2021/2021_zl53/zjwz/202111/t20211112_579256.html。

条文解读

本条是关于国家通过组织职业技能竞赛等活动培养高技能人才的规定。

本条规定是技能展示平台立法化的表现,为后续更多职业教育技艺切磋活动的有序开展提供了法律保障。

2020 年我国首届全国职业技能大赛举办,习近平同志在开幕贺信中表示:技术工人队伍是支撑中国制造、中国创造的重要力量。职业技能竞赛为广大技能人才提供了展示精湛技能、相互切磋技艺的平台,对壮大技术工人队伍、推动经济社会发展具有积极作用。[1] 在优化劳动力供给结构、提升劳动者素养方面,各界应大力弘扬劳模精神、劳动精神、工匠精神,通过注重技能提升的培养机制增强劳动者的技艺水平与实干本领,也通过广阔的赛事平台保障更多的劳动者展现技能水平,激励更多劳动者特别是青年一代走技能成才、技能报国之路,为全面建设社会主义现代化国家提供有力人才保障。2021 年 10 月,中共中央办公厅、国务院办公厅印发的《关于推动现代职业教育高质量发展的意见》在“指导思想”部分强调:以习近平新时代中国特色社会主义思想为指导,深入贯彻党的十九大和十九届二中、三中、四中、五中全会精神,坚持党的领导,坚持正确办学方向,坚持立德树人,优化类型定位,深入推进育人方式、办学模式、管理体制、保障机制改革,切实增强职业教育适应性,加快构建现代职业教育体系,建设技能型社会,弘扬工匠精神,培养更多高素质技术技能人才、能工巧匠、大国工匠,为全面建设社会主义现代化国家提供有力人才和技能支撑。本条规定为各类职业技能比赛提供了法律依据,助力构建科学有序的职业技能竞赛体系。

---

〔1〕 参见《习近平致首届全国职业技能大赛的贺信》,载教育部官网,http://www.moe.gov.cn/jyb_xwfb/moe_176/202012/t20201210_504748.html。

适用要点

第一,培养大国工匠、能工巧匠应大力发扬“执着专注、精益求精、一丝不苟、追求卓越”的工匠精神,激励劳动者在劳动光荣的社会风尚和精益求精的敬业风气下服务大国工程。第二,职业教育院校应联合联动举办技能大赛,动员在校学生积极参与赛事,在与经验丰富的前辈切磋技艺过程中不断积累经验,提升技能水平。第三,国家应将已有规模、有影响力的职业技能大赛持续化,并积极研发举办新职业、新技能及更高层次与更高水平的职业技能竞赛,推动国际交流的开展。

第四章　职业学校和职业培训机构

第三十三条　【职业学校设立】职业学校的设立，应当符合下列基本条件：

（一）有组织机构和章程；

（二）有合格的教师和管理人员；

（三）有与所实施职业教育相适应、符合规定标准和安全要求的教学及实习实训场所、设施、设备以及课程体系、教育教学资源等；

（四）有必备的办学资金和与办学规模相适应的稳定经费来源。

设立中等职业学校，由县级以上地方人民政府或者有关部门按照规定的权限审批；设立实施专科层次教育的高等职业学校，由省、自治区、直辖市人民政府审批，报国务院教育行政部门备案；设立实施本科及以上层次教育的高等职业学校，由国务院教育行政部门审批。

专科层次高等职业学校设置的培养高端技术技能人才的部分专业，符合产教深度融合、办学特色鲜明、培养质量较高等条件的，经国务院教育行政部门审批，可以实施本科层次的职业教育。

条文解读

本条是关于职业学校设立的基本条件及审批主体的规定。

本条第1款规定了设立职业学校应当具备的基本条件，这些条件包括：

1. 有组织机构和章程。组织机构，是指某一主体应具备的具有决策、管理等职能的机构。设立职业学校，应当具备有决策、管理、监督等职能的机构，并且各机构要具备相应的管理人员。章程，是组织者在设立组织时制定的关于组织规程和办事规则的根本制度，是该组织日后开展各项活动应遵循的准则和原则性文件。设立职业学校，应该具备相应的章程。该章程应当写明职业学校的名称、办学宗旨、教育教学任务、组织机构运行机制、教职工及学生的参与和管理、人事制度、财务制度等内容。

2. 有合格的教师和管理人员。师资资源是一所学校应具备的基础资源。什么是合格的教师？我国实行教师资格制度。在一般情况下，抛开其他不谈，从形式看上，具备相应教师资格的，可以认定为本条的"合格教师"。《教师法》第10条第2款规定，"中国公民凡遵守宪法和法律，热爱教育事业，具有良好的思想品德，具备本法规定的学历或者经国家教师资格考试合格，有教育教学能力，经认定合格的，可以取得教师资格。"根据《教师法》第11条第1款第3~6项的规定：(1)取得初级中学教师、初级职业学校文化、专业课教师资格，应当具备高等师范专科学校或者其他大学专科毕业及其以上学历。(2)取得高级中学教师资格和中等专业学校、技工学校、职业高中文化课、专业课教师资格，应当具备高等师范院校本科或者其他大学本科毕业及其以上学历；取得中等专业学校、技工学校和职业高中学生实习指导教师资格应当具备的学历，由国务院教育行政部门规定。(3)取得高等学校教师资格，应当具备研究生或者大学本科毕业学历。(4)取得成人教育教师资格，应当按照成人教育的层次、类别，分别具备高等、中等学校毕业及其以上学历。此外,该条第 2 款规定,不具备《教师法》规定的教师资格学历的公民,申请获取教师资格,必须通过国家教师资格考试。国家教师资格考试制度由国务院规定。根据《教师法》第 13 条的规定,中等专业学校、技工学校的教师资格由县级以上地方人民政府教育行政部门组织有关主管部门认定。普通高等学校的教师资格由国务院或者省、自治区、直辖市教育行政部门或者由其委托的学校认定。管理人员,通常指行政及其他岗位的管理者,他们也是一所学校当中的中坚力量,对于保障教学秩序、实现教学目的必不可少。

3. 有与所实施职业教育相适应、符合规定标准和安全要求的教学及实习实训场所、设施、设备以及课程体系、教育教学资源等。开办学校,不仅要有硬件设施,还要有软件设施。硬件设施包括教室、操场、实验室、教学设备、仪器、图书资料等;软件设施包括课程体系、教育教学资源、培训体系等。不管是硬件设施还是软件设施,都要与所实施职业教育相适应,并且,还要符合国家规定的标准以及安全要求。

4. 有必备的办学资金和与办学规模相适应的稳定经费来源。职业教育一般属于公益性事业,为非营利性质。因此,开办职业学校时一定要保证资金的到位,并且要做好资金的收支预算,不能空谈理想,要保证资金的稳定,才能确保职业学校持续性的发展。

本条第 2 款是关于设立各类型、各层次的职业学校由谁来审批,以及向谁备案的规定。根据职业学校类型和层次的不同,审批主体有所不同。如中等职业学校,审批主体为县级以上地方人民政府或者有关部门;高等职业学校则由省级人民政府,甚至国务院教育行政部门审批。

本条第 3 款是关于专科层次高等职业学校中设置培养高端技术技能人才的部分专业的规定,根据本款规定,如果该部分专业符合“产教深度融合、办学特色鲜明、培养质量较高”等条件,经审批可以实施本科层次的职业教育,即在办学层次上,由专科提高到了本科。应当注意的是,审批主体为“国务院教育行政部门”。

适用要点

设立职业学校必须符合本条第 1 款规定的基本条件,且这四项基本条件,缺一不可。即缺少任何一项条件,在申请设立职业学校时都不能审核通过。本条第 2 款和第 3 款是关于职业学校的审批主体等的规定,职业学校在设立过程中,应找准审批主体进行审批申报工作。

关联法规

《教育法》第 27 条;《民办教育促进法》第 10 ~ 19 条;《教师法》第 10 条、第 11 条、第 13 条

第三十四条 【职业培训机构设立】职业培训机构的设立,应当符合下列基本条件:

(一)有组织机构和管理制度;

(二)有与培训任务相适应的课程体系、教师或者其他授课人员、管理人员;

(三)有与培训任务相适应、符合安全要求的场所、设施、设备;

(四)有相应的经费。

职业培训机构的设立、变更和终止,按照国家有关规定执行。

条文解读

本条是关于职业培训机构设立的基本条件的规定。

本条第1款规定了设立职业培训机构应当具备的基本条件，具体包括：

1. 有组织机构和管理制度。本法第33条规定，设立职业学校应当具备组织机构，那么对于职业培训机构来讲，“具有组织机构”也是必可不少的。即职业培训机构应当具备有决策、管理、监督等职能的机构，并且各机构要具备相应的管理人员。此外，职业培训机构还应当具备相应的管理制度。

2. 有与培训任务相适应的课程体系、教师或者其他授课人员、管理人员。这是对职业培训机构的软件设施及教职员工配置的要求。

3. 有与培训任务相适应、符合安全要求的场所、设施、设备。这是对职业培训机构的硬件设施的要求。

4. 有相应的经费。对于培训机构来讲，经费的保障必不可少。如果没有相应的经费，不仅会导致职业教育培训无法继续开展，还可能造成该机构品牌信誉丧失、机构破产等严重后果。

本条第2款规定，职业培训机构的设立、变更和终止，按照国家有关规定执行。也就是说，关于职业培训机构的设立、变更和终止，国家对其有规定的，遵照执行即可。

适用要点

设立职业培训机构必须符合本条规定的基本条件。如果在申报设立的过程中，缺少某一条件，则无法审核通过。

关联法规

《教育法》第27条；《中外合作职业技能培训办学管理办法》第2章

第三十五条 【校长负责制】公办职业学校实行中国共产党职业学校基层组织领导的校长负责制，中国共产党职业学校基层组织按照中国共产党章程和有关规定，全面领导学校工作，支持校长独立负责地行使职权。民办职业学校依法健全决策机制，强化学校的中国共产党基层组织政治功能，保证其在学校重大事项决策、监督、执行各环节有效发挥作用。

校长全面负责本学校教学、科学研究和其他行政管理工作。校长通过校长办公会或者校务会议行使职权，依法接受监督。

职业学校可以通过咨询、协商等多种形式，听取行业组织、企业、学校毕业生等方面代表的意见，发挥其参与学校建设、支持学校发展的作用。

条文解读

本条是关于职业学校校长负责制的规定。

本条第 1 款主要规定了公办职业学校与民办职业学校在决策方面的不同机制。

职业学校可分为公办校与民办校。公办职业学校就是由政府举办的学校，学校在开办过程中与教学活动中的支出都由财政进行拨款。公办职业学校具有以下优点：第一，学费相对较低。很多公办职业学校都是非营利性质的，日常支出来源主要是国家财政，学生的学费并不是公办职业学校资金的主要来源。并且，政府也会针对学生经济情况及学业情况采取减免学费、提供奖学金等助学政策。第二，教学水平较为稳定。公办职业学校背后的力量是国家和政府，需要保障学校基本的教学质量，在筛选教师方面标准也较为严格。政府也会平衡众多公办职业学校之间的教学水平，避免出现教学资源过分倾斜的现象。但是，公办职业学校也存在一定的局限性，如学校设施可能较为陈旧、教学方式灵活性较低等。

民办职业学校就是由民间力量举办的职业学校，大多数为营利性学校。1996年《职业教育法》修订之后，企业的办学主体地位进一步提高，民办职业学校的数量必然也会逐步增多。民办职业学校具有以下优点：第一，教学方式较为灵活，产教融合较为深入。民办职业学校的办学主体一般为企事业单位、社会团体等社会力量，能够结合其在本行业内的经验对学生展开教学，从而使学生学到的专业知识更加具有实用性和适应性，对学生日后的就业有一定帮助。第二，学校环境较好。民办职业学校往往是营利单位，为了打造品牌，树立良好口碑，吸引更多学员，会将一部分资金用于校园环境建设和教学器材更新。因此，民办职业学校的教学器材往往较为先进，能让学生在第一时间学习新技术。但是，民办职业学校同样也存在局限性，如教学水平高低差距较大、学费较为昂贵等。

无论公办职业学校和民办职业学校存在怎样的差异，在职业学校办学过程中，都要深化党的领导。本法第4条第1款规定："职业教育必须坚持中国共产党的领导，坚持社会主义办学方向，贯彻国家的教育方针，坚持立德树人、德技并修，坚持产教融合、校企合作，坚持面向市场、促进就业，坚持面向实践、强化能力，坚持面向人人、因材施教。"根据该条规定可以看出，坚持中国共产党的领导是开办职业学校必须遵守的原则。本条规定通过对职业学校决策机制的规定，突出了这一原则在职业学校办学中的运用。

无论是公办职业学校还是民办职业学校，都要重视中国共产党职业学校基层组织在办学过程中的作用。对于公办职业学校来说，其举办主体为国家，需要在中国共产党的直接领导下开展教学工作。除了要实行中国共产党职业学校基层组织领导的校长负责制以外，还要按照《中国共产党章程》和有关规定，在中国共产党职业学校基层组织的全面领导下开展学校工作。民办职业学校的办学主体为国家机构以外的社会组织或者个人等，具有充分的办学自主性，可以根据本校的实际情况完善健全校内的决策机制。但民办职业学校仍需坚持中国共产党的领导，强化学校的中国共产党基层组织的政治功能。

本条第 2 款规定了职业学校校长的职权。本款规定可以从以下两个方面进行分析：

1. 校长的工作职责是全面负责本学校教学、科学研究和其他行政管理工作。校长的工作职责主要从以下几个方面履行：第一，必须坚持中国共产党的领导，坚持社会主义办学方向，贯彻国家的教育方针，培养德智体美劳全面发展的社会主义建设者和接班人。第二，努力提高本学校的教学质量与教学水平，合理安排教学课程。同时注意考察教职人员的业务能力，培养优秀的教师队伍。第三，组织和领导本校的德育和教学工作，办好校园建设，关心和爱护学生的生理和心理健康。

2. 校长通过校长办公会或者校务会议行使职权，并依法接受监督。校长行使职权的主要方式为校长办公会或者校务会议。参加会议的人员一般为校长、副校长、办公室主任以及相关部门的负责人。会议内容一般涉及学校内部的重大事项、日常工作汇报、审议学校的财务状况、讨论教学安排、决定学校的工作计划等。校长负责制并不代表校长可以独断专行，校长的日常工作仍然需要受到政府及相关部门、教师组织、其他参与办学的社会团体组织乃至群众的监督。

本条第 3 款规定了职业学校吸纳行业组织、企业、学校毕业生等社会力量参与自身建设的方式。本法第 9 条规定："国家鼓励发展多种层次和形式的职业教育，推进多元办学，支持社会力量广泛、平等参与职业教育。国家发挥企业的重要办学主体作用，推动企业深度参与职业教育，鼓励企业举办高质量职业教育。有关行业主管部门、工会和中华职业教育社等群团组织、行业组织、企业、事业单位等应当依法履行实施职业教育的义务，参与、支持或者开展职业教育。"多元办学是推动职业教育向更高层面发展的方式之一，要实现多元教学，必须保证社会力量充分参与职业教育办学和建设。从职业学校自身来讲，其吸纳社会力量参与学校建设的方式主要有咨询、协商、听取相关意见等。

适用要点

公办职业学校和民办职业学校，虽然在决策机制上的规定有所不同，但是都要坚持中国共产党的领导，还要坚持“校长负责教学、研究、行政管理”的制度。同时，职业学校还要接受各方的监督，多方吸纳社会各界的建议、积极寻求社会共建等。

关联法规

《民办教育促进法》第 25 条；《教育法》第 31 条；《中等职业学校管理规程》第 6 条

第三十六条 【职业学校办学活动】职业学校应当依法办学，依据章程自主管理。

职业学校在办学中可以开展下列活动：

（一）根据产业需求，依法自主设置专业；

（二）基于职业教育标准制定人才培养方案，依法自主选用或者编写专业课程教材；

（三）根据培养技术技能人才的需要，自主设置学习制度，安排教学过程；

（四）在基本学制基础上，适当调整修业年限，实行弹性学习制度；

（五）依法自主选聘专业课教师。

条文解读

本条主要规定了职业学校办学活动的具体形式。其中第 1 款规定了办学的根本依据和管理依据，第 2 款规定了职业学校可开展的办学活动。

本条第 1 款规定，职业学校应当依法办学，依据章程自主管理。应从以下两方面理解：一方面，职业学校在办学时必须遵守法律的规定。除了本法以外，《宪法》《劳动法》《教育法》《民办教育促进法》《就业促进法》等法律法规都对职业学校办学的相关事项作出了规定。对于法律有强制性规定的事项，职业学校必须遵守，否则将承担相应的法律责任。另一方面，职业学校依据章程自主管理。根据本法第 33 条第 1 款第 1 项的规定可知，必须有学校章程才能设立职业学校。学校章程是根据法律规定以及职业学校的具体情况制定的，以职业学校性质、办学规则等为内容的总纲领。学校章程的内容对职业学校内部的办学活动、教师与学生管理等具有约束力，职业学校应当按照章程规定的内容对学校进行管理。需要注意的是，章程中规定的内容必须符合法律的强制性规定，不得与法律规定相悖。

根据本条第 2 款的规定，职业学校可以开展的办学活动主要有以下五种：

1. 根据产业需求，依法自主设置专业。国务院教育行政部门制定相关的职业教育专业目录。职业教育专业目录是在科学分析产业、职业、岗位、专业关系基础上制定的，体现的是整个国家当前阶段在职业教育方面的专业取向。职业学校可以根据本校教学资源的情况以及当地的经济发展状况和特征，在参考国家职业教育专业目录的基础上，灵活自主地设置专业。

2. 基于职业教育标准制定人才培养方案，依法自主选用或者编写专业课程教材。我国教育部针对不同的专业制定了不同的职业教学标准，职业学校可以在此基础上，根据本学校的具体情况，制定出符合本学校培养方向的教学计划和人才培养方案。在专业课程教材方面，职业学校可以选用已经出版的教材，有实力的学校也可以根据本校专业情况自主编写教材。

3. 根据培养技术技能人才的需要，自主设置学习制度，安排教学过程。培养技术技能人才，要在基本办学原则的基础上，进一步深化产教融合，创建多元化的学习环境，将教学与实践有机结合起来。职业学校应当科学地设置校内学习制度，对教学活动的进程作出合理有效的安排，以培养高素质技能人才为目标。

4. 在基本学制基础上，适当调整修业年限，实行弹性学习制度。职业学校教育分为中等职业学校教育和高等职业学校教育，学制也相应有所区别。职业学校应在法律规定的基本学制的基础上，结合本学校的实际情况以及学生的综合水平，决定是否需要根据教学活动安排调整修业年限。尽量做到学习制度与学校的实际情况联系紧密，促进本学校以及学生的发展。

5. 依法自主选聘专业课教师。要设立职业学校，需要配备合格的教师人员。职业学校可以通过发布公告等方式向社会公开招聘专业课教师。在选聘专业课教师时，职业学校应注意考核教师资质以及专业技术水平，保证学校整体的教学质量。同时，职业学校也要考察选聘教师的思想政治及道德水平，确保坚持立德树人、德技并修。

适用要点

职业学校可以根据本校的具体情况、所开专业的实际教学需求、培养的人才方向、本校学生学习的具体水平等，自主制定出符合本校发展需求的办学活动规划。

在自主开展办学活动时，职业学校必须注意的是，无论开展什么办学活动，都不能违反法律的强制性规定。同时，职业学校开展的办学活动应当符合本法规定的职业教育根本原则。职业学校必须坚持中国共产党的领导，坚持社会主义办学方向，贯彻国家的教育方针，坚持立德树人、德技并修，坚持产教融合、校企合作，坚持面向市场、促进就业，坚持面向实践、强化能力，坚持面向人人、因材施教。除此之外，还应当弘扬社会主义核心价值观，对受教育者进行思想政治教育和职业道德教育，培育劳模精神、劳动精神、工匠精神，传授科学文化与专业知识，培养技术技能，进行职业指导，全面提高受教育者的素质。

关联法规

《教育法》第29条

第三十七条　【考试招生制度】国家建立符合职业教育特点的考试招生制度。

中等职业学校可以按照国家有关规定，在有关专业实行与高等职业学校教育的贯通招生和培养。

高等职业学校可以按照国家有关规定，采取文化素质与职业技能相结合的考核方式招收学生；对有突出贡献的技术技能人才，经考核合格，可以破格录取。

省级以上人民政府教育行政部门会同同级人民政府有关部门建立职业教育统一招生平台，汇总发布实施职业教育的学校及其专业设置、招生情况等信息，提供查询、报考等服务。

条文解读

本条是关于职业教育的考试招生制度的规定。

根据本条第1款规定可以看出，国家建立的考试招生制度需要符合职业教育的特点。职业教育最大的特点是职业教育具有适应性与实用性。适应性,是指适应社会主义经济制度的需要与市场的需要。职业教育必须随着时代的发展而改进,并将促进社会主义现代化作为其发展的根本任务。由此可见,职业教育的发展与社会经济的发展是一体的。职业教育必须适应经济的发展,其培养的人才也必须适应我国经济发展的未来方向。职业教育的教学模式要多元化,从专业技能、科学文化知识、思想道德品质等多方面对受教育者进行培养。实用性,是指职业教育必须具有可实践性。实践教育培养的是专业技术型人才,要能参与生产、促进生产。如果职业教育只是纸上谈兵,就无法使受教育者在接受职业教育后快速投身到社会生产中,也就失去了职业教育的意义。结合职业教育的特点,在建立考试招生制度时要将对科学文化素质的考核和对专业技能素质的考核结合起来。与普通教育的考试招生制度相比,职业教育在进行考试招生时可以将考生的专业技能作为考核重点。

本条第 2 款和第 3 款规定了中等职业学校与高等职业学校不同的考试招生方式。

根据本法第 15 条的规定,职业学校教育分为中等职业学校教育、高等职业学校教育。中等职业学校教育由高级中等教育层次的中等职业学校(含技工学校)实施。高等职业学校教育由专科、本科及以上教育层次的高等职业学校和普通高等学校实施。根据高等职业学校设置制度规定,将符合条件的技师学院纳入高等职业学校序列。由此可见,中等职业学校与高等职业学校的教育方式与教育任务都不尽相同,需要根据其各自的特点确定适用的考试招生方式。

中等职业教育,一般是指在高中阶段实施的职业教育,如中专、职高等。对于中等职业学校来说,学生大多刚刚结束义务教育,还尚未掌握任何的专业技术技能。在这种情况下,中等职业学校的教育任务主要是让学生建立起基本的技术技能思维,对专业技术深入理解以及掌握并实践应用。在课程设置方面,中等职业学校不仅需要为学生安排必要的技术技能课程，还需要像普通高中一样安排语文、数学、英语、思想政治等文化课程。不过，有许多学生在中等职业学校毕业后就会选择直接走向社会。因此，中等职业学校的教育方式仍然需要兼顾专业技能的实用性与适应性，为学生就业提供便利。根据中等职业学校的特点，其考试招生方式一般没有太高的门槛，但需要注意在有关专业实行与高等职业学校教育的贯通招生和培养。

高等职业教育，是我国职业教育体系中的高层次教育，主要包括高等职业专科教育、高等职业本科教育。进入高等职业学校就读的学生往往已经具有了一定的技术技能水平，因此高等职业学校的教育任务主要是让学生掌握的专业技术更为熟练、更具有应用性。在课程设置与教学安排上，高等职业学校也更注重专业技能的培养，将专业技能课程放在重要地位上。由于高等职业学校的层次较高，在考试招生方式上较中等职业学校更具有筛选性。一般来说，高等职业学校根据法律规定采取文化素质与职业技能相结合的考核方式招收学生；只有文化素质与职业技能都达到招生标准，才能进入高等职业学校学习。但是，职业教育的重点在于专业技能的培养，因此，对有突出贡献的技术技能人才，经考核合格，也可以破格录取。

本条第 4 款主要规定了省级以上人民政府教育行政部门在职业教育考试招生方面的职责。其职责主要有以下几个方面：第一，会同同级人民政府有关部门建立职业教育统一招生平台。职业教育具有地域性特征，一般职业教育的招生也是以省为单位。第二，汇总发布实施职业教育的学校及其专业设置、招生情况等信息。人民政府教育行政部门负责本区域内职业教育的统筹工作，应当掌握本区域内职业学校的招生情况以及需求，并向社会发布。第三，提供查询、报考等服务。人民政府教育行政部门通过建立职业教育统一招生平台，供考生查询招生信息、进行报名考试、查询考试结果及录取状况等。

适用要点

本法修订以后,职业教育的地位大幅提高,需要建立的考试招生制度也要随着职业教育的发展而改进,必须深化职业教育考试招生制度的改革。在以前的职业教育体系中,职业学校的受教育者想要进入更高层次的学府学习,只能通过春季高考等特殊方式。职业教育改革后,国家将大力发展高等职业教育,破除以往职业教育等级低、层次低、水平低的刻板印象。同时,要建立起完善的职业高考制度,为职业教育的受教育者提供更多提升学历的渠道。在此过程中,各职业院校、相关人民政府要依法尽责,努力建设完善的考试招生制度。

关联法规

《教育部关于积极推进高等职业教育考试招生制度改革的指导意见》

第三十八条 【职业学校学风环境要求】职业学校应当加强校风学风、师德师风建设,营造良好学习环境,保证教育教学质量。

条文解读

本条规定了职业学校在学风环境方面的基本要求,主要体现在以下三个方面:

1. 加强校风学风、师德师风建设。根据本法第 4 条的规定,职业教育必须坚持立德树人、德技并修,弘扬社会主义核心价值观,对受教育者进行思想政治教育和职业道德教育,培育劳模精神、劳动精神、工匠精神。要实现这一目标,职业学校必须加强校风学风建设,即既要注重专业技能知识的传授,也要注重思想政治课程在总体教学安排中的比重。同时,还要提高学生的自觉性与思想觉悟,完善校内的奖励机制,对专业技能成绩或文化课成绩优秀的学生进行表彰,以此优化校内的学风建设。学校还可以定期举办思想政治、就业方向等方面的讲座,促进学生提高自身的政治素养、专业技能水平,从而达成加强校风学风建设的目标。

此外,职业学校要加强校内教师的师德师风建设,不仅要充分保障教师的基本权利,而且要注重提升教师队伍的整体素质水平。首先,在选聘教师时,职业学校应当提高门槛,提高对教师技能水平、专业知识和思想道德的考核标准,在选聘阶段择优录用。其次,加强并完善教师队伍的培养培训机制。如校内可以采用“老带新”的制度,增加新教师的教学实践机会,使新教师在与老教师的交流过程中学习教学经验,提高教师的整体教学水平。最后,要鼓励教师关心学生的心理问题。在职业学校内,提高学生的专业技术技能水平固然重要,但也不能忽视学生的心理健康。鼓励教师与学生多交流,既便于师生关系更为融洽;也便于发现学生心理、行为方面的异常,及时进行干预和纠正。

2. 营造良好学习环境。要营造良好的学习环境,可以从以下几个方面进行:第一,在硬件方面,学校要加大对教学设施设备的资金投入力度。职业学校的教学内容主要是技术技能,需要先进的教学设备供学生参与实践。对于过于陈旧的教学设备,职业学校应当及时进行更换,保证教学设备能够与教学目标及经济发展相适应。第二,加强校园基础设施建设。加强校园基础设施建设就是为教师和学生提供后勤保障,后勤保障到位,教师的教学工作以及学生的学习才能更加高效。第三,促进学生之间的良性竞争。有竞争才有动力,才能提高学生学习的积极性。但是,职业学校要坚决排斥恶性竞争,同时,对于考试作弊等违规行为，也要采取相应的处罚措施。

3. 保证教育教学质量。第一，要进一步完善职业学校内部的教学安排。职业学校应当在完成教学任务与发展计划的基础上，合理完善课程设置与分配，同时合理规划作息时间，充分保障学生休息的权利，在教学时要宽严并济，合理提高学生的成绩。第二，要进一步提高教师队伍的综合水平。要实现这一点，不仅要提高教师的专业技能水平与教学水平，而且要激发出教师的教学活力，提高教师教学积极性。职业学校可以定期对教师的教学成果进行考核，完善校内的教师晋级评级制度，对教学成绩优秀的教师进行嘉奖等。第三，要进一步加强职业学校的内部管理制度。不仅要加强对学生的管理，也要加强对教师以及其他教职人员的管理，共同构建和谐稳定、欣欣向荣的校园环境。

适用要点

本法修订后，对职业学校的校风建设、教学水平建设、学习环境建设提出了新的要求，目的是促进职业教育向更高质量发展。职业学校在平时要注重“整风、整纪”，加强校风、学风、师德建设，要建立起科学文化与技术技能并重的教学制度，提升整体职业教育质量。此外，还要充分发挥骨干、示范性职业学校的带头作用，推动我国整体职业教育不断向前发展。

关联法规

《教育法》第 5 条、第 6 条；《教育部等七部门印发〈关于加强和改进新时代师德师风建设的意见〉的通知》；《中共中央、国务院关于全面深化新时代教师队伍建设改革的意见》第 7 条；《中等职业学校管理规程》第 14 条、第 32 条、第 38 条

案例指引

李甲某强奸、抢夺、盗窃案

案例要旨：本案的未成年被告人系在校学生，父母离异，平日沉默寡言，自律性较差。被告人短时间内在他人校内外多次作案，触犯多个罪名，实施奸淫、抢夺、盗窃，犯罪情节恶劣，严重影响学校学生人身安全。本案的发生，暴露出未成年人犯罪存在的多方面问题：(1)本案未成年被告人在成长过程中，因传统家庭结构的破坏、父母关心教育的缺失，心灵受到创伤，性格孤僻冷漠。(2)未成年人生理上的提早成熟，心理发展相对滞后，自我控制能力差，易让未成年人沉溺网络游戏。本案被告人在网络游戏中暴力、情色场面的不良影响下，产生心理扭曲，走上违法犯罪道路。(3)学校管理不善，对学生的不良行为不能及时纠正，导致校风不正等问题；同时，学校在安全设施建设、安全监管措施方面存在漏洞。让校外人员自由进出校园，增加了校园暴力活动的可能性和治安环境的复杂化。

第三十九条 【职业学校促进就业创业义务】职业学校应当建立健全就业创业促进机制，采取多种形式为学生提供职业规划、职业体验、求职指导等就业创业服务，增强学生就业创业能力。

条文解读

本条是关于职业学校在促进就业创业方面应履行的职责和义务的规定。

职业学校在促进就业创业方面应履行的职责和义务主要有以下几个方面：

1. 建立健全就业创业促进机制。首先，从职业学校的角度，为学生提供正确的就业导向。职业学校可以结合当前的经济发展态势、当地的具体产业结构以及所涉产业对人才的需要等方面，综合考量，帮助学生规划就业方向。其次，促进高端制造业的创业就业。在我国当前的经济发展阶段，高端制造业是我国重点发展的产业之一。鼓励学生将就业创业的重点放到高端制造业方向，符合我国对经济发展规划的方向。再次，鼓励学生从事服务业。随着产业结构的进一步调整，服务业的比重越来越不容忽视。目前，服务业正处于发展快、需求大、市场广泛的快速发展期，急需各职业学校输送高水平高素质的专业技能人才。最后，鼓励学生进行创业。职业学校可以为学生提供引导和支持，帮助学生分析创业的利弊和方向，鼓励学生进行创新创业，拓宽学生毕业择业渠道。

2. 采取多种形式为学生提供职业规划、职业体验、求职指导等就业创业服务。第一，职业学校可以在校内举办招聘会，帮助学生拓宽就业途径。第二，职业学校可以举办各种就业创业讲座，帮助学生梳理未来的职业规划，明确专业就业前景与行业发展方向。第三，职业学校可以与其他企业合作，为学生提供实习实践平台，增加学生的职业体验与工作经验。第四，职业学校可以对毕业后的学生做定期的就业回访，以毕业生的优秀就业创业实例对在校学生进行鼓励。

3. 增强学生就业创业能力。第一，在教学过程中，要培养学生独立思考及团队协作的能力。无论是就业还是创业，不仅需要独立对自己未来的职业生涯进行规划，还需要与工作伙伴共同推进事业向前发展。第二，要注重培养学生的创新能力。在当前社会，科学技术是第一生产力，需要不断地创新才能使社会进一步发展。创新能力的培养，不仅建立在灵活的思维能力上，还建立在扎实的专业技能上。第三，帮助学生建立起良好的心理机制。要增强就业创业的能力，必然需要学生有强大的心理素质。在学习过程中，职业学校要注意培养学生的抗压能力，在校内建立起良好的竞争机制，提升学生的整体心理素质。

适用要点

职业学校的教育任务是全面提高受教育者的专业技能水平，从而提高就业率，促进社会经济发展。本条规定是在职业教育的根本任务、职业学校的教学特征以及当前社会发展需要的基础上，对职业学校在促进就业方面提出的要求。党中央、国务院高度重视就业问题，制定了许多相关政策和促进就业的措施。但是，我国仍然存在就业不均衡等就业问题。在这样的时代背景下，建立健全就业创业促进机制不仅是职业学校应当履行的法定义务，还是职业学校应当承担的社会责任。

关联法规

《就业促进法》第44条；《中等职业学校职业指导工作规定》

第四十条　【职业教育实现产教融合的方式】职业学校、职业培训机构实施职业教育应当注重产教融合，实行校企合作。

职业学校、职业培训机构可以通过与行业组织、企业、事业单位等共同举办职业教育机构、组建职业教育集团、开展订单培养等多种形式进行合作。

国家鼓励职业学校在招生就业、人才培养方案制定、师资队伍建设、专业规划、课程设置、教材开发、教学设计、教学实施、质

量评价、科学研究、技术服务、科技成果转化以及技术技能创新平台、专业化技术转移机构、实习实训基地建设等方面，与相关行业组织、企业、事业单位等建立合作机制。开展合作的，应当签订协议，明确双方权利义务。

条文解读

本条规定了在开展职业教育的过程中，实现产教融合可以采用的方式。

本条第 1 款明确了产教融合的重要性，即将产教融合、校企合作作为职业学校和职业培训机构实施职业教育的基本原则。这一规定是对本法第 4 条中关于实施职业教育基本原则的呼应，是对该原则的进一步细化。

本条第 2 款从职业学校、职业培训机构的角度，规定了校企合作可以采用的方式方法，具体体现在以下几个方面：

1. 共同举办职业教育机构。为了进一步实现产教融合，本法在修订以后特别突出了企业等社会力量在职业教育办学中的重要主体地位。行业组织、企业、事业单位等既可以单独举办职业教育机构也可以联合举办职业教育机构。本款则规定职业学校、职业培训机构可以与行业组织、企业、事业单位等共同举办职业教育机构：一方面，职业学校、职业培训机构的办学离不开行业组织、企业、事业单位等的参与，需与其合作来增强教学课程的实践性与实用性；另一方面，让行业组织、企业、事业单位等参与举办职业教育机构，能够充分利用其提供的社会资源，促进职业教育的发展。

2. 组建职业教育集团。职业教育集团是职业学校、职业培训机构、行业组织、企业、事业单位乃至政府部门都参与其中的一种职业教育团体。与联合办学相比，职业教育集团包含的社会力量更为广泛和多样，能够在办学过程中实现资源最大化及资源共享。组建职业教育集团，还能够充分发挥政府的主导作用以及行业组织的指导作用，从而促进职业教育专业课程向多元化发展，职业教育体系优化完善，职业教育与行业组织、企业、事业单位等共同发展。

3. 开展订单培养。订单培养，是指职业学校、职业培训机构根据用人单位的招聘需求，有计划、有针对性地对受教育者进行培养，以实现受教育者定向就业的人才培养模式。对用人单位来说，订单培养可以更加便利、准确地聘用符合其生产需要的人才类型，节省向社会招聘选拔的时间成本。对职业学校、职业培训机构来说，订单培养可以利用用人单位提供的资源开展教学活动，有针对性地制定课程规划。对职业教育的受教育者来说，订单培养可以更为直接、有效地解决其毕业后的就业问题，避免出现“毕业即失业”的困境。

本条第 3 款主要规定了国家在促进产教融合、校企合作中所发挥的作用。发展职业教育是关系我国经济发展的大事，要实现产教深入融合、校企密切合作不能仅靠职业教育机构和相关行业组织、企业、事业单位等的努力，还要从国家层面为产教融合和校企合作提供政策保障和制度保障。例如，教育部等六部门在 2018 年印发了《职业学校校企合作促进办法》，为产教融合和校企合作提供保障。此外，我国还试点建设首批国家产教融合型城市，以深化产教融合，促进教育链、人才链与产业链、创新链有机衔接。需要注意的是，如果职业学校与相关行业组织、企业、事业单位等开展合作，应当签订协议，明确双方在合作中的权利义务。

适用要点

根据本法第 4 条的规定，实施职业教育必须坚持产教融合、校企合作。由此可见，这是我国实施和发展职业教育应遵循的基本原则之一。要实现产教深度融合，需要引导和鼓励各方社会力量参与职业学校的办学与教学，促进职业教育完成产教深度融合的现代化变革，提高职业学校的学生在社会主义现代化建设中的地位，最终完成我国产业结构的新调整。国家采取政策鼓励职业学校和职业培训机构在教学过程中加强与企业的合作，对于深入参与职业教育办学、践行产教融合的企业，国家也会采取相应的政策对其进行优惠补贴、税费减免甚至予以奖励。本条规定了产教融合和校企合作的具体方式、途径，体现出支持和鼓励职业学校、职业培训机构进行校企合作的法律立场。

关联法规

《就业促进法》第 47 条；《体育法》第 75 条；《职业学校校企合作促进办法》

第四十一条 【职业学校、职业培训机构收入使用范围】职业学校、职业培训机构开展校企合作、提供社会服务或者以实习实训为目的举办企业、开展经营活动取得的收入用于改善办学条件；收入的一定比例可以用于支付教师、企业专家、外聘人员和受教育者的劳动报酬，也可以作为绩效工资来源，符合国家规定的可以不受绩效工资总量限制。

职业学校、职业培训机构实施前款规定的活动，符合国家有关规定的，享受相关税费优惠政策。

条文解读

本条是关于职业学校、职业培训机构开展校企合作、提供社会服务或者以实习实训为目的举办企业、开展经营活动取得的收入使用范围的规定。

本条中提到的收入来源主要有两种情况：一种情况是职业学校、职业培训机构开展校企合作、提供社会服务所取得的收入；另一种情况是以实习实训为目的举办企业、开展经营活动取得的收入。除了这两种情况以外的收入，如学费收入等，不包含在本条规定约束的范围内。

本条第1款规定的收入主要有以下三种用途：

1. 改善办学条件。这是最主要的用途。职业学校、职业培训机构可以通过以下方式改善办学条件：第一，购买先进设备。在职业教育的教学活动中，除了教授教科书上的技术技能理论知识以外，还需要为受教育者安排相应的实操课程。为了保障教学质量，应当及时对陈旧、破损、落后的教学设备进行更换，购买更加先进新颖的设备。第二，优化校园基础设施建设。基础设施建设等硬件条件同样会影响职业教育的办学质量。优化基础设施建设，建设舒适、便捷的校园环境和学习环境，会提高受教育者的学习热情，提高职业教育的教学效率。第三，增加与国外职业学校和企业的相互交流，吸收国外相关专业、行业的先进经验与先进技术，可以提高教学质量，促进国内产业升级。

2. 支付教师、企业专家、外聘人员和受教育者的劳动报酬。为了提升职业教育的教学质量，职业教育机构可以根据自身的具体情况以及人才培养的需要自主选聘教师。除此之外，职业教育机构还可以根据校企合作的需要、先进技术发展的需要等，聘用企业专家和外聘人员参与职业教育的教学活动。对于在接受职业教育期间参加实习工作的受教育者，职业教育机构也需要按照法律规定向其支付相应的劳动报酬。这些劳动报酬，可以用本条提到的收入中的一部分来支付。

3. 绩效工资来源。绩效工资是一种奖励工资，是在发放基础工资的同时额外发放的一种工资。绩效工资的发放标准与发放数额是与绩效紧密挂钩的，具有一定的激励作用。在职业教育机构内实施绩效工资制度,有利于提高教职工的工作积极性,促进教职工自我提升、自我竞争,从而提高职业教育的教学质量。本条提到的收入也可作为绩效工资的来源,本质上都是为了促进职业教育的发展。并且,符合国家规定的还可以不受绩效工资总量限制。

本条第 2 款还为开展校企合作、提供社会服务或者以实习实训为目的的举办企业、开展经营活动的职业学校、职业培训机构特别提出了政策保障,在符合规定的情况下可以享受税费优惠政策。本条体现了我国发展职业教育的价值导向,与本法第 27 条中"对符合条件认定为产教融合型企业的,按照规定给予金融、财政、土地等支持,落实教育费附加、地方教育附加减免及其他税费优惠"的规定相互呼应。

适用要点

本条规定既是对职业学校、职业培训机构开展校企合作、提供社会服务或者以实习实训为目的举办企业、开展经营活动取得的收入用途的规定,也是对该收入使用范围的限制。一方面,法律鼓励职业学校、职业培训机构从事上述行为,实现产教深度融合;另一方面,法律又提醒职业学校、职业培训机构应当将该收入主要用于办学,不能挪作他用,如投资、理财等是不允许的。职业学校、职业培训机构也要时刻牢记培养高素质技术技能人才的使命,全力促进职业教育的发展。对于违反法律规定使用本条规定的收入的行为,也需要承担相应的法律责任。

关联法规

《教育法》第 54 条、第 71 条

第四十二条 【职业教育收费标准】职业学校按照规定的收费标准和办法，收取学费和其他必要费用；符合国家规定条件的，应当予以减免；不得以介绍工作、安排实习实训等名义违法收取费用。

职业培训机构、职业学校面向社会开展培训的，按照国家有关规定收取费用。

条文解读

本条是关于职业教育收费标准的规定。

本条第1款规定的主要是职业学校的收费标准，包含以下三个方面的内容：

1. 按照规定的收费标准和办法，收取学费和其他必要费用。在我国，各个地方在经济发展上均有区别，制定的职业教育收费标准也有所不同。一般来说，应当由各地方政府的教育部门、物价部门、财政部门等相关部门共同根据本地的实际情况与职业教育发展的需要，制定出具体的收费标准和办法。收费标准和办法包括但不限于以下内容：第一，需要收费的具体项目，如学费、书本费、学杂费、住宿费等；第二，针对各具体项目拟定需要收取的具体数额；第三，对于特殊学生，如特优生、特困生等的学费减免及补助措施。收费标准和办法制定后，各职业学校应当按照标准和办法进行收费，不得超出标准收费。

2. 符合国家规定条件的，应当对收费项目予以减免。根据本法第5条和《教育法》第9条的规定，我国公民有平等接受职业教育的权利。为了保障公民这一权利，对于某些特殊群体，国家规定了相应的收费减免政策。例如，国家对经济困难的学生、身有残疾的学生、家庭情况特殊的学生等，规定了相应的学费减免与扶助政策。对于符合国家规定条件的学生，职业学校应当对其减免收费。在遵守国家和地方政策的基础上,各职业学校也可以依据本校的实际情况,对学生采取其他费用减免措施。

3. 不得以介绍工作、安排实习实训等名义违法收取费用。职业学校必须按照规定确定本校的收费项目与收费标准,不得超出法律法规的范围收取费用,也不能巧立名目,以介绍工作、安排实习等为借口变相向学生收取费用。这是本法的强制性规定,无论是公办职业学校还是民办职业学校,都必须遵守。

本条第 2 款规定职业培训机构、职业学校面向社会开展职业培训时的收费标准,即按照国家有关规定收取费用。各地可以根据本地的具体情况,在国家规定的基础上制定具体的收费标准。职业学校与职业培训机构开展社会职业培训时,应当将所开展的具体培训项目与收费标准向社会进行公示,接受社会的监督。

适用要点

本条规定是强制性规定,职业学校和职业培训机构必须遵守,不得违反。违规收取费用的,应按照《教育法》第 78 条的规定,责令职业学校、职业培训机构返还费用,并对直接负责的主管人员和直接责任人员依法给予处分。如果因职业学校、职业培训机构的违规收费行为,给受教育者或其他权利人造成损害的,职业学校、职业培训机构也需要对其承担赔偿责任。

关联法规

《教育法》第 30 条、第 78 条;《职业学校学生实习管理规定》第 20 条;《中等职业学校收费管理暂行办法》

案例指引

厉娟退学后诉洪泽外国语中学返还学费教育合同纠纷案

案例要旨：在民办学校自主招生中，学校要求学生承诺“退学不退学费”的条款，系学校一方利用其优势地位加重对方责任、排除对方权利的条款，该条款违反了平等、公平、等价有偿的法律原则，该承诺自始无效。如学生退学，学校不能以此条款为由扣留学费等费用；但学生退学行为构成违约的，应当承担相应的违约责任。

第四十三条 【职业教育质量评价制度】职业学校、职业培训机构应当建立健全教育质量评价制度，吸纳行业组织、企业等参与评价，并及时公开相关信息，接受教育督导和社会监督。

县级以上人民政府教育行政部门应当会同有关部门、行业组织建立符合职业教育特点的质量评价体系，组织或者委托行业组织、企业和第三方专业机构，对职业学校的办学质量进行评估，并将评估结果及时公开。

职业教育质量评价应当突出就业导向，把受教育者的职业道德、技术技能水平、就业质量作为重要指标，引导职业学校培养高素质技术技能人才。

有关部门应当按照各自职责，加强对职业学校、职业培训机构的监督管理。

条文解读

本条是关于职业教育质量评价制度的规定。

本条第 1 款从职业学校、职业培训机构的角度，规定了其在建立健全职业教育质量评价制度方面应履行的义务，主要有以下两个方面的内容：

1. 吸纳行业组织、企业等参与评价。在新的职业教育体系下，行业组织和企业在职业教育的办学中发挥着重要的作用。要实现产教融合、校企合作，不仅要鼓励行业组织与企业参与职业学校、职业培训机构的教学活动，还要加强行业组织与企业对职业学校、职业培训机构教学质量的监督。要建立健全职业教育质量评价制度，需要职业学校、职业培训机构吸收行业组织、企业等社会力量共同参与对教学质量的评价，从专业角度为教学活动提出意见、建议，促进职业教育发展。

2. 及时公开相关信息，接受教育督导和社会监督。要建立健全教育质量评价制度，不能将评价的“声音”局限在职业学校、职业培训机构内部，需要多方面的力量共同对职业教育质量进行评价，促进职业教育质量提高。职业学校、职业培训机构信息公开需要遵循以下几项原则：第一，依法全面公开。职业教育机构必须按照法律规定的具体公开事项和内容全面公开信息，接受社会的监督。第二，及时公开。信息公开必须及时，确保职业教育质量能够在第一时间得到监督，保证职业教育质量水平稳步提升。第三，公开的信息必须真实。职业学校、职业培训机构必须保证公开信息的真实性，公开伪造虚假信息的，需要承担相应的法律责任。第四，公开信息的方式应当服务于公众，有利于监督。职业学校、职业培训机构可以建立网上信息公开平台，将需要公开的信息以网上公告的方式向社会公布，方便公众随时查询。

本条第 2 款从县级以上人民政府教育行政部门的角度，规定了其在建立职业教育质量评价制度中的职责。县级以上人民政府教育行政部门的职责主要是组织建立符合职业教育特点的质量评价体系，具体实施方式为组织或者委托行业组织、企业和第三方专业机构，对职业学校的办学质量进行评估，并将评估结果及时公开。县级以上人民政府教育行政部门应当完善对当地职业学校、职业培训机构的管理，建立相应的职业教育管理平台，统筹安排职业教育工作，促进社会各方力量对职业教育质量的评价和监督。

本条第3款主要规定了职业教育质量评价在发展职业教育中应起到的作用。该作用主要体现在以下两个方面：

1. 突出就业导向。职业教育的目的是培养高素质技术技能人才，为建设社会主义现代化服务。因此，在职业教育的教学过程中，应当以促进受教育者就业为教育理念，向受教育者传授特定的专业技术技能。为了促进职业教育的发展，提高职业教育的整体水平，培养出更多优秀技术人才，需要对职业教育进行监督。建立健全职业教育质量评价体系，能够对职业教育更加全面地进行监督，促进职业教育的质量稳步提升，从而充分发挥职业教育的就业导向作用。

2. 把受教育者的职业道德、技术技能水平、就业质量作为重要指标，引导职业学校培养高素质技术技能人才。在我国未来的职业教育体系下，需要的是综合素质较高的技术技能人才。职业教育在开展教学活动时，不能仅将专业技术作为教学内容，还要注重培养受教育者的职业道德，以提高其就业质量。职业教育质量评价制度能够全方面对职业教育的教育质量展开评估，督促职业教育全面发展，从而满足我国社会发展的需要。

本条第4款规定了有关部门对职业学校、职业培训机构的监督管理职责。除了县级以上人民政府教育行政部门以外，其他部门对职业学校、职业培训机构也有监督管理职责，如当地的就业管理部门等。这些部门应当在法律规定的职责范围内充分履行职责，对职业学校、职业培训机构进行监督管理，促进职业学校、职业培训机构规范化、以提升职业教育质量和影响力。

适用要点

职业教育质量评价制度的建立是为我国社会主义现代化建设服务的。因此，必须充分发挥职业教育质量评价制度的作用，督促提高职业教育的质量。职业教育质量评价制度是多元化的，应当有多个主体参与。职业学校、职业培训机构应当完成自我评价，对开展职业教育的质量水平有充分的理解和把控。除此之外，加强社会力量如企业、行业组织、事业单位、社会团体组织、普通公众对职业教育质量的评价也很重要。各职业学校、职业培训机构在接受社会各界对职业教育质量评价的同时，要积极解决质量评价提出的问题，吸纳好的意见建议，及时改善教育薄弱环节，提高职业教育水平。

关联法规

《教育法》第 30 条；《国家职业教育改革实施方案》（十七）建立健全职业教育质量评价和督导评估制度

第五章　职业教育的教师与受教育者

第四十四条　【职业教育教师】国家保障职业教育教师的权利，提高其专业素质与社会地位。

县级以上人民政府及其有关部门应当将职业教育教师的培养培训工作纳入教师队伍建设规划，保证职业教育教师队伍适应职业教育发展的需要。

条文解读

本条是关于职业教育教师的规定。

本条第1款从法律角度明确了国家对职业教育教师的保障，可以从以下两个方面理解：

1. 国家保障职业教育教师的权利。职业教育教师与普通教育教师一样，都享有作为教师的基本权利，如果其基本权利受到侵害，可以采取法律手段维护自己的权利。职业教育教师的权利主要有以下几种：第一，进行教育教学活动以及开展教育教学改革和实验的权利。职业教育教师有权按照教学安排进行教学活动，完成相应的教学任务。第二，从事科学研究、学术交流的权利，职业教育教师有权参加专业的学术团体，在学术活动中充分发表意见。第三，职业教育教师有权指导学生的学习和发展，评定学生的品行和学业成绩。同时，对于学生违反学校或者法律规定的行为,教师也应当及时制止并帮助学生改正。第四,职业教育教师有权按时获取工资报酬,享受国家规定的福利待遇以及寒暑假期的带薪休假。第五,职业教育教师有权对职业学校、职业培训机构的教育教学、管理工作和教育行政部门的工作提出意见和建议,通过教职工代表大会或者其他形式,参与民主管理。第六,职业教育教师有权参加进修或者其他方式的培训。除了上述基本权利之外,其他法律、法规为职业教育教师规定的特殊权利同样应予以保障。

2. 国家提高职业教育教师的专业素质与社会地位。要做到这一点,必须重视以下几个问题:第一,充分保障职业教育教师的各项权利。只有权利得到充分保障,才能最大限度地调动起职业教育教师的工作积极性,促进职业教育教师的自我提高,自我完善。第二,完善国家对职业教育教师的培训制度。加大国家对职业教育教师培训的财政投入与政策支持力度,全方位提高职业教育教师的综合素养。第三,提高职业教育教师的劳动报酬与绩效水平,增加对优秀职业教育教师的奖励途径。提高职业教育教师的待遇水平,能够促使更多有意向成为教师的人加入职业教育事业,提高职业教育教师在社会中的地位,促进职业教育的发展。

本条第 2 款规定了县级以上人民政府及其有关部门在培养培训职业教育教师方面的职责,即主要是将职业教育教师的培养培训工作纳入教师队伍建设规划,保证职业教育教师队伍适应职业教育发展的需要。首先,要加强职业教育教师精神文明与思想道德的建设,提高职业教育教师的思想觉悟与职业道德水平。其次,要提高职业教育教师的专业素质与学历水平,可以将学历与职业教育教师报酬挂钩等方式促进职业教育教师自我能力的提升。最后,要建立起对职业教育教师教育教学水平的评价机制,从职业学校、职业培训机构内部与外部两方面共同对职业教育教师的教学活动进行监督评价,促进提高职业教育教师的教学水平。

适用要点

在整个职业教育体系中,职业教育教师是直接开展职业教育教学活动的主体,因此职业教育教师的综合素质与教学水平直接影响职业教育的质量。要实现职业教育向更先进、更现代化的方向发展,必须重视职业教育教师队伍的建设。一方面,要确保职业教育教师权利的实现,不仅要让职业教育教师能够正常行使权利,为其提供行使权利的后盾,而且要保证在其权利受到侵害时能够有多元化的救济途径。另一方面,要加强职业教育教师队伍建设,提高职业教育教师的整体素质。此外,不仅要注重对职业教育教师专业技术技能方面的培养培训,而且要保证其在思想上服从党的领导,支持我国社会主义现代化建设。

关联法规

《教师法》第 4 条、第 7 条、第 19 条;《教育法》第 33 条、第 34 条

第四十五条 【职业教育教师培养培训体系】国家建立健全职业教育教师培养培训体系。

各级人民政府应当采取措施,加强职业教育教师专业化培养培训,鼓励设立专门的职业教育师范院校,支持高等学校设立相关专业,培养职业教育教师;鼓励行业组织、企业共同参与职业教育教师培养培训。

产教融合型企业、规模以上企业应当安排一定比例的岗位,接纳职业学校、职业培训机构教师实践。

条文解读

本条是关于职业教育教师培养培训体系的规定。

本条有3款内容,分别规定了不同主体在建立健全职业教育教师培养培训体系中发挥的作用或职责。

本条第1款从国家的角度,将建立健全职业教育教师培养培训体系作为发展职业教育的工作重点之一。在新的时代背景下,职业教育体系有了新的发展方向,必须建立健全职业教育教师培养培训体系以适应职业教育体系的发展。首先,全面规划职业教育教师培养培训工作,加强对职业教育教师的管理。各级政府要根据各自的职权范围在本行政区域内统筹开展职业教育教师培养培训工作,着力提高本行政区域内职业教育的教学水平和教育质量。其次,增加对职业教育教师的招收力度,扩大职业教育教师队伍。要健全职业教育教师培养培训体系,不仅要提升原有职业教育教师的水平,还要加大对优秀职业教育教师的招收力度,使更多具有专业技术技能的人才加入职业教育事业。最后,加大对职业学校、职业培训机构的财政投入力度,使其能够将培养培训职业教育教师列入重要工作计划中。

本条第2款规定了各级人民政府在建立健全职业教育教师培养培训体系中的职责,主要体现在以下几个方面:

1. 各级人民政府应当采取措施,加强职业教育教师专业化培养培训。第一,职业学校、职业培训机构内部要加强教师的专业素质测评,加大培训力度。第二,政府应协调聘请企事业单位、团体组织等专业人员,从实践角度对职业教育教师进行培训,提高教学质量。第三,加强职业学校、职业培训机构的对外交流合作,提高教育水平。

2. 鼓励设立专门的职业教育师范院校,支持高等学校设立相关专业,培养职业教育教师。设立专门的职业教育师范院校,能够从技术技能、教育方式、职业素养等方面更加全面、系统地培养出优秀的职业教育教师。为了扩大职业教育范围,实现职业教育与普通教育协调发展，国家也鼓励普通高等学校设立专门的职业教育教师相关专业，培养更多更高素质的职业教育教师。

3. 鼓励行业组织、企业共同参与职业教育教师培养培训。加强产教融合，实现校企合作，是职业教育发展中不可或缺的一环。在培养培训职业教育教师的过程中，也应当注重发挥行业组织和企业等主体的作用。行业组织可以对职业教育教师的培养培训工作进行指导、提出建议。企业也可以从其经营以及人才需要的角度，参与职业教育教师的培养培训工作。同时，行业组织和企业还需要发挥对职业教育教师培养培训工作的监督职能，保证职业教育教师培养培训工作顺利开展，最终达成提高职业教育质量的目标。

本条第 3 款规定了企业在建立职业教育教师培养培训体系中应发挥的作用，主要为安排一定比例的岗位，接纳职业学校、职业培训机构教师实践。本条第 2 款提到国家鼓励企业参与职业教育教师培养培训工作，产教融合型企业、规模以上企业在职业教育发展过程中则要担负起更大的责任。产教融合型企业本身就深度参与职业教育的办学活动，在职业教育发展中发挥着重要的主体作用。规模以上企业经济发展水平较高，应当承担一定的社会责任。本款规定为这两种企业规定了相应的义务，要求其在职业教育教师培养培训工作中应当安排一定比例的岗位，接纳职业学校、职业培训机构教师实践。

适用要点

要实现职业教育教师综合素质的提高，职业教育教师的培养培训工作必须更加系统化。仅仅依靠某一方的力量培养培训职业教育教师是不够的，必须结合多方社会力量与职业教育教师自身的努力，才能培养出水平更高、发展更多元化的职业教育教师，从而提高整体职业教育的质量。同时，还要注重社会力量对职业教育教师培养培训工作的监督，督促职业学校、职业培训机构定期公布职业教育教师培养培训的相关信息，充分发挥企事业单位、行业组织及公众的监督作用。此外，还要加强对职业教育教师的考核，定期验收职业教育教师培养培训的工作成果。

关联法规

《教师法》第19条、第20条；《中共中央、国务院关于全面深化新时代教师队伍建设改革的意见》第12条；《教育部办公厅关于开展职业教育教师队伍能力提升行动的通知》；《中等职业教育专业师范生教师职业能力标准（试行）》

第四十六条　【职业学校教师岗位设置和职务（职称）评聘制度】国家建立健全符合职业教育特点和发展要求的职业学校教师岗位设置和职务（职称）评聘制度。

职业学校的专业课教师（含实习指导教师）应当具有一定年限的相应工作经历或者实践经验，达到相应的技术技能水平。

具备条件的企业、事业单位经营管理和专业技术人员，以及其他有专业知识或者特殊技能的人员，经教育教学能力培训合格的，可以担任职业学校的专职或者兼职专业课教师；取得教师资格的，可以根据其技术职称聘任为相应的教师职务。取得职业学校专业课教师资格可以视情况降低学历要求。

条文解读

本条是关于职业学校教师岗位设置和职务（职称）评聘制度的规定。

根据本条第1款的规定可以看出,要建立健全职业学校教师岗位设置和职务(职称)评聘制度,必须符合职业教育的特点和发展要求。结合我国职业教育的特点和发展要求以及本条第2款、第3款的规定,对本条规定可以从以下两个方面理解:

1. 职业学校的专业课教师(含实习指导教师)应当具有一定年限的相应工作经历或者实践经验,达到相应的技术技能水平。在我国社会主义现代化建设的新背景下,需要更多专业技术型人才参与到生产中,这也要求职业教育必须具有更高的专业性与实践性。要提高职业教育的专业性,除了职业学校要提升教学硬件设施以外,还要提升专业课教师的专业技术技能水平。

职业学校可以通过以下两个途径提高专业课教师的专业技能技术水平。第一,提高招聘教师的门槛。在选聘专业课教师时,职业学校应当对其教师资格进行严格审核,同时对其工作经历或实践经验提出相应的要求。对于技术技能要求较高的专业,职业学校可以要求专业课教师具备相应的资格证书。第二,加强对校内专业课教师的培训,包括校内培训和校外培训。在校内培训中,职业学校可以向企事业单位雇请有丰富经验的专业人员为教师讲授实操经验,提升专业课教师的技术技能水平。同时加强校内教师考核与竞争制度,如定期举办专业课教师水平测试、专业课教师公开课评比等,促进专业课教师之间相互切磋,共同进步。此外,职业学校还应当为专业课教师的学历提升、技术技能提升等创造条件,为专业课教师提供更多的晋升途径,促进专业课教师不断进修深造,提高教学的积极性。在校外培训中,职业学校可以鼓励专业课教师前往企业参与与专业课教学相关的实践活动,增加实践经验。职业学校还可以定期安排本校的专业课教师与其他学校的优秀教师开展教学交流活动,组织教师前往骨干、示范性职业学校参观学习,吸取优秀教学经验。

2. 具备条件的企业、事业单位经营管理和专业技术人员,以及其他有专业知识或者特殊技能的人员,经教育教学能力培训合格的,可以担任职业学校的专职或者兼职专业课教师。在这种情况下,若上述人员仅具有过硬的专业技能知识,并没有接受过系统的教育教学培训则不能担任专业课教师,必须经教育教学能力培训合格后,才能担任专职或兼职教师。同时,取得教师资格的,可以根据其技术职称聘任为相应的教师职务。取得教师资格后,说明上述人员已经具备了教育教学的能力,根据其掌握的专业技能以及技术职称,职业学校可以聘请其成为本校的专业课教师。此外,取得职业学校专业课教师资格可以视情况降低学历要求。这一规定是为了更加深入地实现产教融合、校企合作,让企业与职业学校在办学过程中结合得更加紧密。

适用要点

职业学校教师岗位设置和职务(职称)评聘制度是本法修订后新增的内容,是我国职业教育教师培养培训体系中的重要组成部分。这一制度对于职业教育的发展和推进具有重要意义:第一,有利于更加专业、系统地认定职业教育教师的技术技能水平和教学能力。职业教育教师职务和职称的高低,能够直接体现出职业教育教师的水平,从而判断其教学过程中的努力与成果。确定此制度,能够促进职业教育教师进修深造,提高自身的教学能力。第二,能够充分发挥职业教育教师的创造力和积极性。职业学校教师岗位设置和职务(职称)评聘制度实际上也是对具有较高水平的职业教育教师的肯定,落实这一制度有利于缩小职业教育教师之间的能力差距,有利于综合水平一般的职业教育教师更快提升教学水平。第三,有利于职业学校内部教学活动的管理。职业学校教师岗位设置和职务(职称)评聘制度能够明确各个职业教师的教学职责,可以使教学活动开展得更加有秩序。

关联法规

《教育法》第35条、第36条;《教师法》第11条

第四十七条 【国家鼓励职业学校聘请高技能人才】国家鼓励职业学校聘请技能大师、劳动模范、能工巧匠、非物质文化遗产代表性传承人等高技能人才,通过担任专职或者兼职专业课教师、设立工作室等方式,参与人才培养、技术开发、技能传承等工作。

条文解读

本条是关于职业学校聘请高技能人才的相关事项的规定。

理解本条规定可以从以下两个方面进行:

1. 职业学校可聘请的高技能人才类型。除了本校的专业课教师以外,职业学校还可以聘请技能大师、劳动模范、能工巧匠、非物质文化遗产代表性传承人等高技能人才参与学校的教学活动。这些高技能人才都是在本专业、本行业内具有一定成就与过硬专业技能技术的人才,具有高超的操作技能与实践经验,并且熟练掌握关键技术和核心技能,能够解决本行业内的技术性难题。我国重视高技能人才的培养工作,也注重高技能人才在整体职业教育体系中的教育和引领作用。

要通过职业教育培养出更多的专业技能人才,仅仅依靠校内的教育教学是不够的,还需要让受教育者参与实践、增加经验,让受教育者学习的专业技术能够运用到实际生产中。聘请高技能人才参与职业学校的办学活动,有利于将高技能人才掌握的实践经验带入校园,提高职业学校的整体教学质量,使学生在校园内就能接收到更多、更全

面、更多元化的专业技能知识，从而提高学生的适应力，为其以后走上社会、投入生产提供更加快捷的通道。

2. 高技能人才参与职业学校办学的方式。高技能人才参与职业学校的办学活动主要有两种方式：第一，担任专职或者兼职专业课教师。将高技能人才聘用为职业学校的教师，使其将掌握的先进技术技能直接传授给受教育者。受教育者在进一步掌握专业技术技能的同时，还能了解本行业的现状以及未来的发展方向，增加实践经验，提高受教育者的综合素质，加强其在就业时的竞争力。第二，设立工作室。为了实现人才强国，推动社会主义现代化建设，我国近几年在全国各地设立技能大师工作室、劳模工作室等，以实现技术创新、推动技术发展。各地政府可以采取措施，促进当地职业学校与各工作室合作与交流，为职业学校的学生提供参观学习、实地操作、技术交流等机会，增加职业学校学生的实践经验。

适用要点

国家可以通过加大财政拨款力度、提供政策保障等方式，促进职业学校与高技能人才之间的交流与合作，使高技能人才走进校园，带动职业教育向更高质量发展。职业学校聘请高技能人才有以下几点好处：第一，加大人才培养力度，促进高技能人才队伍的壮大。高技能人才走进职业学校校园开展教学活动，有利于职业学校教育摆脱“纸上谈兵”的限制。第二，加快技术开发的速度，促进产业创新。鼓励职业学校聘请高技能人才，同样也能促进高技能人才队伍的进步，在交流与合作中加快技术创新的速度，有利于发展先进生产力。第三，促使技能传承。高技能人才走进校园，既能够使职业学校的学生学习到先进技术，也有利于传统技术的传承，弘扬我国的传统文化，促进传统技术在新时代中的革新。

关联法规

《促进科技成果转化法》第28条

第四十八条 【职业学校教职工配备标准】国家制定职业学校教职工配备基本标准。省、自治区、直辖市应当根据基本标准，制定本地区职业学校教职工配备标准。

县级以上地方人民政府应当根据教职工配备标准、办学规模等，确定公办职业学校教职工人员规模，其中一定比例可以用于支持职业学校面向社会公开招聘专业技术人员、技能人才担任专职或者兼职教师。

条文解读

本条规定了职业学校教职工的配备标准。

本条第1款规定了制定职业学校教职工配备标准的主体。该主体主要有两个：

1. 国家制定全国范围内职业学校教职工配备的基本标准。国家制定职业学校教职工配备基本标准，是建立在我国职业教育的发展现状与未来发展方向之上的，要充分考虑我国职业教育发展的实际情况与实际需要，以落实产教融合、校企合作为目标，以促进职业教育发展为最终目的，确定职业学校教职工配备基本标准。国家制定的基本标准对全国范围内的职业学校均具有约束力，无论是公办职业学校还是民办职业学校，都应当按照国家制定的职业学校教职工配备基本标准与本校的实际情况，确定本校的教职工人员规模。

2. 省、自治区、直辖市在国家制定的基本标准的基础之上，根据当地职业教育发展的具体情况，制定本地区内职业学校教职工配备标准。职业教育往往具有区域性的特征，职业教育的发展水平与本区域内的经济发展水平和产业结构有着紧密的联系。省、自治区、直辖市要综合考虑本地区的实际情况，将发展职业教育与当地经济结合起来。同时，省、自治区、直辖市制定的职业学校教职工配备标准应当建立在国家制定的职业学校教职工配备基本标准的基础上，不能违反基本标准的规定。

本条第 2 款规定了县级以上地方人民政府在职业学校教职工配备上应当尽到的职责。根据本款规定，县级以上地方人民政府主要的职责为确定公办职业学校教职工人员规模。县级以上地方人民政府确定教职工人员规模的依据主要是国家与省、自治区、直辖市制定的教职工配备标准与公办职业学校的具体办学规模，其确定的教职工人员规模应当符合公办职业学校发展的需要。为了促进职业教育质量的提高，还可以从确定的教职工人员规模中划分出一定比例，用于支持职业学校面向社会公开招聘专业技术人员、技能人才担任专职或者兼职教师。

适用要点

制定职业学校教职工配备标准可以使职业学校的教学活动更加有秩序地开展。国家制定相应的基本标准后，各省、自治区、直辖市应当根据该基本标准，结合本地区的实际情况，量身制定进一步的“本地区职业学校教职工配备标准”。县级以上地方人民政府再根据上述的标准进行落实。职业学校教职工配备标准的制定和执行，不仅有利于国家和政府从宏观的角度发挥对职业教育的统筹领导作用，增进地方政府对本地区职业学校的教学情况与师资水平的了解，而且有利于职业学校的教职工人员结构更加合理，提高教学活动的效率和职业教育水平。

关联法规

《中等职业学校设置标准》第 7 条;《高等职业学校设置标准(暂行)》第 2 条、第 7 条;《职业学校兼职教师管理办法》

第四十九条　【职业学校学生的义务与权益】职业学校学生应当遵守法律、法规和学生行为规范,养成良好的职业道德、职业精神和行为习惯,努力学习,完成规定的学习任务,按照要求参加实习实训,掌握技术技能。

职业学校学生的合法权益,受法律保护。

条文解读

本条是关于职业学校的学生在接受职业教育的过程中应当履行的义务以及其合法权益受法律保护的规定。

职业学校学生在接受职业教育时,应当履行以下义务:

1. 遵守法律、法规和学生行为规范。法律、法规包括我国现行有效的由全国人民代表大会制定的法律、国务院及各部门制定的行政法规和部门规章、地方人民代表大会制定的地方性法规、地方政府制定的地方规章、规范性文件以及司法机关公布的司法解释等。作为职业学校的学生,遵守法律、法规是对其最基本的要求。如果其违反了法律的强制性规定,就需要承担相应的法律责任。学生行为规范,是指由各职业学校根据本校的教学情况以及学生水平制定的,对学生的行为起约束作用的规范。职业学校的学生有义务按照学校的学生行为规范限制自己的行为。如果学生的行为违反了学生行为规范,学校可以在法律规定的范围内对学生进行惩戒。

2. 养成良好的职业道德、职业精神和行为习惯。高水平的职业教育不仅要求学生熟练掌握先进专业技术,还要求学生具有良好的职业道德和职业精神。本法中多次强调培养学生职业道德和职业精神的重要性。职业学校的学生在接受职业教育时,也要时刻将提升自身的职业道德、职业精神,培养良好行为习惯作为学习信条。

3. 努力学习,完成规定的学习任务。学习是作为学生最基本的任务,职业学校的学生也不例外。除了学习必要的专业技术技能以外,职业学校的学生还需要学习其他科学文化知识,全面提高自身的知识水平。职业学校在安排教学任务时,也要将科学文化知识与专业技能知识放在同样重要的位置上,致力于培养出高素质、高水平的技术技能人才。

4. 按照要求参加实习实训。职业学校的学生要将专业技能知识融会贯通,必须注重实践。职业学校应当按照要求定期为学生安排实习实训活动,保证学生在实习实训活动中充分获得实践经验与实际操作技巧。学生在参加实习实训活动时,也应当努力完成实习实训中的任务,在实践中增加对专业技术技能的理解,为未来的就业做铺垫。

5. 掌握技术技能。在学习生活中,职业学校的学生要特别注重对技术技能的掌握,通过参与实践活动等方式,提升自己的专业技术技能素养,努力成为符合我国现代化发展要求的接班人。

根据本法的规定,除了本条规定的义务以外,职业学校的学生也享有接受职业教育、参加实习实训、提升学历等方面的权利。法律保护职业学校学生的合法权益。职业学校学生在合法权益受到侵害时,应懂得使用法律武器维护自己的权益。

适用要点

职业学校学生对本条规定的法定义务,应当认真履行。当职业学校学生违反法律规定时,职业学校以及未成年学生的监护人应当及时对学生的行为予以纠正,督促其回到正轨上来。同时,对于表现优秀的学生，职业学校也可以视情况采取一些奖励措施，包括精神奖励和物质奖励，让学生们有学习进步的动力。此外，职业学校学生的合法权益，也要依法给予充分的保障。

关联法规

《教育法》第 44 条

案例指引

张某寻衅滋事案

案例要旨：校园本该是学生学习和生活的净土，给大众的感觉总是安全、美好的。如果校园暴力时有发生，则会给许多未成年学生造成身体和精神上的伤害，社会影响恶劣。本案中，被告人张某对同学强拿硬要、随意殴打的行为，不仅侵害了受害同学的财产、人身权益，严重扰乱校园秩序，而且导致同学们心理遭受严重伤害、承受巨大压力。因此，综合考虑本案情节，对于此类校园暴力案件，虽然被告人张某系在校学生且系未成年人，但其行为触犯了法律，应当依法给予相应惩处，以达到保护未成年被害人权益和教育未成年被告人的双重目的。

周某某与湖北正路职业学校、广水市益众高级中学教育机构责任纠纷案

案例要旨：学校等教育机构组织学生参加校外活动，对学生负有法定的教育和管理的职能和义务，无权任意转移保护学生的法定义务。学校委托具有教育培训资质的教育机构组织拓展训练，其对外委托行为虽并

无不当，但委托合同的双方系学校与教育机构，周某某仅为委托合同的服务对象，学校作为拓展训练的委托方，亦应负有法律规定的监管、教育义务，在受委托人教育机构存在过错的情形下，学校亦应承担委托人行为的后果，即对周某某的损害承担连带责任。周某某及其监护人请求直接侵权责任人教育机构承担侵权责任，并请求学校承担连带侵权责任，符合法律规定。

第五十条 【实习实训】国家鼓励企业、事业单位安排实习岗位，接纳职业学校和职业培训机构的学生实习。接纳实习的单位应当保障学生在实习期间按照规定享受休息休假、获得劳动安全卫生保护、参加相关保险、接受职业技能指导等权利；对上岗实习的，应当签订实习协议，给予适当的劳动报酬。

职业学校和职业培训机构应当加强对实习实训学生的指导，加强安全生产教育，协商实习单位安排与学生所学专业相匹配的岗位，明确实习实训内容和标准，不得安排学生从事与所学专业无关的实习实训，不得违反相关规定通过人力资源服务机构、劳务派遣单位，或者通过非法从事人力资源服务、劳务派遣业务的单位或个人组织、安排、管理学生实习实训。

条文解读

本条是关于在学生实习实训时，企业、事业单位以及职业学校、职业培训机构应当履行的义务与承担的责任的规定。

本条第1款规定了企业、事业单位在接纳职业学校、职业培训机构的学生实习时应当履行的义务与承担的责任，主要包含了以下两个方面的内容：

1. 保障学生在实习期间按照规定享受休息休假、获得劳动安全卫生生保护、参加相关保险、接受职业技能指导等权利。学生参加实习实训，虽然是出于增加实践经验、提高技术技能的目的，但仍然为实习单位提供了劳动。劳动者应享有的基本权利，实习实训期间的学生同样享有。企业、事业单位应当保障学生依法享有上述权利，不能侵害学生的权利。如果实习实训期间，学生的上述权利受到侵害，学生以及职业学校、职业培训机构有权要求接纳实习的企业、事业单位承担相应的法律责任。

2. 对上岗实习的学生，应当签订实习协议，给予适当的劳动报酬。企业与参加实习实训的学生之间并不是严格的劳动合同关系，不需要按照法律关于劳动合同的规定与学生签订劳动合同。但是，这不代表学生劳动的相关权利无法得到保障。企业、事业单位在确定接纳实习实训学生后，除了与职业学校、职业培训机构之间达成协商外，还应当与学生签订实习协议，并综合考虑学生的实习内容、实习方式、实习时间长短等因素，向学生给予适当的劳动报酬。

本条第 2 款规定了职业学校、职业培训机构在安排学生进行实习实训时应当履行的义务，主要有以下几项内容：

1. 加强对实习实训学生的指导，加强安全生产教育。学生参加实习实训，在企事业单位学习实践经验的时候，职业学校、职业培训机构仍然需要对学生负责，对实习实训工作起到统筹指导作用，随时解决学生的问题与困难。在正式开始实习实训之前与实习实训期间，职业学校与职业培训机构应当定期对学生开展安全生产教育，提高学生的安全生产意识，避免学生在实习期间受到伤害。如果学生在实习实训期间身体或心理健康出现问题，职业学校、职业培训机构应当及时进行干预，采取中止实习等方式，保障学生的身心健康。

2. 协商实习单位安排与学生所学专业相匹配的岗位，不得安排学生从事与所学专业无关的实习实训。职业学校、职业培训机构在安排学生参加实习时，应当与实习单位进行协商，使学生所学习的专业知识与实习内容相匹配。安排学生进行实习实践活动，是为了学生能够在实习期间增加实践经验，使其更加熟练地掌握和运用所学习的专业技能。如果实习内容与学生所学习的专业知识不匹配，就失去了实习实训的意义，学生也无法取得相关的实践经验与技能。

3. 明确实习实训内容和标准。在进行实习实训之前，职业学校、职业培训机构应当对实习实训的起止时间、具体方式、具体内容、执行标准、具体实习单位等事项进行统筹规划。职业学校应当及时与实习单位协商确定实习实训的内容和标准，并将安排实习实训的事项通知学生。

4. 不得违反相关规定通过人力资源服务机构、劳务派遣单位，或者通过非法从事人力资源服务、劳务派遣业务的单位或个人组织安排、管理学生实习实训。职业学校、职业培训机构必须妥善亲自安排学生前往实习单位进行实习实训，保障学生在实习实训期间的权利不受侵害。如果职业学校、职业培训机构违反本款的规定，应当由教育行政部门、人力资源社会保障行政部门或者其他有关部门责令改正，没收违法所得，并处违法所得一倍以上五倍以下的罚款；违法所得不足一万元的，按一万元计算。对于人力资源服务机构、劳务派遣单位或者非法从事人力资源服务、劳务派遣业务的单位或个人，由人力资源社会保障行政部门或者其他有关部门责令改正，没收违法所得，并处违法所得一倍以上五倍以下的罚款；违法所得不足一万元的，按一万元计算。

适用要点

国家鼓励企业、事业单位接纳实习学生，对深度实现产教融合的企业采取相应的优惠和奖励政策。企业、事业单位有权根据本单位的实力、经营状况、经营内容等因素，决定是否接纳职业学校、职业培训机构的学生进行实习实训。一旦接纳实习实训学生，就必须按照法律规定履行相应的义务。职业学校、职业培训机构也应当依法完善实习实训基地的建设，加强与实习单位的沟通与合作，依法对参与实习实训的学生进行管理。同时，职业学校、职业培训机构不得以安排实习实训为借口，向学生违法收取费用。

关联法规

《劳动法》第3条；《职业教育法》第66条

案例指引

李帅帅诉上海通用富士冷机有限公司、上海工商信息学校人身损害赔偿纠纷案

案例要旨：实习生在实习单位工作中，在工作时间、工作场所因工作原因受到伤害的，即使自身存在一般性过错，亦不能减轻实习单位的赔偿责任。学校应就实习生在实习中的安全防范和权益依法提供必要的保障。学校未对实习单位尽到必要督促义务的，应根据其过错程度对实习生的伤害后果承担相应法律责任。在城市中小学校就读的农村户籍学生，在学校的教育教学活动（含派出实习）中受伤致残的，其残疾赔偿金应当按照该校所在地的城镇居民标准计算。

第五十一条 【证书的取得及学位申请】接受职业学校教育，达到相应学业要求，经学校考核合格的，取得相应的学业证书；接受职业培训，经职业培训机构或者职业学校考核合格的，取得相应的培训证书；经符合国家规定的专门机构考核合格的，取得相

应的职业资格证书或者职业技能等级证书。

学业证书、培训证书、职业资格证书和职业技能等级证书，按照国家有关规定，作为受教育者从业的凭证。

接受职业培训取得的职业技能等级证书、培训证书等学习成果，经职业学校认定，可以转化为相应的学历教育学分；达到相应职业学校学业要求的，可以取得相应的学业证书。

接受高等职业学校教育，学业水平达到国家规定的学位标准的，可以依法申请相应学位。

条文解读

本条是关于职业教育相关证书的取得标准、取得方式及学位申请的规定。

本条第1款规定了在职业教育过程中可能取得的相关证书与取得条件。整体来看，与职业教育相关的证书主要有以下三种：

第一种是学业证书。根据《教育法》第22条的规定，国家实行学业证书制度。经国家批准设立或者认可的学校及其他教育机构按照国家有关规定，颁发学历证书或者其他学业证书。职业教育相关学业证书是学生曾在职业学校接受过职业教育，并按照学校规定和法律规定完成了相应的学习任务，达到相应的学业要求，并且已经通过学校考核的证明。学业证书只有职业学校有权发放，无论是中等职业学校还是高等职业学校，都应当在学生达到学业要求后及时向学生发放学业证书，否则学生有权采取法律手段维护权利。

第二种是培训证书。培训证书是学生在接受职业培训并且经考核合格后取得的证书，职业学校和职业培训机构都有权发放。与职业学校教育相比，职业培训更加具有针对性与实操性。职业学校教育主要是系统地对学生开展专业技术技能与科学文化知识方面的教学活动;职业培训则是让学员能够更加快速地适应具有专业要求的岗位,更加熟练地掌握相关技术与操作技巧。因此,即使是职业学校颁发的培训证书,也无法作为学生学历的证明。

第三种是职业资格证书与职业技能等级证书。国家确定职业分类,对规定的职业制定职业技能标准,实行职业资格证书制度,由经备案的考核鉴定机构负责对劳动者实施职业技能考核鉴定。只有经国家规定的专门机构考核合格的,才能取得相应的职业资格证书或者职业技能等级证书。与学业证书和培训证书相比,职业资格证书与职业技能等级证书能够更加直接地证明受教育者是否已经掌握相关专业技能,以及掌握技能、运用技能的程度。

本条第 2 款规定,参与职业教育获得的相关证书,均可以作为受教育者从业的凭证。国家对于不同证书制定了不同的法律法规,用人单位既可以依法对本单位员工提出"持有证书"的要求,也可以根据证书或者学历的差别调整本单位人员的岗位级别与薪资等级。

本条第 3 款规定了职业技能等级证书、培训证书与学历教育学分之间的转换。本法第 17 条第 1 款规定:"国家建立健全各级各类学校教育与职业培训学分、资历以及其他学习成果的认证、积累和转换机制,推进职业教育国家学分银行建设,促进职业教育与普通教育的学习成果融通、互认。"本法修订后,国家鼓励职业教育与普通教育相互融通,不同层次之间的职业教育相互贯通。职业技能等级证书、培训证书可以转化为学历教育学分的规定,为职业教育的受教育者提供了更加便捷的提升学历的渠道,有利于促进职业学校和职业培训机构协调并重发展。

本条第 4 款规定,职业学校受教育者的学业水平达到学位标准的,可以申请学位。在我国新的职业教育体系中,职业学校的学生与普通学校的学生一样,具有平等的升学权利。接受高等职业学校教育,学业水平达到国家规定的学位标准的,可以依法申请相应学位。

这一规定有两个方面的作用：一方面为职业学校的学生提升学历提供了途径和渠道；另一方面能够提高职业教育在社会上的认可度，增加受教育者接受职业教育的意愿。

适用要点

本条对职业教育的相关证书与学位作了明确规定，有利于职业教育向更规范的方向发展。要建立新的职业教育体系，必须加强对职业学校与职业培训机构的管理，为受教育者提升自身能力提供新的渠道；同时采取各种措施对职业学校、职业培训机构的教学成果，受教育者的学习成果加以认可。在实际适用时，本条规定可以从以下三个方面提高社会对职业教育受教育者的认可度：第一，从国家层面认可职业教育受教育者的学习成果。受教育者取得的相关证书与学历学位都是具有法律效力的，在国家教育体系中均有记录。第二，从职业学校、职业培训机构层面认可职业教育受教育者的学习成果。第三，从用人单位层面认可职业教育受教育者的学习成果。受教育者取得相关证书后，意味着拿到了就业的“敲门砖”，便于用人单位更加直接快速地判断受教育者是否适合本单位的岗位要求。

关联法规

《教育法》第22条、第23条、第43条；《劳动法》第69条；《职业资格证书制度暂行办法》；《职业资格证书规定》

案例指引

杨宝玺诉天津服装技校不履行法定职责案

案例要旨：根据《教育法》的规定，受教育者享有完成规定的学业后获得相应的学业证书的权利。教育机构没有向准予毕业的受教育者发放毕业证书的行为，构成违法。

第五十二条　【对职业学校学生的奖励和资助制度】国家建立对职业学校学生的奖励和资助制度，对特别优秀的学生进行奖励，对经济困难的学生提供资助，并向艰苦、特殊行业等专业学生适当倾斜。国家根据经济社会发展情况适时调整奖励和资助标准。

国家支持企业、事业单位、社会组织及公民个人按照国家有关规定设立职业教育奖学金、助学金，奖励优秀学生，资助经济困难的学生。

职业学校应当按照国家有关规定从事业收入或者学费收入中提取一定比例资金，用于奖励和资助学生。

省、自治区、直辖市人民政府有关部门应当完善职业学校资助资金管理制度，规范资助资金管理使用。

条文解读

本条是关于我国对职业学校学生的奖励和资助制度的规定。

本条第1款规定了国家建立对职业学校学生的奖励和资助制度，该制度包括以下三个方面的内容：

1. 对特别优秀的学生进行奖励，主要体现在为优秀学生设立奖学金。设立奖学金的目的主要有两个：第一，对优秀学生的学习成果予以肯定。成绩优秀的学生在学习过程中必然付出了相应的努力，对其发放奖学金能够帮助其体会到努力学习的意义，激励优秀学生保持优异成绩。第二，对其他学生产生激励。设立奖学金，对优秀学生以外的学生同样具有激励作用。奖学金可以促进其他学生努力提升自己，从而使学生之间形成良性的竞争关系，促进整体职业教育学生水平的提高。

2. 对经济困难的学生提供资助。为实现这一点，主要可以从以下四个方面进行：第一，可以根据学生家庭的具体经济情况以及职业教育的实际需要，对经济困难的学生适当减免学费，减轻学生负担。第二，可以对经济困难的学生提供适当的补助金。例如，国家根据不同地区的经济发展状况，设立不同等级的国家助学金，为经济困难的学生直接提供经济上的帮助。第三，落实和完善助学贷款制度。高等职业学校的贫困学生可以申请国家助学贷款，并于毕业后在规定期限内偿还贷款。根据国家的政策规定，为了照顾贫困学生，贷款利息可阶段性免除。助学贷款制度应多加宣传，保证该制度能够帮助更多的贫困学生顺利入学至毕业。第四，对经济困难且学习优秀的学生设立特殊奖学金。例如，国家设立了国家励志奖学金，旨在激励家庭经济困难的学生勤奋学习，帮助其完成学业。

3. 向艰苦、特殊行业等专业学生适当倾斜。此类专业一般较为艰苦，学生报考的意愿比较低，学习过程中困难也比较多。为了顺利培养艰苦、特殊行业的专业人才，国家对此类专业制定了一系列照顾政策，如降低分数线、增加财政投入等。

本条第 2 款规定，企业、事业单位、社会组织及公民个人可以为建立职业学校学生的奖励和资助制度作出贡献，国家对此予以支持和鼓励。这些主体可以自己的名义，对职业学校提供资金支持，在校内设立奖学金、助学金等。国家对实施此类行为的企业、事业单位、社会组织及公民个人等也可以采取表彰、奖励等方式以示鼓励。

本条第3款规定,职业学校有对学生进行奖励和资助的义务。除了国家和社会的扶持和资助以外,职业学校自身也应当对促进教育公平、保障学生受教育权的实现担负起相应的职责。职业学校应当在校内设立助学金和奖学金:一方面能够培养学生的竞争意识,在校园内树立良好的学习氛围与竞争关系,促进学生们共同进步,提高职业教育质量;另一方面能够促进贫困学生奋发图强,减轻贫困学生在经济上的压力,使贫困学生能够将更多的精力放在学习上。同时,职业学校还可以在学校内部设立一些勤工俭学岗位,帮助贫困学生赚取生活费。

本条第4款规定,省、自治区、直辖市人民政府有关部门应当完善职业学校资助资金管理制度。职业学校应当对专项资助资金的使用进行统筹安排,并定期向社会公布使用情况。资助资金不得挪作他用,社会力量有权监督资助资金的使用。当地人民政府有关部门也应当从公权力的角度,对职业学校资助资金的使用制定政策并进行监督,定期核查职业学校资助资金的使用情况,对违法违规使用资金的行为及时进行纠正和处罚。

适用要点

根据《宪法》第46条第1款的规定,我国公民有受教育的权利和义务。也就是说,凡是我国的公民,不分民族、种族、性别、职业、家庭出身、宗教信仰、教育程度、财产状况,都有权平等地接受教育。但是,对于家庭经济困难的学生来说,支付学费或生活费是一笔巨大的开销,往往负担不起。我国对优秀学生进行奖励、对经济困难学生进行资助,也是为了保障所有公民的受教育权,在真正意义上促进教育公平。在职业教育中,也是如此。需要注意的是,随着时代的发展,社会经济水平的改变，对学生采取的奖励和资助政策也需要及时调整，以适应职业教育发展的需要。

关联法规

《教育法》第 43 条；《学生资助资金管理办法》

第五十三条　【职业学校学生的升学、就业、职业发展】职业学校学生在升学、就业、职业发展等方面与同层次普通学校学生享有平等机会。

高等职业学校和实施职业教育的普通高等学校应当在招生计划中确定相应比例或者采取单独考试办法，专门招收职业学校毕业生。

各级人民政府应当创造公平就业环境。用人单位不得设置妨碍职业学校毕业生平等就业、公平竞争的报考、录用、聘用条件。机关、事业单位、国有企业在招录、招聘技术技能岗位人员时，应当明确技术技能要求，将技术技能水平作为录用、聘用的重要条件。事业单位公开招聘中有职业技能等级要求的岗位，可以适当降低学历要求。

条文解读

本条是关于职业学校学生的升学、就业、职业发展的规定。

本条第 1 款规定，职业学校学生与同层次普通学校学生在升学、就业、职业发展等方面享有平等机会。本法修订以后，强调了职业教育与普通教育地位平等。本法规定了完成职业教育的学生可以取得的相关证书、不同层次职业教育之间贯通发展、职业教育与普通教育相互融通、职业教育学分制度等，都为职业教育受教育者的权利提供了法律保障，促进实现职业学校学生与普通学校学生在升学、就业、职业发展等方面权利的平等。

本条第2款规定，高等职业学校和实施职业教育的普通高等学校应招收一定比例的职业学校毕业生。在当前的职业教育体系中，职业学校的学生与普通学校的学生相比，在升学中仍然处于弱势地位。为了实现职业学校学生与普通学校学生一样有接受高等教育的机会，需要从法律和政策上向职业学校的学生倾斜。要提高职业学校的升学率，不仅要提高职业教育的教学水平，还需要提高高等职业学校和实施职业教育的普通高等学校招收职业学校学生的比例。高等职业学校和实施职业教育的普通高等学校应当积极采取相应措施，切实拓宽职业学校学生的升学途径。

本条第3款是关于职业学校毕业生就业时用人单位应平等招录的规定，主要包含以下几方面的内容：

1. 各级人民政府应当创造公平就业环境。各级人民政府应当督促各用人单位开展公开透明的招聘活动，同时加强对各用人单位的监督，注重对劳动者权益的保障。如果出现就业不平等现象，各级人民政府应当呼吁用人单位及时自检，对于劳动者或其他单位的检举行为，也应当及时响应，慎重调查，督促有就业不平等现象的用人单位进行整改。

2. 用人单位不得设置妨碍职业学校毕业生平等就业、公平竞争的报考、录用、聘用条件。用人单位可以根据工作岗位提出相应的聘用条件，但不能为职业学校毕业生设置妨碍其就业的限制条件。

3. 机关、事业单位、国有企业在招录、招聘技术技能岗位人员时，应当明确技术技能要求，将技术技能水平作为录用、聘用的重要条件。技术技能是否熟练是用人单位判断求职者能否胜任岗位的衡量标准。用人单位应当将技术技能作为首要的聘用条件，而不能过于奉行“唯学历论”，将学历以及毕业学校作为招聘人员的“门槛”，把职业学校毕业生挡在门外，损害职业学校毕业生的平等就业权利。

4. 事业单位公开招聘中有职业技能等级要求的岗位，可以适当降低学历要求。职业学校毕业生在掌握所学习的技术技能以后，可以根据国家规定考取相应的职业资格证书或者职业技能等级证书。该证书是证明职业学校毕业生技术技能的依据。对职业技能等级有要求的岗位，在职业学校毕业生能够提供职业技能等级证书等证据证明其具有相应能力的情况下，可以适当放宽学历要求，避免因此错失技术人才。

适用要点

要切实发展高质量的职业教育，完成职业教育体系改革，必须解决职业教育受教育者的就业问题。解决就业问题不能只靠提高受教育者的综合素质来实现，还要扭转曾经对职业教育“层次低”的固有偏见，从而实现就业平等。从中央和地方各级人民政府，到企业、事业单位等用人单位，都应当坚决杜绝就业时可能会发生的不公平现象，促进职业教育受教育者就业率的提高。职业教育的受教育者也应当从自身出发，提高自身的专业技术技能。当就业遇到不平等现象时，应当及时采取法律手段维护自己的权利。这样做不仅能够保障自身的就业权利，更能对整个就业市场起到警示作用，促进公平就业的落实。

关联法规

《就业促进法》第 3 条、第 26 条、第 62 条

第六章　职业教育的保障

第五十四条　【职业教育经费】国家优化教育经费支出结构，使职业教育经费投入与职业教育发展需求相适应，鼓励通过多种渠道依法筹集发展职业教育的资金。

条文解读

本条是关于职业教育经费的规定。

职业教育经费的使用直接关系职业教育的发展，必须加强管理，优化职业教育经费支出结构。在新时代背景下，结合职业教育发展需求，要优化职业教育经费支出结构，可以从以下几个方面着手实施：

1. 要科学、合理地对职业教育经费使用进行规划。在当前阶段，职业教育与普通教育需融合发展、各层次职业教育要相互贯通，同时实现产教融合、校企合作。国家在对职业教育经费的使用进行规划时，要根据职业教育层级、职业教育方式，以及在普通学校中开展职业教育相关专业的比重等情况综合考量、合理分配；既要重视高等职业教育的经济投入，也要加大在义务教育阶段开展职业教育启蒙、职业教育认知、职业教育体验的经费投入。除此之外，与职业学校教育相比，职业培训相对来说受到的重视程度较低。为了实现职业教育全面协调发展，要注意将职业培训与职业学校教育放在同等的地位予以重视,加大对职业教育培训的经费投入力度。

2. 要明确不同阶段的目标和任务,提高职业教育经费的使用效益。要实现职业教育经费支出结构优化,必须合理配置教育资源,在有限的教育资源下实现教育效益的最大化。第一,要合理分配和规划不同层级、不同形式职业教育的教学规模,避免出现因教学规模和教学结构规划不善导致的教学资源浪费现象。第二,要对职业学校、职业培训机构内部的教学活动和教学结构进行合理的统筹规划,提高教学质量和效率。第三,要提高职业教育教师的专业技能水平和教学水平,定期对职业教育教师开展培训和考核,充分发挥教师自我提升的主观能动性。对教师队伍中教学水平不合格的人员,要及时进行培训或转岗。

3. 要保障职业教育与普通教育融合发展,适当加强对普通学校中开展职业教育的经费投入力度。要实现职业教育体制改革,不仅要建立和完善专门的职业学校和职业培训机构,还要在普通学校中融入职业教育的内容。根据义务教育阶段、高等教育阶段教学任务的不同,在普通学校中开设的职业教育也应不同。要根据职业教育的切实需求,合理安排普通学校中职业教育的教学结构和所占比重,合理确定经费投入力度,避免浪费。

此外,国家还鼓励通过多种渠道依法筹集发展职业教育的资金。筹集发展职业教育资金的渠道主要有以下两种:

1. 职业学校、职业培训机构可以通过开展校企合作、提供社会服务或者以实习实训为目的举办企业、开展经营活动等获得收入。需要注意的是,上述收入应当依法用于改善办学条件,支付教师、企业专家、外聘人员和受教育者的劳动报酬等,不可超出法定范围使用。

2. 国家鼓励企业、事业单位、社会团体组织、公民个人等参与职业教育办学,也鼓励这些主体对职业教育进行资助和捐赠。这有利于职业教育向多元化、多层次的方向发展,促进产教融合。上述主体对职业教育资助和捐赠的资金必须用于职业教育的教学和发展,严禁挪作他用。

适用要点

我国目前的职业教育体系仍存在很多不足，必须优化职业教育经费使用和支出结构，把经费花在“刀刃”上，切实提高职业教育的整体质量和水平。同时，优化教育经费支出结构不代表减少支出，而是要充分利用有限的教育资源，实现教育经费效益最大化，合理分配，统筹兼顾。在保证职业教育经费投入充足的基础之上，最大程度上促进职业教育体制改革，顺应职业教育发展需要，加快我国经济发展与社会主义现代化建设。

关联法规

《教育法》第 54 条、第 55 条

第五十五条 【职业教育经费的使用】各级人民政府应当按照事权和支出责任相适应的原则，根据职业教育办学规模、培养成本和办学质量等落实职业教育经费，并加强预算绩效管理，提高资金使用效益。

省、自治区、直辖市人民政府应当制定本地区职业学校生均经费标准或者公用经费标准。职业学校举办者应当按照生均经费标准或者公用经费标准按时、足额拨付经费，不断改善办学条件。不得以学费、社会服务收入冲抵生均拨款。

民办职业学校举办者应当参照同层次职业学校生均经费标准，通过多种渠道筹措经费。

财政专项安排、社会捐赠指定用于职业教育的经费，任何组织和个人不得挪用、克扣。

条文解读

本条是关于职业教育经费的使用的规定。

本条第 1 款规定了各级人民政府在使用职业教育经费时应当承担的职责。

首先,使用职业教育经费,应当符合事权和支出责任相适应的原则。事权,是指政府在公共事务与公共服务中应当承担的职责。只有事权与支出责任相适应,才能够使整个财政体系正常运转。这一原则是我国财政事务的基础原则,职业教育经费使用问题同样也要受到此原则的限制。只有贯彻并落实这一原则,才能够从根本上提升职业教育经费的使用效益,在最大程度上提高职业教育的质量。各级政府应当按照自身的职权范围,对职业教育经费进行合理规划,使事权与支出责任相适应。

其次,各级政府应当根据职业教育办学规模、培养成本和办学质量等情况落实职业教育经费。在规划职业教育经费的使用和支出结构时,应当充分考虑多方面的因素,使职业教育全面协调发展,避免产生区域内职业教育发展差距过大、水平参差不齐等现象。各级政府需要参考本区域内的经济发展状况与生产需要,确定本区域内职业教育的发展方向。同时,要考虑本区域内职业教育的具体办学情况,如办学规模、办学质量、办学结构等方面的因素,合理安排不同职业教育机构的经费使用情况。对于发展水平较高的职业教育机构,经费使用重点应当放在对新技术的研发上。对于发展水平较低的职业教育机构,应当加强基础教学设施建设,提高综合办学质量,缩短与其他职业教育机构间的差距。

最后,各级政府应当加强预算绩效管理,提高资金使用效益。预算绩效管理,就是在职业教育经费的分配和使用上,必须考虑绩效问题,使经费的使用实现效益最大化。在管理职业教育经费时,各级政府要做好对职业教育的统筹安排,了解本区域内职业教育发展的具体情况，判断好职业教育经费支出的优先顺序，保证职业教育经费使用的有效性。

本条第2款是关于职业学校生均经费标准或者公用经费标准的规定。制定职业学校生均经费标准或者公用经费标准是各省、自治区、直辖市人民政府应当履行的职责。在确定职业学校生均经费标准或者公用经费标准时，应当综合考虑当地的经济发展状况与各职业学校的基本情况。职业学校生均经费标准或者公用经费标准制定后，当地政府应当履行监管职责，确保标准贯彻落实，加强对职业教育经费的管理，监督各职业学校经费的使用情况。职业学校举办者应当按照生均经费标准或者公用经费标准按时、足额拨付经费，不断改善办学条件。不得以学费、社会服务收入冲抵生均拨款。如果职业学校举办者未按照法律规定拨付经费，当地人民政府应进行监督核拨，并根据情况确定是否需要对其进行处罚。

本条第3款规定了民办职业学校筹措经费的标准。虽然举办民办职业学校利用的是非国家财政性经费，但仍然需要遵守法律对其作出的限制性规定，并接受各级人民政府行政部门的管理和监督。在筹措经费时，民办职业学校应当参照同层次职业学校生均经费标准，按照法律规定的途径与方法筹措经费。该经费应当主要用于教育教学活动、改善办学条件和保障教职工待遇。

本条第4款规定了对财政专项安排、社会捐赠经费的使用限制。即财政专项安排、社会捐赠指定用于职业教育的经费，任何组织和个人不得挪用、克扣。

适用要点

在职业教育经费的使用上，应当注意以下两个方面的问题：一方面，既要加强对职业教育经费的统筹规划，合理安排职业教育经费的使用结构；也要对当年的职业教育经费的使用情况进行总结，查找问题与不足，以扬长避短，做好下一年职业教育经费的预算。另一方面，要加强对职业教育经费使用情况的监督。国务院各部门应当根据其职权，对全国范围内职业教育经费的使用情况进行管理和监督。地方各级人民政府也应当依法接受上一级的监督，确保职业教育经费使用符合规划。同时，职业学校也应当定期将经费使用情况通过报表、公告等方式向社会公示，接受人民政府以及社会公众的监督。另外，需要注意的是，违反国家财政制度、财务制度，挪用、克扣教育经费的，由上级机关责令限期归还被挪用、克扣的经费，并对直接负责的主管人员和其他直接责任人员依法给予处分；构成犯罪的，依法追究刑事责任。

关联法规

《教育法》第 61 条、第 63 条、第 71 条；《刑法》第 384 条

第五十六条　【地方教育附加与失业保险基金】地方各级人民政府安排地方教育附加等方面的经费，应当将其中可用于职业教育的资金统筹使用；发挥失业保险基金作用，支持职工提升职业技能。

条文解读

本条是关于地方教育附加与失业保险基金的规定。

本条规定主要包括以下两个方面的内容：

1. 地方教育附加的安排与使用。教育费附加是为了加快发展地方教育事业，扩大地方教育经费的资金来源而征收的除了教育费预算以外的资金。根据《征收教育费附加的暂行规定》的规定，教育费附加

由税务机关负责征收。教育费附加,以各单位和个人实际缴纳的增值税、营业税、消费税的税额为计征依据,教育费附加率为3%,分别与增值税、营业税、消费税同时缴纳。除国务院另有规定外,任何地区或者部门都不能对教育费附加率擅自进行调整。

铁道系统、中国人民银行总行、各专业银行总行、保险总公司的教育费附加随同营业税上缴中央财政,除了上述单位以外,其余单位和个人都应当将教育费附加就地上缴地方财政。地方征收的教育费附加,主要留归当地安排使用,应当按照专项资金进行管理,并由教育部门统筹安排,提出分配方案。与同级财政部门商讨同意后,教育费附加应当用于改善中小学教学设施和办学条件,如修建校舍、购买教学器材等,而不得用于职工福利和发放奖金。省、自治区、直辖市可根据征收教育费附加的实际情况,在行政管辖范围内进行调剂、平衡。地方各级教育部门应当每年定期将教育费附加的收支情况向当地人民政府、上级主管部门和财政部门进行报告。

教育费附加除了发展普通教育外,也应当利用其中的一部分发展职业教育。地方各级人民政府可以根据本地职业教育的具体情况以及发展需要,合理安排规划教育费附加的使用方案。地方各级人民政府还要加强对教育费附加的管理,确保教育费附加确实落到改善职业学校的教学设施和办学条件上。同时,地方人民政府要加强对本地区教育费附加使用情况的监督,对违规使用教育费附加的应及时作出警告或处罚,对涉嫌犯罪的,应移交有关机关处理。

2. 失业保险基金的作用。失业保险基金是社会保险基金中的一种,为我国公民的基本生活提供保障。根据《社会保险法》第45条的规定,失业人员符合下列条件的,从失业保险基金中领取失业保险金:(1)失业前用人单位和本人已经缴纳失业保险费满一年的;(2)非因本人意愿中断就业的;(3)已经进行失业登记,并有求职要求的。由此可见,社会保险基金的作用主要有以下几个方面:第一,保障失业人员的基本生活。失业后，失业人员失去了工作收入，在其再就业之前的空档期，需要一定的收入来源维持其基本生活。失业保险基金为失业人员提供了生活上的保障，促进失业人员实现再就业。第二，使社会和经济更加稳定。失业保险基金为失业人员提供生活保障，一方面能够使失业人员在失业期间的情绪更加稳定，保障其心理健康；另一方面避免了失业人员为获取生活来源，走上违法犯罪的道路，保证社会平稳运行。第三，促进社会劳动力合理配置。一方面，失业人员在失业期间领取失业金，相当于为其提供一颗“定心丸”，使失业人员能够更从容地寻找与其专业能力相匹配的工作，实现失业人员与用人单位的共同发展；另一方面，失业保险基金也为用人单位减轻了用人压力，促进用人单位合理配置人员，促进用人单位的发展。

适用要点

本条规定为地方发展职业教育以及失业保险基金的落实提供了法律支持。在规划教育费附加的使用方案时，要注意将职业教育与普通教育放在平等的地位上，注重职业教育与普通教育平衡发展。在失业保险基金落实方面，各级人民政府应当充分履行各自的职能，发挥失业保险基金的作用，保障职工的基本权利。对于失业人员，各级人民政府可以根据当地的具体情况，组织失业人员进行职业培训，提升失业人员的专业技术技能，帮助失业人员再就业，促进本地就业率的提升。

关联法规

《教育法》第 58 条；《社会保险法》第 45 条、第 64 条；《征收教育费附加的暂行规定》

第五十七条 【农村职业教育】各级人民政府加大面向农村的职业教育投入,可以将农村科学技术开发、技术推广的经费适当用于农村职业培训。

条文解读

本条是关于加大对农村职业教育的投入的规定。

科学技术是第一生产力。我国要实现乡村振兴,必须结合社会发展的需要,实现经济建设、政治建设、文化建设、社会建设、生态文明建设和党的建设为一体的新农村建设。要达成这一目标,必须在农村大力发展科学技术,加快推进农业农村现代化,走中国特色社会主义乡村振兴道路。要实现乡村振兴,不仅需要加大对农村发展科技的投入力度,还需要增加农村的人才储备,提高农村人员整体知识水平与专业技术水平。

现阶段,我国农村教育与城市教育仍然存在资源不均衡的问题。与普通教育相比,职业教育在农村遇到的障碍较多,主要有以下几个方面:第一,职业教育规模较小,需要加大政策与资金支持,扩大职业教育规模。在农村,职业学校和职业培训机构的数量与规模都不及城市。要提高职业教育在农村的普及度,必须扩大职业教育的规模。第二,对农村职业教育资源投入的力度较小。多年来,我国发展农村经济的重点大多放在农业上,发展教育的重点也在普通教育与基础教育上,职业教育往往受到忽视。要解决这一问题,需要将社会资源以及国家财政进一步向农村集中,加强农村职业教育基础设施建设,缩小农村与城镇职业教育水平的差距。第三,与高新农业相关的专业设置较少,教学内容相对滞后。当前,农村职业教育专业设置的重点在工业方面,致力于让更多农村学子“走出去”,而忽视了高新农业专业的设置。要加强和深化高新农业专业设置,增加现代化农业相关的人才储备,让更多具有专业技术技能的人才投入到新农村建设中。同时,要促进农村职业教育教学内容与城镇相统一,及时对落后的教学内容进行更新。第四,农村职业教育师资力量相对薄弱。要解决这一问题,需要从国家的层面为农村职业教育提供政策支持,吸引更多优质职业教育教师参与农村职业教育的建设。

提高农村职业培训质量,必然能够在一定程度上促进农村科学技术开发、技术推广。将农村科学技术开发、技术推广的经费用于职业培训,也是促进农村经济全面发展的有力决策。

适用要点

各级人民政府在确定农村科学技术开发、技术推广的经费在职业培训中的使用比例时,需要综合考虑当地的经济发展情况、农村职业教育发展水平、农村发展特色、对专业技术技能人才的需要等多种因素。使用该经费时,要注意提高经费的使用效益,争取达到“使用最少的经费促进最大的发展”这一目标。

关联法规

《农业法》第 55 条、第 56 条;《农业技术推广法》第 22 条、第 23 条;《乡村振兴促进法》第 25 ~ 27 条

第五十八条　【职工教育经费】企业应当根据国务院规定的标准,按照职工工资总额一定比例提取和使用职工教育经费。职工教育经费可以用于举办职业教育机构、对本单位的职工和准备招用人员进行职业教育等合理用途,其中用于企业一线职工职业

教育的经费应当达到国家规定的比例。用人单位安排职工到职业学校或者职业培训机构接受职业教育的，应当在其接受职业教育期间依法支付工资，保障相关待遇。

企业设立具备生产与教学功能的产教融合实习实训基地所发生的费用，可以参照职业学校享受相应的用地、公用事业费等优惠。

条文解读

本条是关于职工教育经费的规定。

本条第 1 款主要规定了职工教育经费的提取和使用标准，主要包含以下几个方面的内容：

1. 企业提取和使用职工教育经费的比例。职工教育经费是以职工工资总额为基准提取的。2019 年 5 月，国务院办公厅印发的《职业技能提升行动方案(2019—2021 年)》提出，企业要按有关规定足额提取和使用职工教育经费，落实将企业职工教育经费税前扣除限额提高至工资薪金总额 8% 的税收政策。这一方案体现出我国大力发展职业教育的决心，完善职业培训补贴政策，充分发挥政府的引导和激励作用。加大对企业开展职业培训的资金支持力度，能够减少企业在职工培训方面承担的压力，从而提高企业开展职工培训的积极性。需要注意的是，企业应当严格按照法律规定的比例足额提取职工教育经费，否则应承担相应的法律责任。

2. 职工教育经费的具体用途与注意事项。职工教育经费的用途主要有两个：第一，举办职业教育机构。本法修订后，着重强调了企业在职业教育办学中的主体作用，并采取了一系列措施鼓励企业参与职业教育的办学与教学，深入落实产教联合、校企合作。企业按照法律规定提取的职业教育经费，可以用于举办职业学校或者职业培训机构。深入落实产教融合的企业,还可以根据法律规定享受国家的奖励及优惠政策。第二,对本单位的职工和准备招用的人员进行职业教育。企业应当根据本单位实际情况,有计划地对本单位的职工和准备招用的人员实施职业教育,并可以设置专职或者兼职实施职业教育的岗位。企业应当按照国家有关规定实行培训上岗制度,对于从事技术工种的劳动者,上岗前必须对其进行安全生产教育和技术培训;对于从事涉及公共安全、人身健康、生命财产安全等特定职业(工种)的劳动者,必须在经过培训并依法取得职业资格或者特种作业资格后,才能安排其上岗。需要注意的是,根据《职业技能提升行动方案(2019—2021年)》的规定,职工教育经费中用于企业一线职工职业教育的经费应当占60%以上,可用于企业"师带徒"津贴补助。

3. 用人单位在职工接受职业培训期间应承担的责任。在职工依法接受职业培训期间,用人单位需要依法与职工签订劳动合同,在劳动合同中约定培训的相关事项,并依据劳动合同向职工支付工资,履行承诺的福利待遇,保障职工的基本劳动权利。用人单位为职工提供专项培训费用,对其进行专业技术培训的,可以与该职工订立协议,约定服务期。如果职工违反了服务期的约定,用人单位有权按照协议要求该职工支付违约金。

本条第2款规定了企业设立具备生产与教学功能的产教融合实习实训基地所发生的费用,可享受的优惠。国家鼓励并支持实习实训基地建设。县级以上人民政府应当组织行业主管部门、工会等群团组织、行业组织、企业等根据区域或者行业职业教育的需要建设高水平、专业化、开放共享的产教融合实习实训基地,为职业学校、职业培训机构开展实习实训和企业开展培训提供条件和支持。企业设立实习实训基地的,本质上也是促进职业教育的发展,应当与职业学校一样,享受相应的用地、公用事业费等优惠。

适用要点

根据《劳动法》第 68 条的规定，建立职业培训制度，根据本单位实际，有计划地对劳动者进行职业培训是企业应当履行的义务。本法也有关于企业对劳动者进行职业培训的规定。因此，企业依法开展职业培训、落实职工教育经费的提取与使用是促进职业教育发展中不可或缺的一部分。在使用职工教育经费时，企业应当严格遵守法律的规定，同时保障职工的基本权利，不得出于避税等理由滥用、谎报、虚假提取职工教育经费。职工教育经费必须按照法律规定的用途使用，不得用于企业经营等与职业教育无关的其他方面。企业应当将职工教育经费的使用情况以及开展职业培训的情况，纳入企业社会责任报告，向社会公示，接受社会的监督。

关联法规

《劳动法》第 68 条；《劳动合同法》第 22 条；《就业促进法》第 47 条；《财政部、税务总局关于企业职工教育经费税前扣除政策的通知》

案例指引

培训期间工资是否属于专项培训费用

案例要旨：用人单位可以与劳动者约定专业技术培训服务期，保障用人单位对劳动者技能培训投入的相应收益，这既有利于劳动者人力资源的开发，也有利于用人单位提升市场竞争力，对增强劳动关系的稳定性具有积极意义。实践中，用人单位在与劳动者订立服务期协议时，应当注意依法对服务期限、违约金等事项作明确约定。需要注意的是，协议约定的违约金不得超过用人单位提供的专项培训费用;用人单位实际要求劳动者支付的违约金数额不得超过服务期尚未履行部分所应分摊的培训费用。劳动者参加了用人单位提供的专业技术培训,并签订服务期协议的,应当尊重并依法履行该约定,一旦违反,应当依法承担违约责任。

第五十九条 【国家鼓励金融机构支持发展职业教育】国家鼓励金融机构通过提供金融服务支持发展职业教育。

条文解读

本条是关于国家鼓励金融机构支持发展职业教育的规定。

本条规定主要包含以下两个方面的含义:第一,国家对金融机构支持发展职业教育持鼓励态度;第二,金融机构可以通过提供金融服务的方式支持发展职业教育。

1. 国家鼓励金融机构支持发展职业教育。金融机构是从事金融业务的机构,受我国国务院金融管理部门的监督和管理。在我国,金融机构主要包括以下两类:第一,银行金融机构。可以细分为中央银行、政策性银行、商业银行、商业银行专营机构等。第二,非银行金融机构。包括保险公司、证券公司、财务公司以及在我国境内开办的各种外资和中外合资金融机构等。

本法修订后,国家鼓励各种社会力量参与职业教育的办学。金融机构在我国市场经济体系中起着重要作用,更需要为职业教育的办学与发展贡献力量。国家鼓励金融机构支持发展职业教育有以下几项重要意义:第一,引导职业教育更加深入市场经济,了解市场经济的动向,金融业为职业教育提供方向性、前瞻性的政策支持。第二,鼓励金融机构支持发展职业教育,能够为国家财政对职业教育的支出分担一部分压力。第三,更有利于发挥金融机构在市场中的作用,促进社会主义市场经济的改革,进一步探索中国特色社会主义道路,并引导职业教育向更高层次发展。

要鼓励金融机构支持发展职业教育,可以从以下几个方面着手:第一,要为金融机构与职业教育的合作建立起高质量的、系统性的合作机制。促进金融机构通过多元化、高效的方式支持发展职业教育,使职业教育能够培养出更多符合市场经济发展的人才。第二,鼓励金融机构加强与政府的合作,进一步优化金融服务的类型,通过地方政府补贴贷款利息等方式,着重对职业教育的重点领域和薄弱环节进行扶持,全面提升职业教育的质量。第三,鼓励金融机构落实职业教育助学贷款等措施,进一步保证职业教育受教育者的受教育权,扩大职业教育的普及范围。

2. 金融机构通过提供金融服务支持发展职业教育。金融机构提供的金融服务主要有储蓄、信贷、融资投资、证券买卖、商业保险等。结合金融机构的性质和地位,以及金融机构在社会发展中的职能,可以从以下几个方面支持发展职业教育:第一,为职业教育的办学环节提供优惠贷款等服务,减轻职业教育机构在办学时可能遇到的资金压力。金融机构可以丰富贷款的方式,在利息、还款期限、贷款条件、贷款数额等多个方面为职业教育机构办学提供优惠。第二,保险机构可以增加保险的种类,为职业教育机构以及受教育者提供升学补助金保险、实习责任保险、教育机构责任险等保险业务。同时,提高保险的覆盖面以及服务质量,充分发挥商业保险的补充作用。第三,加强与当地人民政府的合作,促进金融机构与财政、就业、社保等部门的有效衔接,加强对基础性金融服务的建设,促进职业教育发展。

关联法规

《教育法》第62条;《民办教育促进法》第49条

第六十条 【对职业教育提供资助和捐赠】国家鼓励企业、事业单位、社会组织及公民个人对职业教育捐资助学,鼓励境外的组织和个人对职业教育提供资助和捐赠。提供的资助和捐赠,必须用于职业教育。

条文解读

本条是关于对职业教育提供资助和捐赠的规定。

本条规定包含以下三个方面的含义:

1. 国家鼓励企业、事业单位、社会组织及公民个人对职业教育捐资助学。对职业教育捐资助学也是参与职业教育办学的一种方式,符合本法的立法精神。鼓励企业、事业单位、社会组织及公民个人对职业教育捐资助学有以下几个方面的意义:第一,能够增加职业教育机构的资金来源,减轻职业教育机构的办学压力。通过社会各方力量对职业学校、职业培训机构捐资助学,能够有效集中社会资源,优化职业学校、职业培训机构的办学条件,扩大办学规模。同时,能够使职业学校、职业培训机构有更多资金用于师资建设、改善教学质量,促进职业教育的发展。第二,能够使更多受教育者接受职业教育,保障职业教育受教育权的实现。企业、事业单位、社会组织及公民个人可以通过设立奖学金、助学金等方式,向职业学校、职业培训机构捐资助学。一方面,设立助学金可以使家庭经济困难的学生顺利接受职业教育,为其提供学习和生活的经济来源。另一方面,设立奖学金可以使学习成绩优异的学生受到鼓励,继续努力学习;其他学生也会产生竞争意识,从而提高职业教育受教育者的学习积极性，最终提高职业教育受教育者的整体学习能力与专业技术水平。第三，能够提高社会对职业教育的关注度。对于捐资助学的企业、事业单位、社会组织及公民个人，国家可以公开予以表彰和奖励。同时，国家还可以采取政策，对捐资助学的企业等实施税收优惠等政策。通过这种方式，可以提高社会力量对职业教育的关注度，从而激发其对职业教育捐资助学的热情，更有利于团结社会力量参与职业教育，促进职业教育的发展。

2. 国家鼓励境外的组织和个人对职业教育提供资助和捐赠。本法第 13 条规定："国家鼓励职业教育领域的对外交流与合作，支持引进境外优质资源发展职业教育，鼓励有条件的职业教育机构赴境外办学，支持开展多种形式的职业教育学习成果互认。"由此可见，在新时代背景下，鼓励职业教育开展境外交流与合作是改革职业教育体系的必然趋势。除了鼓励职业教育机构前往境外参与教学交流活动、开展境外职业教育办学以外，我们还要吸收境外职业教育先进成果，采取措施促进境外优质职业教育资源引进。

国家可以通过以下几种方式鼓励境外的组织和个人对职业教育提供资助和捐赠：第一，可以对境外捐赠的、符合我国进口要求的物资等采取减免进口税等措施，鼓励境外的组织和个人向职业学校、职业培训机构进行物质资助。第二，对提供资助和捐赠的境外组织和个人及时进行表彰和奖励。第三，可以建立专门的资金通道，为境外的组织和个人以资金方式向职业教育捐资助学提供便利。

3. 提供的资助和捐赠，必须用于职业教育。企业、事业单位、社会组织、公民个人及境外的组织和个人所捐赠的款项必须专款专用，所捐赠的物资也应当用于职业教育，不得挪作他用。当地政府应当公布捐赠物资的去向，加强对捐赠物资的管理，监督职业学校、职业培训机构对捐赠的物资的使用情况。同时，当地政府也可以对捐赠物资的使用方式以及分配情况适当提出意见与建议。职业学校、职业培训机构在收到捐赠物资后，应当及时对物资进行整理，并将款项明细向社会公布，接受公众以及捐赠人的监督。

适用要点

国家鼓励企业、事业单位、社会组织、公民个人及境外的组织和个人捐资助学，应当严格秉持自愿原则。地方政府或职业教育机构不得采取任何方式强制或变相强制任何组织和个人捐资助学。国家应当完善对捐赠物资的管理体系，对于以捐赠设备、教材等方式助学的，应当加强对该捐赠物品的审核，保证捐赠的物品不违反法律法规的强制性规定，不违背社会主义发展方向，同时符合国家对于职业教育发展的要求。

关联法规

《教育法》第60条；《民办教育促进法》第48条；《就业促进法》第36条；《公益事业捐赠法》

第六十一条　【资源开发与共建共享】国家鼓励和支持开展职业教育的科学技术研究、教材和教学资源开发，推进职业教育资源跨区域、跨行业、跨部门共建共享。

国家逐步建立反映职业教育特点和功能的信息统计和管理体系。

县级以上人民政府及其有关部门应当建立健全职业教育服务和保障体系，组织、引导工会等群团组织、行业组织、企业、学校等开展职业教育研究、宣传推广、人才供需对接等活动。

条文解读

本条是关于职业教育资源开发和共建共享、建立职业教育信息统计和管理体系以及建立健全职业教育服务和保障体系的规定。

本条第1款规定了职业教育的资源开发和共建共享。我国职业教育目前仍然存在各地区之间、各层次之间、各学校之间、各专业之间等教育资源不均衡、教育质量差距明显的情况。为了缓解这一情况，除了要加强对职业教育的各项投入、扶持薄弱环节以外，还需要加强职业教育资源的开发和共建共享。本款规定主要包含以下两个方面的内容：第一，国家鼓励和支持开展职业教育的科学技术研究、教材和教学资源开发。科技化是当前时代发展的大趋势，要发展职业教育，必然要与发展科技相结合。要使职业教育更符合时代潮流，更具有先进性、技术性，就必须推动职业教育向创新性、科技性发展。国家可以采用加大财政投入、提供政策支持等方式，鼓励职业学校、职业培训机构联合企业、事业单位、社会组织等社会力量以及当地政府，开展科学技术研究、教材和教学资源开发。第二，国家鼓励和支持推进职业教育资源跨区域、跨行业、跨部门共建共享。要在根本上推动职业教育发展，必须促进职业教育平衡发展，缩小各维度之间教学质量的差距。本法第14条第1款规定："国家建立健全适应经济社会发展需要，产教深度融合，职业学校教育和职业培训并重，职业教育与普通教育相互融通，不同层次职业教育有效贯通，服务全民终身学习的现代职业教育体系。"推动职业教育资源共建共享，是实现不同层次职业教育有效贯通的途径。国家可以鼓励职业学校、职业培训机构建立网络共享平台，将优质教育资源分享在共享平台上，既能够促进不同职业学校、职业培训机构之间的相互交流，也可以供社会人士浏览与学习，实现职业教育大众化、普及化。

本条第2款是关于建立职业教育信息统计和管理体系的规定。根据《教育法》第66条第1款的规定，国家推进教育信息化，加快教育信息基础设施建设,利用信息技术促进优质教育资源普及共享,提高教育教学水平和教育管理水平。在这个信息化时代,通过信息技术实现职业教育资源共享是最便捷的方式。传统的教学资源共享模式没有很好地利用信息技术,存在教学资源分享不及时、交流不便捷、教学资源易缺失等现象。我国要建立的信息统计和管理体系需要满足以下要求:第一,建立安全稳定的信息共享平台。国家以及政府可以划拨部分经费用于建立和维护信息共享平台,保障其稳定运行。第二,加强对信息共享平台的监督与管理,定期对职业学校、职业培训机构分享的教育资源进行审核,保证其符合我国的法律法规以及职业教育发展要求。第三,加大对信息共享平台的推广力度。建立信息共享平台后,只有其广泛为人所知,才能达到分享教育资源的目的。因此,国家和政府应当充分发挥引导作用,对信息共享平台进行推广,增加使用人数。第四,在建立全国性信息共享平台的同时,根据不同区域统筹建立起区域性的信息共享平台。职业教育往往具有区域性的特征,可以根据不同区域的职业教育发展方向,建立起区域性的信息共享平台,促进同区域职业学校、职业教育机构、企业、各组织等的交流与合作。

本条第3款是关于建立健全职业教育服务和保障体系的规定。建立健全职业教育服务保障体系的主体为县级以上人民政府及其有关部门,其职责主要是组织、引导工会等群团组织、行业组织、企业、学校等开展职业教育研究、宣传推广、人才供需对接等活动。本法修订后,我国的职业教育必将迎来一个快速发展期。建立健全职业教育服务保障体系,能够为职业教育发展提供强有力的支持。建立健全职业教育服务和保障体系可以从以下几个方面出发:第一,为职业教育提供技术上的服务与保障。主要指建立职业教育共享平台,推动职业教育资源共享,促进职业教育平衡发展、共同进步。第二,为职业教育提供教育资源上的服务与保障。一方面,要加强职业教育教师队伍建设,培养一批高水平、高素质的职业教育教师;另一方面,要为开展职业教育提供物质上的保障,加强职业教育的基础设施建设。第三,为职业教育提供制度上的服务与保障。国家要建立健全职业教育体系,促进职业教育体系改革,加强学历建设与学位建设,完善职业教育的学历提升机制。

适用要点

开展和推进职业教育资源开发和共建共享、建立职业教育信息统计和管理体系、建立健全职业教育服务和保障体系是一个相对来说较为漫长的过程,需要各方力量的共同努力。首先,国家和政府需要对职业教育作政策引导,发挥统筹作用,制定相应的法律规定。其次,企业、事业单位、社会团体和行业组织等应对职业教育提供必要的帮助,并参与职业教育的办学、教学等重要环节。最后,职业学校、职业培训机构需建立健全校内的管理体系和信息平台,不断提高职业教育水平和质量,推动教学活动向信息化、技术化发展。

关联法规

《教育法》第66条;《职业院校数字校园建设规范》;《教育部关于进一步推进职业教育信息化发展的指导意见》

第六十二条　【职业教育公益宣传】新闻媒体和职业教育有关方面应当积极开展职业教育公益宣传,弘扬技术技能人才成长成才典型事迹,营造人人努力成才、人人皆可成才、人人尽展其才的良好社会氛围。

条文解读

本条是关于新闻媒体和职业教育有关方面应当积极开展职业教育公益宣传的规定。

发展职业教育,需要广泛开展职业教育公益宣传,动员社会各方面力量积极参与,弘扬技术技能人才成长成才典型事迹,营造人人努力成才、人人皆可成才、人人尽展其才的良好社会氛围。

理解本条规定,应注意以下几个方面的内容:

1. 新闻媒体和职业教育有关方面是职业教育公益宣传的重要主体。新闻媒体包括报刊、广播、电视、互联网四大类新闻宣传媒介。职业教育有关方面包括各地方教育厅(教委)、党委宣传部、网信办、人力资源社会保障厅(局)、总工会、团委、职业教育学校、职业培训机构等单位。利用新闻媒体进行职业教育宣传,具有受众范围广、传播速度快等优点。此外,各单位也可以利用微信、微博、抖音等新媒体进行宣传。值得注意的是,其一,职业教育宣传是公益宣传,是为了促进、维护社会公共利益而制作、发布的公益广告。一般来说,公益宣传是不收取费用的。其二,职业教育有关方面和新闻媒体对职业教育进行公益宣传是一项法定义务,是其必须履行的职责。

2. 职业教育公益宣传的主要内容是技术技能人才成长成才典型事迹。新闻媒体要创新方式方法,向全社会广泛宣传国家重视职业教育的导向,通过专题报道,专家访谈等多种形式开展深度解读,大力宣传技术技能人才成才成长的先进典型事迹,形成“崇尚一技之长、不唯学历凭能力”的社会氛围,逐步摒弃“崇尚学历、轻视技能”的教育观念,引导社会各界关注技能人才,支持技能人才技术创新,营造技能人才发展良好的社会氛围,激发年轻人学习职业技能的积极性。例如,杭州一快递小哥(李庆恒)获评杭州高层次人才,购房将享百万元补贴[1];浙江丽水的泥瓦工陈红伟师傅,2022 年被评定为高层次人才,获得当地 50 万元购房补贴。[2] 这些报道介绍了技术技能人才的成长成才经历,为广大青年树立了榜样,极大地增强了青年学习技术技能、提高自身技术技能水平的动力。

3. 职业教育公益宣传的目的是营造人人努力成才、人人皆可成才、人人尽展其才的良好社会氛围。时代不同,人才观念不同。不同的社会环境,不同的工作需求,对人才的认识也不尽相同。习近平总书记在党的十九大报告中强调,“人才是实现民族振兴、赢得国际竞争主动的战略资源”;“努力形成人人渴望成才、人人努力成才、人人皆可成才、人人尽展其才的良好局面,让各类人才的创造活力竞相迸发、聪明才智充分涌流”。[3] 每个人擅长的领域不同,社会为所有人都提供了成长成才的平台和机遇,个人要利用好这些平台,抓住这些机遇,努力学习技能技术,成长成才。人才的标准不是单一的,社会发展需要的人才是多种多样的,个人通过努力,不断精进自己的专业技能水平,挖掘自身的潜能,终将成长为社会发展所需要的人才,为社会的发展和进步作出贡献。总之,要建设技能中国,就必须尊重、关心和支持各类人才,鼓励各类人才学习技术技能,使他们充分发挥才能,展示技艺,推动形成社会崇尚技能、人人学习技能、人人拥有技能的良好社会氛围。

---

[1] 参见《李庆恒:从快递小哥到“高层次人才”,把平凡工作干出彩》,载搜狐网 2021 年 12 月 12 日,https://www.sohu.com/a/507439109_120099896。

[2] 参见《高层次人才! 泥瓦工陈师傅,获购房补贴 50 万元》,载搜狐网 2022 年 5 月 28 日,https://www.sohu.com/a/552026643_338398。

[3] 《习近平:决胜全面建成小康社会　夺取新时代中国特色社会主义伟大胜利——在中国共产党第十九次全国代表大会上的报告》,载人民政府网,http://www.gov.cn/zhuanti/2017-10/27/content_5234876.htm。

适用要点

一是在职业教育公益宣传主体方面，新闻媒体和职业教育有关方面是进行职业教育公益宣传的重要主体，进行职业教育公益宣传是其法定义务。进行职业教育公益宣传时不仅可以通过传统媒体进行宣传，还可以通过新媒体进行宣传。二是职业教育公益宣传的主要内容为弘扬技术技能人才成长成才典型事迹，让广大青年从中受到鼓舞。三是职业教育公益宣传的目的是营造人人努力成才、人人皆可成才、人人尽展其才的良好社会氛围。人才的评价标准是随着社会的发展和需要不断变化的，拥有一技之长、努力通过劳动为社会发展作出贡献的人，就是社会发展所需要的人才。

关联法规

《民法典》第999条

第七章 法律责任

第六十三条 【处罚依据】在职业教育活动中违反《中华人民共和国教育法》、《中华人民共和国劳动法》等有关法律规定的,依照有关法律的规定给予处罚。

条文解读

本条是关于在职业教育活动中违反法律规定的处罚依据的规定。

在职业教育活动中,如果违反本法的规定,应当按照本法的规定进行处罚。对于本法未作规定,但违反了《教育法》与《劳动法》等法律规定的,应当按照有关法律规定进行处罚。

1.《教育法》的制定目的是发展教育事业,提高全民族的素质,促进社会主义物质文明和精神文明建设。在中国境内的各级各类教育都受到《教育法》的调整。职业教育作为我国教育体系的一部分,同样受到《教育法》的调整。由此可见,《教育法》与本法的关系是一般法与特殊法的关系。《教育法》起到的是统筹性、整体性的作用,针对性较弱,是对整个教育体系进行规范的法律。本法是建立在《教育法》的基础之上,为了推动职业教育高质量发展,提高劳动者素质和技术技能水平,促进就业创业,建设教育强国、人力资源强国和技能型社会,推进社会主义现代化建设所制定的法律。与《教育法》相比,本法更加具体化、有针对性,但同时也存在覆盖面较窄、调整范围有限等局限性。在这种情况下,就需要《教育法》发挥其统领与补充作用。对于在职业教育活动中的违法行为,本法没有具体法律责任规定的,应当按照《教育法》的规定进行处罚。

根据《教育法》中法律责任的具体规定,职业教育活动中的违法行为主要有以下几种:第一,在教育经费方面的违法行为,包括违反国家有关规定不按照预算核拨教育经费以及违反国家财政制度、财务制度挪用、克扣教育经费等。第二,通过结伙斗殴、寻衅滋事等方式扰乱职业学校、职业培训机构的教育教学秩序,侵占、破坏校舍、场地或其他财产。第三,明知校舍或者教育教学设施有危险而不采取措施,造成人员伤亡或者重大财产损失等严重后果的,直接负责的主管人员和其他直接责任人员需要对此承担刑事责任。第四,违反国家和法律的规定,违规收取费用。第五,未按照国家和法律的规定违规举办职业学校、职业培训机构。第六,违反国家有关规定招收学生。第七,在招生工作中徇私舞弊。第八,盗用、冒用他人身份,或者与他人串通允许他人冒用本人身份,顶替入学资格,扰乱职业教育正常教学秩序,妨碍国家对职业教育的管理,损害他人接受职业教育的权利。第九,在国家教育考试中实施作弊行为。第十,教育行政部门、教育考试机构在举办国家教育考试时疏于管理,造成考场秩序混乱、作弊情况严重等后果。第十一,职业学校、职业培训机构违反规定颁发学位证书、学历证书或者其他学业证书。其他组织或个人制造、销售、颁发假冒学位证书、学历证书或者其他学业证书或以作弊、剽窃、抄袭等欺诈行为以及其他不正当手段获得学位证书、学历证书或者其他学业证书,等等。

上述违法行为需要承担的法律责任主要有以下三种:第一种,民事责任。民事责任主要通过诉讼、仲裁等法律救济途径体现,当参与职业教育活动的主体认为其权利受到侵害时,均有权采取法律救济途径维护自己的权利,并要求行为人承担民事责任。第二种,治安管理处罚责任。如果违法行为违反了《治安管理处罚法》的规定，但是没有触犯《刑法》，则应当由行政机关对行为人实施罚款、拘留等治安管理处罚措施。第三种，刑事责任。当违法行为构成犯罪时，行为人应当承担刑事责任，即根据《刑法》的规定承担责任。责任主体是职业学校、职业教育机构的，除了要对其进行罚款外，还应当由主管人员以及直接责任人员承担相应的刑事责任。

2.《劳动法》的制定目的是保护劳动者的合法权益，调整劳动关系，建立和维护适应社会主义市场经济的劳动制度，促进经济发展和社会进步。由此可见，《劳动法》与本法的共通之处主要体现在职业培训以及职业教育受教育者在参加实习实训期间的权利保障。首先，国家和社会应当保障劳动者接受职业培训的权利，完善职业培训机构的建设，为劳动者接受职业培训提供条件。用人单位应当履行为员工提供职业培训的义务，积极组织员工参加职业培训，对未经培训不得上岗的岗位必须开展职业培训。其次，要保障职业学校的学生在参加实习实训期间的基本权利，完善实习实训基地建设。参加实习实训时，职业学校的学生同样享有休息休假、获得劳动安全卫生保护、参加相关保险、接受职业技能指导等权利。接受实习实训的用人单位必须保障参加实习实训人员的上述权利。

根据《劳动法》关于法律责任的具体规定，职业教育活动中的违法行为主要有以下几种：第一，用人单位违反规定延长工作时间，侵犯参加实习实训人员的休息休假权。第二，用人单位未与参加实习实训的人员签订实习协议，不支付或者拖欠支付劳动报酬。第三，用人单位的劳动安全设施和劳动卫生条件不符合国家规定，或者未向参加实习实训的人员提供必要的劳动防护用品和劳动保护设施。第四，违反法律规定，不为参加实习实训的人员缴纳应当缴纳的保险，等等。

适用要点

本条规定为概括性规定，在实际适用中主要起到弥补漏洞、补充不足的作用。本法修订时对本条规定也进行了相应的修改，增加了《劳动法》的相关内容。这一改动顺应了当前时代背景下对职业教育发展的新要求，体现出职业学校教育与职业培训并重以及深度实现产教融合、促进校企合作的决心。除了《教育法》与《劳动法》外，职业教育活动中还可能涉及《劳动合同法》《就业促进法》《治安管理处罚法》《刑法》等内容。在对违法行为进行处罚时，要多方考虑有关法律法规，做到"罚当其责"，并实现促进职业教育健康发展的最终目标。

关联法规

《教育法》第 71 ~ 83 条；《劳动法》第 89 ~ 105 条；《就业促进法》第 68 条

第六十四条　【企业未实施职业教育、提取和使用职工教育经费的法律责任】企业未依照本法规定对本单位的职工和准备招用的人员实施职业教育、提取和使用职工教育经费的，由有关部门责令改正；拒不改正的，由县级以上人民政府收取其应当承担的职工教育经费，用于职业教育。

条文解读

本条是关于企业未依照本法规定对本单位的职工和准备招用的人员实施职业教育、提取和使用职工教育经费的法律责任的规定。

根据本法第 24 条的规定，企业应当根据本单位实际，有计划地对本单位的职工和准备招用的人员实施职业教育,并可以设置专职或者兼职实施职业教育的岗位。企业应当按照国家有关规定实行培训上岗制度。企业招用的从事技术工种的劳动者,上岗前必须进行安全生产教育和技术培训;招用的从事涉及公共安全、人身健康、生命财产安全等特定职业(工种)的劳动者,必须经过培训并依法取得职业资格或者特种作业资格。企业开展职业教育的情况应当纳入企业社会责任报告。由此可见,企业在对本单位职工和准备招用的人员实施职业教育时,可以有选择性地、有侧重地开展职业教育,无须无差别地对所有员工开展相同内容的职业教育。对于那些工作内容较为简单且上手较快的岗位,企业可以选择不开展职业教育。但是,对于法律规定必须经过培训才能上岗的岗位,即使职工或者准备招用的人员已经具备了相关技术技能证书,企业也必须对其开展职业教育后,再安排其从事岗位工作。

根据本法第 58 条第 1 款的规定,企业应当根据国务院规定的标准,按照职工工资总额一定比例提取和使用职工教育经费。职工教育经费可以用于举办职业教育机构、对本单位的职工和准备招用人员进行职业教育等合理用途,其中用于企业一线职工职业教育的经费应当达到国家规定的比例。用人单位安排职工到职业学校或者职业培训机构接受职业教育的,应当在其接受职业教育期间依法支付工资,保障相关待遇。国家对职工教育经费的提取比例作出了明确的规定,企业必须严格按照规定的比例提取经费,不得擅自更改提取比例。与此同时,法律也规定了职工教育经费的用途,企业应当在法律限制的用途内对职工教育经费进行使用,并合理分配。企业还应当将职工教育经费的使用情况进行总结和归纳,定期向社会公布,接受国家和社会的监督。

对于未按照法律规定履行上述两项义务的企业,需要承担相应的法律责任,该法律责任主要为由有关部门责令其改正。需要注意的是,责令企业改正是必须实施的程序,只有企业在合理期限内仍然拒不改正的，才能继续由县级以上人民政府向不履行义务的企业收取其应当承担的职工教育经费。县级以上人民政府所收取的职工教育经费，必须用于职业教育，不得挪作他用。

适用要点

县级以上人民政府应当加强对企业职工教育经费提取和使用的管理和监督，健全管理和监督机制。同时，县级以上人民政府也可以根据本地实际情况，通过颁布地方规范性文件等方式，对企业违规提取、使用职工教育经费的行为采取适当的处罚措施。在确定处罚措施时，县级以上人民政府要注意处罚措施不得与法律的规定相抵触。

关联法规

《就业促进法》第 67 条

第六十五条　【职业学校、职业培训机构违反本法规定的责任】职业学校、职业培训机构在职业教育活动中违反本法规定的，由教育行政部门或者其他有关部门责令改正；教育教学质量低下或者管理混乱，造成严重后果的，责令暂停招生、限期整顿；逾期不整顿或者经整顿仍达不到要求的，吊销办学许可证或者责令停止办学。

条文解读

本条是关于职业学校、职业培训机构在职业教育活动中违反本法规定的法律责任的规定。

本条规定包含以下三个方面的内容：

1. 当职业学校、职业培训机构违反本法规定时，对其进行处罚和警告的主体为教育行政部门或其他有关部门。在职业教育活动中，不同的政府部门担负着不同的职责。本法第 8 条第 1 款、第 2 款规定：“国务院建立职业教育工作协调机制，统筹协调全国职业教育工作。国务院教育行政部门负责职业教育工作的统筹规划、综合协调、宏观管理。国务院教育行政部门、人力资源社会保障行政部门和其他有关部门在国务院规定的职责范围内，分别负责有关的职业教育工作。”由此可见，国务院在全国范围内，对职业教育进行统筹协调，各级地方政府应当在国务院的领导下，规划地方政府各部门在职业教育活动中应当承担的职责范围。在职业教育活动中担负主要职责的，主要是各级政府的教育行政部门。教育行政部门关于职业教育的职责主要有以下几个方面：第一，统筹规划其他学校、教育机构或者符合条件的企业、行业组织实施相应层次的职业学校教育或者提供纳入人才培养方案的学分课程。第二，鼓励和支持普通中小学、普通高等学校，根据实际需要增加职业教育相关教学内容，进行职业启蒙、职业认知、职业体验，开展职业规划指导、劳动教育，并组织、引导职业学校、职业培训机构、企业和行业组织等提供条件和支持。第三，委托职业教育中心学校承担教育教学指导、教育质量评价、教师培训等职业教育公共管理和服务工作。第四，会同同级人民政府有关部门建立职业教育统一招生平台，汇总发布实施职业教育的学校及其专业设置、招生情况等信息，提供查询、报考等服务。第五，会同有关部门、行业组织建立符合职业教育特点的质量评价体系，组织或者委托行业组织、企业和第三方专业机构，对职业学校的办学质量进行评估，并将评估结果及时向社会公开。

2. 职业学校、职业培训机构教育教学质量低下或者管理混乱，造成严重后果的，责令暂停招生、限期整顿。职业学校、职业培训机构在职业教育活动中，应当贯彻国家的教育方针，执行国家教育教学标准，保证教育教学质量。这是职业学校、职业培训机构作为教学场所必须履行的法定义务。如果职业学校、职业培训机构不履行上述义务，并导致了严重后果，就应当由教育行政部门对其进行处罚。

教育行政部门的处罚方式主要是责令暂停招生和限期整顿。在对职业学校、职业培训机构进行行政处罚时，应当遵循以下几项原则：第一，处罚事项必须有法律依据，法律未规定处罚的行为，不得作出行政处罚。第二，对职业学校、职业培训机构的处罚必须公正公开，遵循法定的行政处罚程序，行政处罚作出后应当及时公开。第三，教育行政部门作出的行政处罚必须与职业学校、职业培训机构的违法行为相适应，即应综合考虑其违法行为的性质、情节以及对社会的危害程度后作出行政处罚。第四，教育行政部门应当在职权范围内作出行政处罚。第五，要将行政处罚与教育相结合，通过行政处罚的手段达到对职业学校、职业培训机构警示、教育的目的。第六，职业学校、职业培训机构对行政处罚决定不服的，有权通过行政复议或行政诉讼等方式维护其权利。

3. 职业学校、职业培训机构逾期不整顿或者经整顿仍达不到要求的，吊销办学许可证或者责令停止办学。职业学校、职业培训机构因教育教学质量低下或者管理混乱，造成严重后果受到责令暂停招生、限期整顿的行政处罚决定后，应当及时对教学质量进行整改，争取在合理期限内将教学质量提高到合格水平。对于逾期不整顿或者经整顿仍达不到要求的职业学校、职业培训机构，教育行政部门需要对其作进一步的行政处罚，吊销办学许可证或者责令停止办学。需要注意的是，在作出此行政处罚前，必须为职业学校、职业培训机构留有合理的整改时间。

适用要点

本条规定主要明确了有关部门可对违法的职业学校、职业培训机构作出的行政处罚。这一规定有利于明确职业学校、职业培训机构在教学活动中应当履行的义务，保障职业教育的教学质量和水平不降低。根据违法行为的性质依法、合理地对职业学校、职业培训机构进行处罚，不仅可以促进其改正违法行为，纠正不良风气，还可以警示其他职业学校、职业培训机构及时自检，“有则改之，无则加勉”。

关联法规

《教育法》第30条；《民办教育促进法》第62条；《民办教育促进法实施条例》第63条；《中外合作办学条例》第56条；《中外合作职业技能培训办学管理办法》第51条；《教育行政处罚暂行实施办法》第16条

第六十六条 【违规实习实训的法律责任】接纳职业学校和职业培训机构学生实习的单位违反本法规定，侵害学生休息休假、获得劳动安全卫生保护、参加相关保险、接受职业技能指导等权利的，依法承担相应的法律责任。

职业学校、职业培训机构违反本法规定，通过人力资源服务机构、劳务派遣单位或者非法从事人力资源服务、劳务派遣业务的单位或个人组织、安排、管理学生实习实训的，由教育行政部门、人力资源社会保障行政部门或者其他有关部门责令改正，没收违法所得，并处违法所得一倍以上五倍以下的罚款；违法所得不足一万元的，按一万元计算。

对前款规定的人力资源服务机构、劳务派遣单位或者非法从事人力资源服务、劳务派遣业务的单位或个人，由人力资源社会

保障行政部门或者其他有关部门责令改正，没收违法所得，并处违法所得一倍以上五倍以下的罚款；违法所得不足一万元的，按一万元计算。

条文解读

本条是关于各主体违反法律规定组织、安排、管理学生实习实训的法律责任的规定。

本条第1款规定了接纳职业学校、职业培训机构学生实习的单位侵犯实习学生相关权利的法律责任。根据本法第50条第1款的规定，国家鼓励企业、事业单位安排实习岗位，接纳职业学校和职业培训机构的学生实习。接纳实习的单位应当保障学生在实习期间按照规定享受休息休假、获得劳动安全卫生保护、参加相关保险、接受职业技能指导等权利；对上岗实习的，应当签订实习协议，给予适当的劳动报酬。由此可见，对于企业、事业单位接纳职业学校、职业培训机构学生实习这一事项，国家的态度是引导和鼓励，并不强制规定。企业、事业单位可以依据本单位的实际情况，自行决定是否设立实习岗位以接收职业学校、职业培训机构的学生到岗实习。

当企业、事业单位接收实习学生后，应当担负起相应的责任，保障实习期间实习学生的相关权利。如果职业学校、职业培训机构的学生在实习期间的休息休假、获得劳动安全卫生保护、参加相关保险、接受职业技能指导等权利受到侵害，有权要求企业、事业单位承担相应的法律责任。

本条第2款规定了职业学校、职业培训机构违规组织、安排、管理学生实习实训的法律责任。根据本法第50条第2款的规定，职业学校和职业培训机构应当加强对实习实训学生的指导，加强安全生产教育，协商实习单位安排与学生所学专业相匹配的岗位，明确实习实训内容和标准，不得安排学生从事与所学专业无关的实习实训，不得违反相关规定通过人力资源服务机构、劳务派遣单位，或者通过非法从事人力资源服务、劳务派遣业务的单位或个人组织、安排、管理学生实习实训。职业学校、职业培训机构在组织、安排、管理学生参加实习实训时，应当根据法律规定制订详细计划妥善安排各个环节，并随时与学生保持沟通，充分掌握学生在实习实训中的具体情况，帮助学生解决实习实训中的问题。

职业学校、职业培训机构违反相关规定通过人力资源服务机构、劳务派遣单位，或者通过非法从事人力资源服务、劳务派遣业务的单位或个人组织、安排、管理学生实习实训主要具有以下两点弊端：第一，无法及时与实习学生保持沟通，无法及时掌握学生在实习实训中是否遭遇侵权的情况，导致学生的合法权利无法得到充分的保障。第二，很可能会导致学生进入不正规的企业实习，不仅会侵害学生权利，而且不利于学生提升技能水平。因此，对于职业学校、职业培训机构通过人力资源服务机构、劳务派遣单位，或者通过非法从事人力资源服务、劳务派遣业务的单位或个人组织、安排、管理学生实习实训的行为，必须予以禁止。如有违反，应依法予以处罚，有违法所得的，应当没收其违法所得，并处违法所得 1 ~ 5 倍的罚款，违法所得不足 1 万元的，按 1 万元计算。

本条第 3 款规定了前款提到的人力资源服务机构、劳务派遣单位或者非法从事人力资源服务、劳务派遣业务的单位或个人的法律责任。职业学校、职业培训机构违反相关规定通过人力资源服务机构、劳务派遣单位，或者通过非法从事人力资源服务、劳务派遣业务的单位或个人组织、安排、管理学生实习实训的，除了职业学校、职业培训机构应当受到处罚以外，受委托的人力资源服务机构、劳务派遣单位或者非法从事人力资源服务、劳务派遣业务的单位或个人也应受到责令改正，没收违法所得，并处违法所得 1 ~ 5 倍罚款的行政处罚。另外，违法所得不足1万元的，按1万元计算。职业学校、职业培训机构与人力资源服务机构、劳务派遣单位或者非法从事人力资源服务、劳务派遣业务的单位或个人所实施的行为是共同违法行为，相关部门应当根据其行为性质、严重程度等具体情况，按照法律规定分别处罚。

关联法规

《劳动法》第12章

案例指引

王俊诉江苏强维公司、徐州工业职业技术学院实习作业中人身损害赔偿纠纷案

案例要旨：学生基于学校的安排到校外企业实习是学校教学内容的延伸和扩展，学校和企业都负有一定的安全教育和管理义务。学生进行与其所学知识内容相关的实际操作，不应认定学生与企业之间存在劳动关系，应按一般民事侵权纠纷处理。学生在实习过程中受到的伤害，应由学生、学校、企业按过错程度分担责任。

第六十七条　【教育行政部门、人力资源社会保障行政部门或者其他有关部门的工作人员的法律责任】教育行政部门、人力资源社会保障行政部门或者其他有关部门的工作人员违反本法规定，滥用职权、玩忽职守、徇私舞弊的，依法给予处分；构成犯罪的，依法追究刑事责任。

条文解读

本条是关于教育行政部门、人力资源社会保障行政部门或者其他有关部门的工作人员违反本法规定的法律责任的规定。

教育行政部门、人力资源社会保障行政部门或者其他有关部门的工作人员一般属于国家工作人员，应当依法履行职责。国家工作人员的法定义务主要有以下几个方面：第一，忠于宪法，模范遵守、自觉维护宪法和法律，自觉接受中国共产党领导；第二，忠于国家，维护国家的安全、荣誉和利益；第三，忠于人民，全心全意为人民服务，接受人民监督；第四，忠于职守，勤勉尽责，服从和执行上级依法作出的决定和命令，按照规定的权限和程序履行职责，努力提高工作质量和效率；第五，保守国家秘密和工作秘密；第六，带头践行社会主义核心价值观，坚守法治，遵守纪律，恪守职业道德，模范遵守社会公德、家庭美德；第七，清正廉洁，公道正派。

教育行政部门、人力资源社会保障行政部门或者其他有关部门应当对本部门工作人员的思想政治、履行职责、作风表现、遵纪守法等情况进行监督，开展勤政廉政教育，建立日常管理监督制度。其工作人员不履行职责，滥用职权、玩忽职守、徇私舞弊的，应当依法移送监察机关处理。监察机关应当依法查清该工作人员的违法事实，并依法对其给予处分。构成犯罪的，依法追究刑事责任。根据《刑法》的规定，教育行政部门、人力资源社会保障行政部门或者其他有关部门的工作人员因违反本法规定可能涉及的罪名主要包括两种，即滥用职权罪和玩忽职守罪。滥用职权罪，是指国家机关工作人员超越其职权范围，违法决定、处理其无权决定、处理的事项，导致公共财产、国家和人民利益遭受重大损失的行为。玩忽职守罪，是指国家机关工作人员对工作严重不负责任，导致公共财产、国家和人民利益遭受重大损失的行为。

《刑法》第 397 条规定："国家机关工作人员滥用职权或者玩忽职

守，致使公共财产、国家和人民利益遭受重大损失的，处三年以下有期徒刑或者拘役；情节特别严重的，处三年以上七年以下有期徒刑。本法另有规定的，依照规定。国家机关工作人员徇私舞弊，犯前款罪的，处五年以下有期徒刑或者拘役；情节特别严重的，处五年以上十年以下有期徒刑。本法另有规定的，依照规定。”根据《最高人民法院、最高人民检察院关于办理渎职刑事案件适用法律若干问题的解释（一）》（以下简称《解释》）第1条的规定，具有下列情形之一，应当认定为《刑法》第397条规定的“致使公共财产、国家和人民利益遭受重大损失”：第一，造成死亡1人以上，或者重伤3人以上，或者轻伤9人以上，或者重伤2人、轻伤3人以上，或者重伤1人、轻伤6人以上的；第二，造成经济损失30万元以上的；第三，造成恶劣社会影响的；第四，其他致使公共财产、国家和人民利益遭受重大损失的情形。以下几种情形，属于滥用职权、玩忽职守情节特别严重：第一，造成伤亡达到《解释》第1条第1款第1项规定人数3倍以上的；第二，造成经济损失150万元以上的；第三，造成《解释》第1条第1款规定的损失后果，不报、迟报、谎报或者授意、指使、强令他人不报、迟报、谎报事故情况，致使损失后果持续、扩大或者抢救工作延误的；第四，造成特别恶劣社会影响的，等等。

如果教育行政部门、人力资源社会保障行政部门或者其他有关部门的工作人员滥用职权、玩忽职守、徇私舞弊的行为已经构成犯罪，必须将其移送检察机关，依法追究其刑事责任。

适用要点

本条规定从职业教育的角度明确了教育行政部门、人力资源社会保障行政部门或者其他有关部门的工作人员滥用职权、玩忽职守、徇私舞弊的行为应当受到处分或处罚，具体规则可以参考《公务员法》《监察法》《公职人员政务处分法》《刑法》等法律的规定。判断教育行政部门、人力资源社会保障行政部门或者其他有关部门的工作人员是否存在渎职行为时，应当依法向有关单位和个人了解情况，多方面收集、调取证据，依照法定程序严格履行审查程序，避免发生冤假错案。教育行政部门、人力资源社会保障行政部门或者其他有关部门应当加强对本单位工作人员的管理和培训。职业学校、职业培训机构等组织和个人也可以对这些部门及其工作人员进行监督，对失职渎职行为进行举报。

关联法规

《刑法》第397条、第418条；《公务员法》；《监察法》；《公职人员政务处分法》；《教育督导条例》；《教育督导问责办法》

第八章　附　　则

第六十八条　【境外的组织和个人举办职业学校、职业培训机构的适用】境外的组织和个人在境内举办职业学校、职业培训机构，适用本法；法律、行政法规另有规定的，从其规定。

条文解读

本条是关于境外的组织和个人在境内举办职业学校、职业培训机构的法律适用的规定。

国家鼓励社会组织和个人参与职业教育的办学，既包括境内的组织和个人，也包括境外的组织和个人。根据本法的规定，国家鼓励职业教育领域的对外交流与合作，支持引进境外优质资源发展职业教育，鼓励有条件的职业教育机构赴境外办学，支持开展多种形式的职业教育学习成果互认。要引进境外优质职业教育资源，不仅要鼓励境内的职业学校、职业培训机构"走出去"，还要引导境外的组织、个人"走进来"，将优质资源引入我国的职业教育体系。一般情况下，境外的组织和个人在境内举办职业学校、职业培训机构，应当适用本法的规定。如果其他法律、行政法规对境外组织和个人办学有其他特殊规定，从其规定。

为了规范境外组织和个人在境内的合作办学行为，国务院制定了

《中外合作办学条例》。中外合作办学属于公益性事业,是中国教育事业的组成部分。国家对中外合作办学实行扩大开放、规范办学、依法管理、促进发展的方针。国家鼓励引进优质教育资源的中外合作办学,鼓励在高等教育、职业教育领域开展中外合作办学,鼓励中国高等教育机构与境外知名的高等教育机构合作办学。

中外合作办学应当重点注意以下几个方面的事项:

1. 必须遵守中国法律,贯彻中国的教育方针,符合中国的公共道德,不得损害中国的国家主权、安全和社会公共利益。中外合作办学应当符合中国教育事业发展的需要,保证教育教学质量,致力于培养中国社会主义建设事业的各类人才。这属于我国法律的属地效力在本法中的体现。

2. 外国宗教组织、宗教机构、宗教院校和宗教教职人员不得在中国境内从事合作办学活动。中外合作办学机构不得进行宗教教育和开展宗教活动。虽然我国公民享有宗教信仰自由的权利,但是根据《教育法》第 8 条第 2 款的规定,国家实行教育与宗教相分离,任何组织和个人不得利用宗教进行妨碍国家教育制度的活动。即使办学主体为境外的组织和个人,也必须在职业教育中坚持中国共产党的领导,坚持社会主义办学方向,贯彻国家的教育方针,坚持立德树人、德技并修,弘扬社会主义核心价值观,对受教育者进行思想政治教育和职业道德教育。

3. 中外合作办学者可以合作举办各级各类教育机构,但是,不得举办实施义务教育和实施军事、警察、政治等特殊性质教育的机构。

适用要点

无论是鼓励境外组织和个人参与职业教育办学,还是鼓励境外的组织和个人对职业教育提供资助和捐赠,都是我国促进职业教育向多元化、先进化发展的有效手段。本条规定的适用意义主要体现在明确了境外的组织和个人在境内举办职业教育机构时的法律适用，并且对境外组织和个人在境内举办职业教育机构提供了方向。除了本法的规定以外，还应根据境外组织和个人举办的职业教育机构的性质、教学内容等，确定具体的法律适用范围。

关联法规

《教育法》第8条、第85条；《民办教育促进法》第66条；《中外合作办学条例》；《中外合作办学条例实施办法》；《中外合作职业技能培训办学管理办法》

第六十九条　【施行日期】本法自2022年5月1日起施行。

条文解读

本条是关于本法的施行日期的规定。

根据我国《立法法》第57条的规定，法律应当明确规定施行日期。在法律中明确规定法律的施行时间，有利于明确法律的时间效力。法律的时间效力，包括法律何时生效、何时失效以及对既往法律是否具有溯及力。

关联法规

《立法法》第57条、第92条、第93条

附录一　法律法规

中华人民共和国宪法(节录)

(1982 年 12 月 4 日第五届全国人民代表大会第五次会议通过　根据 1988 年 4 月 12 日第七届全国人民代表大会第一次会议通过的《中华人民共和国宪法修正案》、1993 年 3 月 29 日第八届全国人民代表大会第一次会议通过的《中华人民共和国宪法修正案》、1999 年 3 月 15 日第九届全国人民代表大会第二次会议通过的《中华人民共和国宪法修正案》、2004 年 3 月 14 日第十届全国人民代表大会第二次会议通过的《中华人民共和国宪法修正案》和 2018 年 3 月 11 日第十三届全国人民代表大会第一次会议通过的《中华人民共和国宪法修正案》修正)

第十九条　国家发展社会主义的教育事业,提高全国人民的科学文化水平。

国家举办各种学校,普及初等义务教育,发展中等教育、职业教育和高等教育,并且发展学前教育。

国家发展各种教育设施,扫除文盲,对工人、农民、国家工作人员和其他劳动者进行政治、文化、科学、技术、业务的教育,鼓励自学成才。

国家鼓励集体经济组织、国家企业事业组织和其他社会力量依照法律规定举办各种教育事业。

国家推广全国通用的普通话。

第二十三条　国家培养为社会主义服务的各种专业人才,扩大知识分子的队伍，创造条件，充分发挥他们在社会主义现代化建设中的作用。

第二十四条 国家通过普及理想教育、道德教育、文化教育、纪律和法制教育，通过在城乡不同范围的群众中制定和执行各种守则、公约，加强社会主义精神文明的建设。

国家倡导社会主义核心价值观，提倡爱祖国、爱人民、爱劳动、爱科学、爱社会主义的公德，在人民中进行爱国主义、集体主义和国际主义、共产主义的教育，进行辩证唯物主义和历史唯物主义的教育，反对资本主义的、封建主义的和其他的腐朽思想。

第三十六条 中华人民共和国公民有宗教信仰自由。

任何国家机关、社会团体和个人不得强制公民信仰宗教或者不信仰宗教，不得歧视信仰宗教的公民和不信仰宗教的公民。

国家保护正常的宗教活动。任何人不得利用宗教进行破坏社会秩序、损害公民身体健康、妨碍国家教育制度的活动。

宗教团体和宗教事务不受外国势力的支配。

第四十五条 中华人民共和国公民在年老、疾病或者丧失劳动能力的情况下，有从国家和社会获得物质帮助的权利。国家发展为公民享受这些权利所需要的社会保险、社会救济和医疗卫生事业。

国家和社会保障残废军人的生活，抚恤烈士家属，优待军人家属。

国家和社会帮助安排盲、聋、哑和其他有残疾的公民的劳动、生活和教育。

第四十六条 中华人民共和国公民有受教育的权利和义务。

国家培养青年、少年、儿童在品德、智力、体质等方面全面发展。

第四十七条 中华人民共和国公民有进行科学研究、文学艺术创作和其他文化活动的自由。国家对于从事教育、科学、技术、文学、艺术和其他文化事业的公民的有益于人民的创造性工作，给以鼓励和帮助。

中华人民共和国教育法

（1995年3月18日第八届全国人民代表大会第三次会议通过　根据2009年8月27日第十一届全国人民代表大会常务委员会第十次会议《关于修改部分法律的决定》第一次修正　根据2015年12月27日第十二届全国人民代表大会常务委员会第十八次会议《关于修改〈中华人民共和国教育法〉的决定》第二次修正　根据2021年4月29日第十三届全国人民代表大会常务委员会第二十八次会议《关于修改〈中华人民共和国教育法〉的决定》第三次修正）

目　　录

第一章　总　　则

第一条　为了发展教育事业，提高全民族的素质，促进社会主义物质文明和精神文明建设，根据宪法，制定本法。

第二条 在中华人民共和国境内的各级各类教育，适用本法。

第三条 国家坚持中国共产党的领导，坚持以马克思列宁主义、毛泽东思想、邓小平理论、“三个代表”重要思想、科学发展观、习近平新时代中国特色社会主义思想为指导，遵循宪法确定的基本原则，发展社会主义的教育事业。

第四条 教育是社会主义现代化建设的基础，对提高人民综合素质、促进人的全面发展、增强中华民族创新创造活力、实现中华民族伟大复兴具有决定性意义，国家保障教育事业优先发展。

全社会应当关心和支持教育事业的发展。

全社会应当尊重教师。

第五条 教育必须为社会主义现代化建设服务、为人民服务，必须与生产劳动和社会实践相结合，培养德智体美劳全面发展的社会主义建设者和接班人。

第六条 教育应当坚持立德树人，对受教育者加强社会主义核心价值观教育，增强受教育者的社会责任感、创新精神和实践能力。

国家在受教育者中进行爱国主义、集体主义、中国特色社会主义的教育，进行理想、道德、纪律、法治、国防和民族团结的教育。

第七条 教育应当继承和弘扬中华优秀传统文化、革命文化、社会主义先进文化，吸收人类文明发展的一切优秀成果。

第八条 教育活动必须符合国家和社会公共利益。

国家实行教育与宗教相分离。任何组织和个人不得利用宗教进行妨碍国家教育制度的活动。

第九条 中华人民共和国公民有受教育的权利和义务。

公民不分民族、种族、性别、职业、财产状况、宗教信仰等，依法享有平等的受教育机会。

第十条 国家根据各少数民族的特点和需要，帮助各少数民族地区发展教育事业。

国家扶持边远贫困地区发展教育事业。

国家扶持和发展残疾人教育事业。

第十一条　国家适应社会主义市场经济发展和社会进步的需要，推进教育改革，推动各级各类教育协调发展、衔接融通，完善现代国民教育体系，健全终身教育体系，提高教育现代化水平。

国家采取措施促进教育公平，推动教育均衡发展。

国家支持、鼓励和组织教育科学研究，推广教育科学研究成果，促进教育质量提高。

第十二条　国家通用语言文字为学校及其他教育机构的基本教育教学语言文字，学校及其他教育机构应当使用国家通用语言文字进行教育教学。

民族自治地方以少数民族学生为主的学校及其他教育机构，从实际出发，使用国家通用语言文字和本民族或者当地民族通用的语言文字实施双语教育。

国家采取措施，为少数民族学生为主的学校及其他教育机构实施双语教育提供条件和支持。

第十三条　国家对发展教育事业做出突出贡献的组织和个人，给予奖励。

第十四条　国务院和地方各级人民政府根据分级管理、分工负责的原则，领导和管理教育工作。

中等及中等以下教育在国务院领导下，由地方人民政府管理。

高等教育由国务院和省、自治区、直辖市人民政府管理。

第十五条　国务院教育行政部门主管全国教育工作，统筹规划、协调管理全国的教育事业。

县级以上地方各级人民政府教育行政部门主管本行政区域内的教育工作。

县级以上各级人民政府其他有关部门在各自的职责范围内，负责有关的教育工作。

第十六条 国务院和县级以上地方各级人民政府应当向本级人民代表大会或者其常务委员会报告教育工作和教育经费预算、决算情况，接受监督。

第二章 教育基本制度

第十七条 国家实行学前教育、初等教育、中等教育、高等教育的学校教育制度。

国家建立科学的学制系统。学制系统内的学校和其他教育机构的设置、教育形式、修业年限、招生对象、培养目标等，由国务院或者由国务院授权教育行政部门规定。

第十八条 国家制定学前教育标准，加快普及学前教育，构建覆盖城乡，特别是农村的学前教育公共服务体系。

各级人民政府应当采取措施，为适龄儿童接受学前教育提供条件和支持。

第十九条 国家实行九年制义务教育制度。

各级人民政府采取各种措施保障适龄儿童、少年就学。

适龄儿童、少年的父母或者其他监护人以及有关社会组织和个人有义务使适龄儿童、少年接受并完成规定年限的义务教育。

第二十条 国家实行职业教育制度和继续教育制度。

各级人民政府、有关行政部门和行业组织以及企业事业组织应当采取措施，发展并保障公民接受职业学校教育或者各种形式的职业培训。

国家鼓励发展多种形式的继续教育，使公民接受适当形式的政治、经济、文化、科学、技术、业务等方面的教育，促进不同类型学习成果的互认和衔接，推动全民终身学习。

第二十一条　国家实行国家教育考试制度。

国家教育考试由国务院教育行政部门确定种类，并由国家批准的实施教育考试的机构承办。

第二十二条　国家实行学业证书制度。

经国家批准设立或者认可的学校及其他教育机构按照国家有关规定，颁发学历证书或者其他学业证书。

第二十三条　国家实行学位制度。

学位授予单位依法对达到一定学术水平或者专业技术水平的人员授予相应的学位，颁发学位证书。

第二十四条　各级人民政府、基层群众性自治组织和企业事业组织应当采取各种措施，开展扫除文盲的教育工作。

按照国家规定具有接受扫除文盲教育能力的公民，应当接受扫除文盲的教育。

第二十五条　国家实行教育督导制度和学校及其他教育机构教育评估制度。

第三章　学校及其他教育机构

第二十六条　国家制定教育发展规划，并举办学校及其他教育机构。

国家鼓励企业事业组织、社会团体、其他社会组织及公民个人依法举办学校及其他教育机构。

国家举办学校及其他教育机构，应当坚持勤俭节约的原则。

以财政性经费、捐赠资产举办或者参与举办的学校及其他教育机构不得设立为营利性组织。

第二十七条　设立学校及其他教育机构，必须具备下列基本条件：

（一）有组织机构和章程；

（二）有合格的教师；

（三）有符合规定标准的教学场所及设施、设备等；

（四）有必备的办学资金和稳定的经费来源。

第二十八条 学校及其他教育机构的设立、变更和终止，应当按照国家有关规定办理审核、批准、注册或者备案手续。

第二十九条 学校及其他教育机构行使下列权利：

（一）按照章程自主管理；

（二）组织实施教育教学活动；

（三）招收学生或者其他受教育者；

（四）对受教育者进行学籍管理，实施奖励或者处分；

（五）对受教育者颁发相应的学业证书；

（六）聘任教师及其他职工，实施奖励或者处分；

（七）管理、使用本单位的设施和经费；

（八）拒绝任何组织和个人对教育教学活动的非法干涉；

（九）法律、法规规定的其他权利。

国家保护学校及其他教育机构的合法权益不受侵犯。

第三十条 学校及其他教育机构应当履行下列义务：

（一）遵守法律、法规；

（二）贯彻国家的教育方针，执行国家教育教学标准，保证教育教学质量；

（三）维护受教育者、教师及其他职工的合法权益；

（四）以适当方式为受教育者及其监护人了解受教育者的学业成绩及其他有关情况提供便利；

（五）遵照国家有关规定收取费用并公开收费项目；

（六）依法接受监督。

第三十一条 学校及其他教育机构的举办者按照国家有关规定，确定其所举办的学校或者其他教育机构的管理体制。

学校及其他教育机构的校长或者主要行政负责人必须由具有中华人民共和国国籍、在中国境内定居、并具备国家规定任职条件的公民担任，其任免按照国家有关规定办理。学校的教学及其他行政管理，由校长负责。

学校及其他教育机构应当按照国家有关规定，通过以教师为主体的教职工代表大会等组织形式，保障教职工参与民主管理和监督。

第三十二条 学校及其他教育机构具备法人条件的，自批准设立或者登记注册之日起取得法人资格。

学校及其他教育机构在民事活动中依法享有民事权利，承担民事责任。

学校及其他教育机构中的国有资产属于国家所有。

学校及其他教育机构兴办的校办产业独立承担民事责任。

第四章 教师和其他教育工作者

第三十三条 教师享有法律规定的权利，履行法律规定的义务，忠诚于人民的教育事业。

第三十四条 国家保护教师的合法权益，改善教师的工作条件和生活条件，提高教师的社会地位。

教师的工资报酬、福利待遇，依照法律、法规的规定办理。

第三十五条 国家实行教师资格、职务、聘任制度，通过考核、奖励、培养和培训，提高教师素质，加强教师队伍建设。

第三十六条 学校及其他教育机构中的管理人员，实行教育职员制度。

学校及其他教育机构中的教学辅助人员和其他专业技术人员，实行专业技术职务聘任制度。

第五章 受教育者

第三十七条 受教育者在入学、升学、就业等方面依法享有平等权利。

学校和有关行政部门应当按照国家有关规定,保障女子在入学、升学、就业、授予学位、派出留学等方面享有同男子平等的权利。

第三十八条 国家、社会对符合入学条件、家庭经济困难的儿童、少年、青年,提供各种形式的资助。

第三十九条 国家、社会、学校及其他教育机构应当根据残疾人身心特性和需要实施教育,并为其提供帮助和便利。

第四十条 国家、社会、家庭、学校及其他教育机构应当为有违法犯罪行为的未成年人接受教育创造条件。

第四十一条 从业人员有依法接受职业培训和继续教育的权利和义务。

国家机关、企业事业组织和其他社会组织,应当为本单位职工的学习和培训提供条件和便利。

第四十二条 国家鼓励学校及其他教育机构、社会组织采取措施,为公民接受终身教育创造条件。

第四十三条 受教育者享有下列权利:

(一)参加教育教学计划安排的各种活动,使用教育教学设施、设备、图书资料;

(二)按照国家有关规定获得奖学金、贷学金、助学金;

(三)在学业成绩和品行上获得公正评价,完成规定的学业后获得相应的学业证书、学位证书;

(四)对学校给予的处分不服向有关部门提出申诉,对学校、教师侵犯其人身权、财产权等合法权益,提出申诉或者依法提起诉讼;

(五)法律、法规规定的其他权利。

第四十四条 受教育者应当履行下列义务:

(一)遵守法律、法规;

(二)遵守学生行为规范,尊敬师长,养成良好的思想品德和行为习惯；

（三）努力学习，完成规定的学习任务；

（四）遵守所在学校或者其他教育机构的管理制度。

第四十五条　教育、体育、卫生行政部门和学校及其他教育机构应当完善体育、卫生保健设施，保护学生的身心健康。

第六章　教育与社会

第四十六条　国家机关、军队、企业事业组织、社会团体及其他社会组织和个人，应当依法为儿童、少年、青年学生的身心健康成长创造良好的社会环境。

第四十七条　国家鼓励企业事业组织、社会团体及其他社会组织同高等学校、中等职业学校在教学、科研、技术开发和推广等方面进行多种形式的合作。

企业事业组织、社会团体及其他社会组织和个人，可以通过适当形式，支持学校的建设，参与学校管理。

第四十八条　国家机关、军队、企业事业组织及其他社会组织应当为学校组织的学生实习、社会实践活动提供帮助和便利。

第四十九条　学校及其他教育机构在不影响正常教育教学活动的前提下，应当积极参加当地的社会公益活动。

第五十条　未成年人的父母或者其他监护人应当为其未成年子女或者其他被监护人受教育提供必要条件。

未成年人的父母或者其他监护人应当配合学校及其他教育机构，对其未成年子女或者其他被监护人进行教育。

学校、教师可以对学生家长提供家庭教育指导。

第五十一条　图书馆、博物馆、科技馆、文化馆、美术馆、体育馆（场）等社会公共文化体育设施，以及历史文化古迹和革命纪念馆（地），应当对教师、学生实行优待，为受教育者接受教育提供便利。

广播、电视台(站)应当开设教育节目,促进受教育者思想品德、文化和科学技术素质的提高。

第五十二条 国家、社会建立和发展对未成年人进行校外教育的设施。

学校及其他教育机构应当同基层群众性自治组织、企业事业组织、社会团体相互配合,加强对未成年人的校外教育工作。

第五十三条 国家鼓励社会团体、社会文化机构及其他社会组织和个人开展有益于受教育者身心健康的社会文化教育活动。

第七章 教育投入与条件保障

第五十四条 国家建立以财政拨款为主、其他多种渠道筹措教育经费为辅的体制,逐步增加对教育的投入,保证国家举办的学校教育经费的稳定来源。

企业事业组织、社会团体及其他社会组织和个人依法举办的学校及其他教育机构,办学经费由举办者负责筹措,各级人民政府可以给予适当支持。

第五十五条 国家财政性教育经费支出占国民生产总值的比例应当随着国民经济的发展和财政收入的增长逐步提高。具体比例和实施步骤由国务院规定。

全国各级财政支出总额中教育经费所占比例应当随着国民经济的发展逐步提高。

第五十六条 各级人民政府的教育经费支出,按照事权和财权相统一的原则,在财政预算中单独列项。

各级人民政府教育财政拨款的增长应当高于财政经常性收入的增长,并使按在校学生人数平均的教育费用逐步增长,保证教师工资和学生人均公用经费逐步增长。

第五十七条 国务院及县级以上地方各级人民政府应当设立教

育专项资金，重点扶持边远贫困地区、少数民族地区实施义务教育。

第五十八条　税务机关依法足额征收教育费附加，由教育行政部门统筹管理，主要用于实施义务教育。

省、自治区、直辖市人民政府根据国务院的有关规定，可以决定开征用于教育的地方附加费，专款专用。

第五十九条　国家采取优惠措施，鼓励和扶持学校在不影响正常教育教学的前提下开展勤工俭学和社会服务，兴办校办产业。

第六十条　国家鼓励境内、境外社会组织和个人捐资助学。

第六十一条　国家财政性教育经费、社会组织和个人对教育的捐赠，必须用于教育，不得挪用、克扣。

第六十二条　国家鼓励运用金融、信贷手段，支持教育事业的发展。

第六十三条　各级人民政府及其教育行政部门应当加强对学校及其他教育机构教育经费的监督管理，提高教育投资效益。

第六十四条　地方各级人民政府及其有关行政部门必须把学校的基本建设纳入城乡建设规划，统筹安排学校的基本建设用地及所需物资，按照国家有关规定实行优先、优惠政策。

第六十五条　各级人民政府对教科书及教学用图书资料的出版发行，对教学仪器、设备的生产和供应，对用于学校教育教学和科学研究的图书资料、教学仪器、设备的进口，按照国家有关规定实行优先、优惠政策。

第六十六条　国家推进教育信息化，加快教育信息基础设施建设，利用信息技术促进优质教育资源普及共享，提高教育教学水平和教育管理水平。

县级以上人民政府及其有关部门应当发展教育信息技术和其他现代化教学方式，有关行政部门应当优先安排，给予扶持。

国家鼓励学校及其他教育机构推广运用现代化教学方式。

第八章　教育对外交流与合作

第六十七条　国家鼓励开展教育对外交流与合作，支持学校及其他教育机构引进优质教育资源，依法开展中外合作办学，发展国际教育服务，培养国际化人才。

教育对外交流与合作坚持独立自主、平等互利、相互尊重的原则，不得违反中国法律，不得损害国家主权、安全和社会公共利益。

第六十八条　中国境内公民出国留学、研究、进行学术交流或者任教，依照国家有关规定办理。

第六十九条　中国境外个人符合国家规定的条件并办理有关手续后，可以进入中国境内学校及其他教育机构学习、研究、进行学术交流或者任教，其合法权益受国家保护。

第七十条　中国对境外教育机构颁发的学位证书、学历证书及其他学业证书的承认，依照中华人民共和国缔结或者加入的国际条约办理，或者按照国家有关规定办理。

第九章　法律责任

第七十一条　违反国家有关规定，不按照预算核拨教育经费的，由同级人民政府限期核拨；情节严重的，对直接负责的主管人员和其他直接责任人员，依法给予处分。

违反国家财政制度、财务制度，挪用、克扣教育经费的，由上级机关责令限期归还被挪用、克扣的经费，并对直接负责的主管人员和其他直接责任人员，依法给予处分；构成犯罪的，依法追究刑事责任。

第七十二条　结伙斗殴、寻衅滋事，扰乱学校及其他教育机构教育教学秩序或者破坏校舍、场地及其他财产的，由公安机关给予治安管理处罚；构成犯罪的，依法追究刑事责任。

侵占学校及其他教育机构的校舍、场地及其他财产的，依法承担民事责任。

第七十三条 明知校舍或者教育教学设施有危险,而不采取措施,造成人员伤亡或者重大财产损失的,对直接负责的主管人员和其他直接责任人员,依法追究刑事责任。

第七十四条 违反国家有关规定,向学校或者其他教育机构收取费用的,由政府责令退还所收费用;对直接负责的主管人员和其他直接责任人员,依法给予处分。

第七十五条 违反国家有关规定,举办学校或者其他教育机构的,由教育行政部门或者其他有关行政部门予以撤销;有违法所得的,没收违法所得;对直接负责的主管人员和其他直接责任人员,依法给予处分。

第七十六条 学校或者其他教育机构违反国家有关规定招收学生的,由教育行政部门或者其他有关行政部门责令退回招收的学生,退还所收费用;对学校、其他教育机构给予警告,可以处违法所得五倍以下罚款;情节严重的,责令停止相关招生资格一年以上三年以下,直至撤销招生资格、吊销办学许可证;对直接负责的主管人员和其他直接责任人员,依法给予处分;构成犯罪的,依法追究刑事责任。

第七十七条 在招收学生工作中滥用职权、玩忽职守、徇私舞弊的,由教育行政部门或者其他有关行政部门责令退回招收的不符合入学条件的人员;对直接负责的主管人员和其他直接责任人员,依法给予处分;构成犯罪的,依法追究刑事责任。

盗用、冒用他人身份,顶替他人取得的入学资格的,由教育行政部门或者其他有关行政部门责令撤销入学资格,并责令停止参加相关国家教育考试二年以上五年以下;已经取得学位证书、学历证书或者其他学业证书的,由颁发机构撤销相关证书;已经成为公职人员的,依法给予开除处分;构成违反治安管理行为的,由公安机关依法给予治安管理处罚;构成犯罪的,依法追究刑事责任。

与他人串通，允许他人冒用本人身份，顶替本人取得的入学资格的，由教育行政部门或者其他有关行政部门责令停止参加相关国家教育考试一年以上三年以下；有违法所得的，没收违法所得；已经成为公职人员的，依法给予处分；构成违反治安管理行为的，由公安机关依法给予治安管理处罚；构成犯罪的，依法追究刑事责任。

组织、指使盗用或者冒用他人身份，顶替他人取得的入学资格的，有违法所得的，没收违法所得；属于公职人员的，依法给予处分；构成违反治安管理行为的，由公安机关依法给予治安管理处罚；构成犯罪的，依法追究刑事责任。

入学资格被顶替权利受到侵害的，可以请求恢复其入学资格。

第七十八条 学校及其他教育机构违反国家有关规定向受教育者收取费用的，由教育行政部门或者其他有关行政部门责令退还所收费用；对直接负责的主管人员和其他直接责任人员，依法给予处分。

第七十九条 考生在国家教育考试中有下列行为之一的，由组织考试的教育考试机构工作人员在考试现场采取必要措施予以制止并终止其继续参加考试；组织考试的教育考试机构可以取消其相关考试资格或者考试成绩；情节严重的，由教育行政部门责令停止参加相关国家教育考试一年以上三年以下；构成违反治安管理行为的，由公安机关依法给予治安管理处罚；构成犯罪的，依法追究刑事责任：

（一）非法获取考试试题或者答案的；

（二）携带或者使用考试作弊器材、资料的；

（三）抄袭他人答案的；

（四）让他人代替自己参加考试的；

（五）其他以不正当手段获得考试成绩的作弊行为。

第八十条 任何组织或者个人在国家教育考试中有下列行为之一，有违法所得的，由公安机关没收违法所得，并处违法所得一倍以上五倍以下罚款；情节严重的，处五日以上十五日以下拘留；构成犯罪的，依法追究刑事责任；属于国家机关工作人员的，还应当依法给予处分：

（一）组织作弊的；

（二）通过提供考试作弊器材等方式为作弊提供帮助或者便利的；

（三）代替他人参加考试的；

（四）在考试结束前泄露、传播考试试题或者答案的；

（五）其他扰乱考试秩序的行为。

第八十一条　举办国家教育考试，教育行政部门、教育考试机构疏于管理，造成考场秩序混乱、作弊情况严重的，对直接负责的主管人员和其他直接责任人员，依法给予处分；构成犯罪的，依法追究刑事责任。

第八十二条　学校或者其他教育机构违反本法规定，颁发学位证书、学历证书或者其他学业证书的，由教育行政部门或者其他有关行政部门宣布证书无效，责令收回或者予以没收；有违法所得的，没收违法所得；情节严重的，责令停止相关招生资格一年以上三年以下，直至撤销招生资格、颁发证书资格；对直接负责的主管人员和其他直接责任人员，依法给予处分。

前款规定以外的任何组织或者个人制造、销售、颁发假冒学位证书、学历证书或者其他学业证书，构成违反治安管理行为的，由公安机关依法给予治安管理处罚；构成犯罪的，依法追究刑事责任。

以作弊、剽窃、抄袭等欺诈行为或者其他不正当手段获得学位证书、学历证书或者其他学业证书的，由颁发机构撤销相关证书。购买、使用假冒学位证书、学历证书或者其他学业证书，构成违反治安管理行为的，由公安机关依法给予治安管理处罚。

第八十三条　违反本法规定，侵犯教师、受教育者、学校或者其他教育机构的合法权益，造成损失、损害的，应当依法承担民事责任。

第十章　附　　则

第八十四条　军事学校教育由中央军事委员会根据本法的原则规定。

宗教学校教育由国务院另行规定。

第八十五条　境外的组织和个人在中国境内办学和合作办学的办法,由国务院规定。

第八十六条　本法自1995年9月1日起施行。

中华人民共和国教师法

(1993年10月31日第八届全国人民代表大会常务委员会第四次会议通过　根据2009年8月27日第十一届全国人民代表大会常务委员会第十次会议《关于修改部分法律的决定》修正)

目　　录

第九章　附　　则

第一章　总　　则

第一条　为了保障教师的合法权益，建设具有良好思想品德修养和业务素质的教师队伍，促进社会主义教育事业的发展，制定本法。

第二条　本法适用于在各级各类学校和其他教育机构中专门从事教育教学工作的教师。

第三条　教师是履行教育教学职责的专业人员，承担教书育人，培养社会主义事业建设者和接班人、提高民族素质的使命。教师应当忠诚于人民的教育事业。

第四条　各级人民政府应当采取措施，加强教师的思想政治教育和业务培训，改善教师的工作条件和生活条件，保障教师的合法权益，提高教师的社会地位。

全社会都应当尊重教师。

第五条　国务院教育行政部门主管全国的教师工作。

国务院有关部门在各自职权范围内负责有关的教师工作。

学校和其他教育机构根据国家规定，自主进行教师管理工作。

第六条　每年九月十日为教师节。

第二章　权利和义务

第七条　教师享有下列权利：

（一）进行教育教学活动，开展教育教学改革和实验；

（二）从事科学研究、学术交流，参加专业的学术团体，在学术活动中充分发表意见；

（三）指导学生的学习和发展，评定学生的品行和学业成绩；

（四）按时获取工资报酬，享受国家规定的福利待遇以及寒暑假期的带薪休假；

（五）对学校教育教学、管理工作和教育行政部门的工作提出意见和建议，通过教职工代表大会或者其他形式，参与学校的民主管理；

（六）参加进修或者其他方式的培训。

第八条 教师应当履行下列义务：

（一）遵守宪法、法律和职业道德，为人师表；

（二）贯彻国家的教育方针，遵守规章制度，执行学校的教学计划，履行教师聘约，完成教育教学工作任务；

（三）对学生进行宪法所确定的基本原则的教育和爱国主义、民族团结的教育，法制教育以及思想品德、文化、科学技术教育，组织、带领学生开展有益的社会活动；

（四）关心、爱护全体学生，尊重学生人格，促进学生在品德、智力、体质等方面全面发展；

（五）制止有害于学生的行为或者其他侵犯学生合法权益的行为，批评和抵制有害于学生健康成长的现象；

（六）不断提高思想政治觉悟和教育教学业务水平。

第九条 为保障教师完成教育教学任务，各级人民政府、教育行政部门、有关部门、学校和其他教育机构应当履行下列职责：

（一）提供符合国家安全标准的教育教学设施和设备；

（二）提供必需的图书、资料及其他教育教学用品；

（三）对教师在教育教学、科学研究中的创造性工作给以鼓励和帮助；

（四）支持教师制止有害于学生的行为或者其他侵犯学生合法权益的行为。

第三章 资格和任用

第十条 国家实行教师资格制度。

中国公民凡遵守宪法和法律，热爱教育事业，具有良好的思想品德，具备本法规定的学历或者经国家教师资格考试合格，有教育教学能力，经认定合格的，可以取得教师资格。

第十一条　取得教师资格应当具备的相应学历是：

（一）取得幼儿园教师资格，应当具备幼儿师范学校毕业及其以上学历；

（二）取得小学教师资格，应当具备中等师范学校毕业及其以上学历；

（三）取得初级中学教师、初级职业学校文化、专业课教师资格，应当具备高等师范专科学校或者其他大学专科毕业及其以上学历；

（四）取得高级中学教师资格和中等专业学校、技工学校、职业高中文化课、专业课教师资格，应当具备高等师范院校本科或者其他大学本科毕业及其以上学历；取得中等专业学校、技工学校和职业高中学生实习指导教师资格应当具备的学历，由国务院教育行政部门规定；

（五）取得高等学校教师资格，应当具备研究生或者大学本科毕业学历；

（六）取得成人教育教师资格，应当按照成人教育的层次、类别，分别具备高等、中等学校毕业及其以上学历。

不具备本法规定的教师资格学历的公民，申请获取教师资格，必须通过国家教师资格考试。国家教师资格考试制度由国务院规定。

第十二条　本法实施前已经在学校或者其他教育机构中任教的教师，未具备本法规定学历的，由国务院教育行政部门规定教师资格过渡办法。

第十三条　中小学教师资格由县级以上地方人民政府教育行政部门认定。中等专业学校、技工学校的教师资格由县级以上地方人民政府教育行政部门组织有关主管部门认定。普通高等学校的教师资格由国务院或者省、自治区、直辖市教育行政部门或者由其委托的学校认定。

具备本法规定的学历或者经国家教师资格考试合格的公民，要求有关部门认定其教师资格的，有关部门应当依照本法规定的条件予以认定。

取得教师资格的人员首次任教时，应当有试用期。

第十四条 受到剥夺政治权利或者故意犯罪受到有期徒刑以上刑事处罚的，不能取得教师资格；已经取得教师资格的，丧失教师资格。

第十五条 各级师范学校毕业生，应当按照国家有关规定从事教育教学工作。

国家鼓励非师范高等学校毕业生到中小学或者职业学校任教。

第十六条 国家实行教师职务制度，具体办法由国务院规定。

第十七条 学校和其他教育机构应当逐步实行教师聘任制。教师的聘任应当遵循双方地位平等的原则，由学校和教师签订聘任合同，明确规定双方的权利、义务和责任。

实施教师聘任制的步骤、办法由国务院教育行政部门规定。

第四章 培养和培训

第十八条 各级人民政府和有关部门应当办好师范教育，并采取措施，鼓励优秀青年进入各级师范学校学习。各级教师进修学校承担培训中小学教师的任务。

非师范学校应当承担培养和培训中小学教师的任务。

各级师范学校学生享受专业奖学金。

第十九条 各级人民政府教育行政部门、学校主管部门和学校应当制定教师培训规划，对教师进行多种形式的思想政治、业务培训。

第二十条 国家机关、企业事业单位和其他社会组织应当为教师的社会调查和社会实践提供方便，给予协助。

第二十一条　各级人民政府应当采取措施，为少数民族地区和边远贫困地区培养、培训教师。

第五章　考　　核

第二十二条　学校或者其他教育机构应当对教师的政治思想、业务水平、工作态度和工作成绩进行考核。

教育行政部门对教师的考核工作进行指导、监督。

第二十三条　考核应当客观、公正、准确，充分听取教师本人、其他教师以及学生的意见。

第二十四条　教师考核结果是受聘任教、晋升工资、实施奖惩的依据。

第六章　待　　遇

第二十五条　教师的平均工资水平应当不低于或者高于国家公务员的平均工资水平，并逐步提高。建立正常晋级增薪制度，具体办法由国务院规定。

第二十六条　中小学教师和职业学校教师享受教龄津贴和其他津贴，具体办法由国务院教育行政部门会同有关部门制定。

第二十七条　地方各级人民政府对教师以及具有中专以上学历的毕业生到少数民族地区和边远贫困地区从事教育教学工作的，应当予以补贴。

第二十八条　地方各级人民政府和国务院有关部门，对城市教师住房的建设、租赁、出售实行优先、优惠。

县、乡两级人民政府应当为农村中小学教师解决住房提供方便。

第二十九条　教师的医疗同当地国家公务员享受同等的待遇；定期对教师进行身体健康检查，并因地制宜安排教师进行休养。

医疗机构应当对当地教师的医疗提供方便。

第三十条 教师退休或者退职后,享受国家规定的退休或者退职待遇。

县级以上地方人民政府可以适当提高长期从事教育教学工作的中小学退休教师的退休金比例。

第三十一条 各级人民政府应当采取措施,改善国家补助、集体支付工资的中小学教师的待遇,逐步做到在工资收入上与国家支付工资的教师同工同酬,具体办法由地方各级人民政府根据本地区的实际情况规定。

第三十二条 社会力量所办学校的教师的待遇,由举办者自行确定并予以保障。

第七章 奖　　励

第三十三条 教师在教育教学、培养人才、科学研究、教学改革、学校建设、社会服务、勤工俭学等方面成绩优异的,由所在学校予以表彰、奖励。

国务院和地方各级人民政府及其有关部门对有突出贡献的教师,应当予以表彰、奖励。

对有重大贡献的教师,依照国家有关规定授予荣誉称号。

第三十四条 国家支持和鼓励社会组织或者个人向依法成立的奖励教师的基金组织捐助资金,对教师进行奖励。

第八章 法律责任

第三十五条 侮辱、殴打教师的,根据不同情况,分别给予行政处分或者行政处罚;造成损害的,责令赔偿损失;情节严重,构成犯罪的,依法追究刑事责任。

第三十六条 对依法提出申诉、控告、检举的教师进行打击报复的,由其所在单位或者上级机关责令改正;情节严重的,可以根据具体情况给予行政处分。

国家工作人员对教师打击报复构成犯罪的，依照刑法有关规定追究刑事责任。

第三十七条　教师有下列情形之一的，由所在学校、其他教育机构或者教育行政部门给予行政处分或者解聘：

（一）故意不完成教育教学任务给教育教学工作造成损失的；

（二）体罚学生，经教育不改的；

（三）品行不良、侮辱学生，影响恶劣的。

教师有前款第（二）项、第（三）项所列情形之一，情节严重，构成犯罪的，依法追究刑事责任。

第三十八条　地方人民政府对违反本法规定，拖欠教师工资或者侵犯教师其他合法权益的，应当责令其限期改正。

违反国家财政制度、财务制度，挪用国家财政用于教育的经费，严重妨碍教育教学工作，拖欠教师工资，损害教师合法权益的，由上级机关责令限期归还被挪用的经费，并对直接责任人员给予行政处分；情节严重，构成犯罪的，依法追究刑事责任。

第三十九条　教师对学校或者其他教育机构侵犯其合法权益的，或者对学校或者其他教育机构作出的处理不服的，可以向教育行政部门提出申诉，教育行政部门应当在接到申诉的三十日内，作出处理。

教师认为当地人民政府有关行政部门侵犯其根据本法规定享有的权利的，可以向同级人民政府或者上一级人民政府有关部门提出申诉，同级人民政府或者上一级人民政府有关部门应当作出处理。

第九章　附　　则

第四十条　本法下列用语的含义是：

（一）各级各类学校，是指实施学前教育、普通初等教育、普通中等教育、职业教育、普通高等教育以及特殊教育、成人教育的学校。

（二）其他教育机构，是指少年宫以及地方教研室、电化教育机构等。

（三）中小学教师，是指幼儿园、特殊教育机构、普通中小学、成人初等中等教育机构、职业中学以及其他教育机构的教师。

第四十一条 学校和其他教育机构中的教育教学辅助人员，其他类型的学校的教师和教育教学辅助人员，可以根据实际情况参照本法的有关规定执行。

军队所属院校的教师和教育教学辅助人员，由中央军事委员会依照本法制定有关规定。

第四十二条 外籍教师的聘任办法由国务院教育行政部门规定。

第四十三条 本法自1994年1月1日起施行。

教师资格条例

（1995年12月12日国务院令第188号发布施行）

第一章 总 则

第一条 为了提高教师素质，加强教师队伍建设，依据《中华人民共和国教师法》（以下简称教师法），制定本条例。

第二条 中国公民在各级各类学校和其他教育机构中专门从事教育教学工作，应当依法取得教师资格。

第三条 国务院教育行政部门主管全国教师资格工作。

第二章 教师资格分类与适用

第四条 教师资格分为：

（一）幼儿园教师资格；

（二）小学教师资格；

（三）初级中学教师和初级职业学校文化课、专业课教师资格（以下统称初级中学教师资格）；

（四）高级中学教师资格；

（五）中等专业学校、技工学校、职业高级中学文化课、专业课教师资格（以下统称中等职业学校教师资格）；

（六）中等专业学校、技工学校、职业高级中学实习指导教师资格（以下统称中等职业学校实习指导教师资格）；

（七）高等学校教师资格。

成人教育的教师资格，按照成人教育的层次，依照上款规定确定类别。

第五条　取得教师资格的公民，可以在本级及其以下等级的各类学校和其他教育机构担任教师；但是，取得中等职业学校实习指导教师资格的公民只能在中等专业学校、技工学校、职业高级中学或者初级职业学校担任实习指导教师。

高级中学教师资格与中等职业学校教师资格相互通用。

第三章　教师资格条件

第六条　教师资格条件依照教师法第十条第二款的规定执行，其中“有教育教学能力”应当包括符合国家规定的从事教育教学工作的身体条件。

第七条　取得教师资格应当具备的相应学历，依照教师法第十一条的规定执行。

取得中等职业学校实习指导教师资格，应当具备国务院教育行政部门规定的学历，并应当具有相当助理工程师以上专业技术职务或者中级以上工人技术等级。

第四章　教师资格考试

第八条　不具备教师法规定的教师资格学历的公民，申请获得教师资格，应当通过国家举办的或者认可的教师资格考试。

第九条　教师资格考试科目、标准和考试大纲由国务院教育行政部门审定。

教师资格考试试卷的编制、考务工作和考试成绩证明的发放，属于幼儿园、小学、初级中学、高级中学、中等职业学校教师资格考试和中等职业学校实习指导教师资格考试的，由县级以上人民政府教育行政部门组织实施；属于高等学校教师资格考试的，由国务院教育行政部门或者省、自治区、直辖市人民政府教育行政部门委托的高等学校组织实施。

第十条　幼儿园、小学、初级中学、高级中学、中等职业学校的教师资格考试和中等职业学校实习指导教师资格考试，每年进行一次。

参加前款所列教师资格考试，考试科目全部及格的，发给教师资格考试合格证明；当年考试不及格的科目，可以在下一年度补考；经补考仍有一门或者一门以上科目不及格的，应当重新参加全部考试科目的考试。

第十一条　高等学校教师资格考试根据需要举行。

申请参加高等学校教师资格考试的，应当学有专长，并有两名相关专业的教授或者副教授推荐。

第五章　教师资格认定

第十二条　具备教师法规定的学历或者经教师资格考试合格的公民，可以依照本条例的规定申请认定其教师资格。

第十三条　幼儿园、小学和初级中学教师资格，由申请人户籍所在地或者申请人任教学校所在地的县级人民政府教育行政部门认定。

高级中学教师资格，由申请人户籍所在地或者申请人任教学校所在地的县级人民政府教育行政部门审查后，报上一级教育行政部门认定。中等职业学校教师资格和中等职业学校实习指导教师资格，由申请人户籍所在地或者申请人任教学校所在地的县级人民政府教育行政部门审查后，报上一级教育行政部门认定或者组织有关部门认定。

受国务院教育行政部门或者省、自治区、直辖市人民政府教育行政部门委托的高等学校，负责认定在本校任职的人员和拟聘人员的高等学校教师资格。

在未受国务院教育行政部门或者省、自治区、直辖市人民政府教育行政部门委托的高等学校任职的人员和拟聘人员的高等学校教师资格，按照学校行政隶属关系，由国务院教育行政部门认定或者由学校所在地的省、自治区、直辖市人民政府教育行政部门认定。

第十四条 认定教师资格，应当由本人提出申请。

教育行政部门和受委托的高等学校每年春季、秋季各受理一次教师资格认定申请。具体受理期限由教育行政部门或者受委托的高等学校规定，并以适当形式公布。申请人应当在规定的受理期限内提出申请。

第十五条 申请认定教师资格，应当提交教师资格认定申请表和下列证明或者材料：

（一）身份证明；

（二）学历证书或者教师资格考试合格证明；

（三）教育行政部门或者受委托的高等学校指定的医院出具的体格检查证明；

（四）户籍所在地的街道办事处、乡人民政府或者工作单位、所毕业的学校对其思想品德、有无犯罪记录等方面情况的鉴定及证明材料。

申请人提交的证明或者材料不全的，教育行政部门或者受委托的高等学校应当及时通知申请人于受理期限终止前补齐。

教师资格认定申请表由国务院教育行政部门统一格式。

第十六条 教育行政部门或者受委托的高等学校在接到公民的教师资格认定申请后,应当对申请人的条件进行审查;对符合认定条件的,应当在受理期限终止之日起30日内颁发相应的教师资格证书;对不符合认定条件的,应当在受理期限终止之日起30日内将认定结论通知本人。

非师范院校毕业或者教师资格考试合格的公民申请认定幼儿园、小学或者其他教师资格的,应当进行面试和试讲,考察其教育教学能力;根据实际情况和需要,教育行政部门或者受委托的高等学校可以要求申请人补修教育学、心理学等课程。

教师资格证书在全国范围内适用。教师资格证书由国务院教育行政部门统一印制。

第十七条 已取得教师资格的公民拟取得更高等级学校或者其他教育机构教师资格的,应当通过相应的教师资格考试或者取得教师法规定的相应学历,并依照本章规定,经认定合格后,由教育行政部门或者受委托的高等学校颁发相应的教师资格证书。

第六章 罚 则

第十八条 依照教师法第十四条的规定丧失教师资格的,不能重新取得教师资格,其教师资格证书由县级以上人民政府教育行政部门收缴。

第十九条 有下列情形之一的,由县级以上人民政府教育行政部门撤销其教师资格:

(一)弄虚作假、骗取教师资格的;

(二)品行不良、侮辱学生,影响恶劣的。

被撤销教师资格的,自撤销之日起5年内不得重新申请认定教师资格,其教师资格证书由县级以上人民政府教育行政部门收缴。

第二十条　参加教师资格考试有作弊行为的,其考试成绩作废,3 年内不得再次参加教师资格考试。

第二十一条　教师资格考试命题人员和其他有关人员违反保密规定,造成试题、参考答案及评分标准泄露的,依法追究法律责任。

第二十二条　在教师资格认定工作中玩忽职守、徇私舞弊,对教师资格认定工作造成损失的,由教育行政部门依法给予行政处分;构成犯罪的,依法追究刑事责任。

第七章　附　　则

第二十三条　本条例自发布之日起施行。

职业学校兼职教师管理办法

(2012 年 10 月 18 日教育部、财政部、人力资源和社会保障部、国务院国有资产监督管理委员会发布　教师〔2012〕14 号)

第一章　总　　则

第一条　为了贯彻落实《国家中长期教育改革和发展规划纲要(2010—2020 年)》、《国务院关于大力发展职业教育的决定》和《国务院关于加强教师队伍建设的意见》,完善职业学校兼职教师管理制度,强化实践教学环节、优化教师队伍结构,支持、鼓励和规范职业学校聘请具有实践经验的专业技术人员、高技能人才担任兼职教师,制定本办法。

第二条 本办法所指职业学校包括依法登记为事业单位的中等职业学校和高等职业学校，其中，中等职业学校包括中等专业学校、职业高中、技工学校和成人中等专业学校。

第三条 本办法所称兼职教师是指受职业学校聘请，兼职担任特定专业课或者实习指导课教学任务的专业技术人员、高技能人才。兼职教师占职业学校专兼职教师总数的比例应在学校岗位设置方案中明确，一般不超过30%。

第四条 聘请兼职教师应重点满足面向战略性新兴产业、现代农业、先进制造业、现代服务业及特色专业的教学需要。

第二章 人员条件

第五条 聘请的兼职教师一般应为企事业单位在职人员。专业教学急需的也可聘请退休人员。

第六条 兼职教师的基本条件：

（一）具备良好的思想政治素质和职业道德，遵纪守法，热爱教育事业，身心健康；

（二）具有较高的专业素养和技能水平，能够胜任教学工作；

（三）一般应具有中级以上专业技术职称（职务）或高级工以上等级职业资格（职务），特殊情况也可聘请具有特殊技能，在相关行业中具有一定声誉的能工巧匠、非物质文化遗产国家和省级传人；

（四）初次聘请的退休人员，离开原工作岗位的时间原则上不超过2年，年龄一般不超过65周岁，特殊情况可据学校需要而定。

第三章 聘请程序

第七条 职业学校聘请兼职教师可通过对口合作的企事业单位选派的方式产生，也可以面向社会聘请。职业学校聘请兼职教师应优先考虑对口合作企业人员，建立合作企业人员到职业学校兼职任教的常态机制，并纳入校企合作基本内容。

第八条　面向社会聘请兼职教师应按照公开、公平、择优的原则，严格考察、遴选和聘请程序。基本程序是：

（一）职业学校根据教学需要，确定兼职教师岗位和任职条件；

（二）职业学校对应聘人员进行资格审查、能力考核；

（三）职业学校确定岗位人选，并予以公示；

（四）职业学校与兼职教师签订工作协议。

企事业单位在职人员在应聘兼职教师前应征得所在单位的同意。

第九条　职业学校应明确兼职教师管理机构，负责聘请兼职教师工作的组织实施。

第十条　兼职教师上岗任教前，职业学校应对其进行基本教学能力及相关法律法规的培训。

第四章　组 织 管 理

第十一条　除通过对口合作的企事业单位选派兼职教师以外，职业学校应与兼职教师签订工作协议。

工作协议应明确双方的权利与义务。包括工作时间、工作方式、工作任务、工作报酬、劳动保护等内容。协议期限应根据教学安排和课程需要，经双方协商确定，一般不少于一学期。

第十二条　兼职教师为企事业单位在职人员，原所在单位和聘请兼职教师的职业学校应当分别为兼职教师缴纳工伤保险费。兼职教师在协议期内发生工伤，由兼职教师受到伤害时其工作的单位依法承担工伤保险责任。

鼓励职业学校为兼职教师购买意外伤害保险。

第十三条　兼职教师要遵守职业道德规范，严格执行职业学校教学管理制度，认真履行职责。职业学校要制订兼职教师评价标准，加强日常管理和考核评价，并将在职人员兼职任教情况及时反馈给其人事和劳动关系所在单位。

第十四条 职业学校应当为兼职教师创造良好的工作环境，鼓励、吸收兼职教师参加教学研究、专业建设和团队建设，支持兼职教师与专任教师联合开展企业技术攻关等。

第十五条 企事业单位应当支持具有实践经验的专业技术人员和高技能人才到职业学校兼职任教，其中，事业单位应将兼职任教情况作为其考核评价的重要内容。

第十六条 有关部门要将选派兼职教师的数量和水平纳入企业社会责任考核的重要内容。

第十七条 各级教育和人力资源社会保障行政部门将兼职教师纳入教师队伍建设总体规划，将职业学校聘请兼职教师工作纳入人事管理情况监督检查范围，建立兼职教师资源库，加强对职业学校兼职教师管理工作的指导。

第十八条 兼职教师可根据所承担的工作任务，按照相应系列教师评价标准参与职务评价。

第五章　经 费 来 源

第十九条 建立政府、学校、企事业单位多渠道筹措兼职教师经费投入机制，保障兼职教师的报酬。

第二十条 有条件的地方，可以安排财政专项资金，用于支持发展势头良好、社会声誉较高、专业师资紧缺的职业学校聘请兼职教师。

第二十一条 职业学校可以在事业收入中安排一定经费，用于支付兼职教师报酬。

第六章　附　　则

第二十二条 各地教育行政部门应当会同财政、人力资源社会保障、国有资产监督管理等部门，研究制订本地区职业学校兼职教师管理办法的实施细则。

第二十三条　本办法自公布之日起施行。

中华人民共和国民办教育促进法

（2002年12月28日第九届全国人民代表大会常务委员会第三十一次会议通过　根据2013年6月29日第十二届全国人民代表大会常务委员会第三次会议《关于修改〈中华人民共和国文物保护法〉等十二部法律的决定》第一次修正　根据2016年11月7日第十二届全国人民代表大会常务委员会第二十四次会议《关于修改〈中华人民共和国民办教育促进法〉的决定》第二次修正　根据2018年12月29日第十三届全国人民代表大会常务委员会第七次会议《关于修改〈中华人民共和国劳动法〉等七部法律的决定》第三次修正）

目　录

第十章　附　　则

第一章　总　　则

第一条　为实施科教兴国战略，促进民办教育事业的健康发展，维护民办学校和受教育者的合法权益，根据宪法和教育法制定本法。

第二条　国家机构以外的社会组织或者个人，利用非国家财政性经费，面向社会举办学校及其他教育机构的活动，适用本法。本法未作规定的，依照教育法和其他有关教育法律执行。

第三条　民办教育事业属于公益性事业，是社会主义教育事业的组成部分。

国家对民办教育实行积极鼓励、大力支持、正确引导、依法管理的方针。

各级人民政府应当将民办教育事业纳入国民经济和社会发展规划。

第四条　民办学校应当遵守法律、法规，贯彻国家的教育方针，保证教育质量，致力于培养社会主义建设事业的各类人才。

民办学校应当贯彻教育与宗教相分离的原则。任何组织和个人不得利用宗教进行妨碍国家教育制度的活动。

第五条　民办学校与公办学校具有同等的法律地位，国家保障民办学校的办学自主权。

国家保障民办学校举办者、校长、教职工和受教育者的合法权益。

第六条　国家鼓励捐资办学。

国家对为发展民办教育事业做出突出贡献的组织和个人，给予奖励和表彰。

第七条　国务院教育行政部门负责全国民办教育工作的统筹规划、综合协调和宏观管理。

国务院人力资源社会保障行政部门及其他有关部门在国务院规

定的职责范围内分别负责有关的民办教育工作。

第八条　县级以上地方各级人民政府教育行政部门主管本行政区域内的民办教育工作。

县级以上地方各级人民政府人力资源社会保障行政部门及其他有关部门在各自的职责范围内，分别负责有关的民办教育工作。

第九条　民办学校中的中国共产党基层组织，按照中国共产党章程的规定开展党的活动，加强党的建设。

第二章　设　　立

第十条　举办民办学校的社会组织，应当具有法人资格。

举办民办学校的个人，应当具有政治权利和完全民事行为能力。

民办学校应当具备法人条件。

第十一条　设立民办学校应当符合当地教育发展的需求，具备教育法和其他有关法律、法规规定的条件。

民办学校的设置标准参照同级同类公办学校的设置标准执行。

第十二条　举办实施学历教育、学前教育、自学考试助学及其他文化教育的民办学校，由县级以上人民政府教育行政部门按照国家规定的权限审批；举办实施以职业技能为主的职业资格培训、职业技能培训的民办学校，由县级以上人民政府人力资源社会保障行政部门按照国家规定的权限审批，并抄送同级教育行政部门备案。

第十三条　申请筹设民办学校，举办者应当向审批机关提交下列材料：

（一）申办报告，内容应当主要包括：举办者、培养目标、办学规模、办学层次、办学形式、办学条件、内部管理体制、经费筹措与管理使用等；

（二）举办者的姓名、住址或者名称、地址；

（三）资产来源、资金数额及有效证明文件，并载明产权；

(四)属捐赠性质的校产须提交捐赠协议,载明捐赠人的姓名、所捐资产的数额、用途和管理方法及相关有效证明文件。

第十四条 审批机关应当自受理筹设民办学校的申请之日起三十日内以书面形式作出是否同意的决定。

同意筹设的,发给筹设批准书。不同意筹设的,应当说明理由。

筹设期不得超过三年。超过三年的,举办者应当重新申报。

第十五条 申请正式设立民办学校的,举办者应当向审批机关提交下列材料:

(一)筹设批准书;

(二)筹设情况报告;

(三)学校章程、首届学校理事会、董事会或者其他决策机构组成人员名单;

(四)学校资产的有效证明文件;

(五)校长、教师、财会人员的资格证明文件。

第十六条 具备办学条件,达到设置标准的,可以直接申请正式设立,并应当提交本法第十三条和第十五条(三)、(四)、(五)项规定的材料。

第十七条 申请正式设立民办学校的,审批机关应当自受理之日起三个月内以书面形式作出是否批准的决定,并送达申请人;其中申请正式设立民办高等学校的,审批机关也可以自受理之日起六个月内以书面形式作出是否批准的决定,并送达申请人。

第十八条 审批机关对批准正式设立的民办学校发给办学许可证。

审批机关对不批准正式设立的,应当说明理由。

第十九条 民办学校的举办者可以自主选择设立非营利性或者营利性民办学校。但是,不得设立实施义务教育的营利性民办学校。

非营利性民办学校的举办者不得取得办学收益,学校的办学结余全部用于办学。

营利性民办学校的举办者可以取得办学收益，学校的办学结余依照公司法等有关法律、行政法规的规定处理。

民办学校取得办学许可证后，进行法人登记，登记机关应当依法予以办理。

第三章　学校的组织与活动

第二十条　民办学校应当设立学校理事会、董事会或者其他形式的决策机构并建立相应的监督机制。

民办学校的举办者根据学校章程规定的权限和程序参与学校的办学和管理。

第二十一条　学校理事会或者董事会由举办者或者其代表、校长、教职工代表等人员组成。其中三分之一以上的理事或者董事应当具有五年以上教育教学经验。

学校理事会或者董事会由五人以上组成，设理事长或者董事长一人。理事长、理事或者董事长、董事名单报审批机关备案。

第二十二条　学校理事会或者董事会行使下列职权：

（一）聘任和解聘校长；

（二）修改学校章程和制定学校的规章制度；

（三）制定发展规划，批准年度工作计划；

（四）筹集办学经费，审核预算、决算；

（五）决定教职工的编制定额和工资标准；

（六）决定学校的分立、合并、终止；

（七）决定其他重大事项。

其他形式决策机构的职权参照本条规定执行。

第二十三条　民办学校的法定代表人由理事长、董事长或者校长担任。

第二十四条 民办学校参照同级同类公办学校校长任职的条件聘任校长，年龄可以适当放宽。

第二十五条 民办学校校长负责学校的教育教学和行政管理工作，行使下列职权：

（一）执行学校理事会、董事会或者其他形式决策机构的决定；

（二）实施发展规划，拟订年度工作计划、财务预算和学校规章制度；

（三）聘任和解聘学校工作人员，实施奖惩；

（四）组织教育教学、科学研究活动，保证教育教学质量；

（五）负责学校日常管理工作；

（六）学校理事会、董事会或者其他形式决策机构的其他授权。

第二十六条 民办学校对招收的学生，根据其类别、修业年限、学业成绩，可以根据国家有关规定发给学历证书、结业证书或者培训合格证书。

对接受职业技能培训的学生，经备案的职业技能鉴定机构鉴定合格的，可以发给国家职业资格证书。

第二十七条 民办学校依法通过以教师为主体的教职工代表大会等形式，保障教职工参与民主管理和监督。

民办学校的教师和其他工作人员，有权依照工会法，建立工会组织，维护其合法权益。

第四章 教师与受教育者

第二十八条 民办学校的教师、受教育者与公办学校的教师、受教育者具有同等的法律地位。

第二十九条 民办学校聘任的教师，应当具有国家规定的任教资格。

第三十条 民办学校应当对教师进行思想品德教育和业务培训。

第三十一条 民办学校应当依法保障教职工的工资、福利待遇和其他合法权益，并为教职工缴纳社会保险费。

国家鼓励民办学校按照国家规定为教职工办理补充养老保险。

第三十二条 民办学校教职工在业务培训、职务聘任、教龄和工龄计算、表彰奖励、社会活动等方面依法享有与公办学校教职工同等权利。

第三十三条 民办学校依法保障受教育者的合法权益。

民办学校按照国家规定建立学籍管理制度，对受教育者实施奖励或者处分。

第三十四条 民办学校的受教育者在升学、就业、社会优待以及参加先进评选等方面享有与同级同类公办学校的受教育者同等权利。

第五章 学校资产与财务管理

第三十五条 民办学校应当依法建立财务、会计制度和资产管理制度，并按照国家有关规定设置会计帐簿。

第三十六条 民办学校对举办者投入民办学校的资产、国有资产、受赠的财产以及办学积累，享有法人财产权。

第三十七条 民办学校存续期间，所有资产由民办学校依法管理和使用，任何组织和个人不得侵占。

任何组织和个人都不得违反法律、法规向民办教育机构收取任何费用。

第三十八条 民办学校收取费用的项目和标准根据办学成本、市场需求等因素确定，向社会公示，并接受有关主管部门的监督。

非营利性民办学校收费的具体办法，由省、自治区、直辖市人民政府制定；营利性民办学校的收费标准，实行市场调节，由学校自主决定。

民办学校收取的费用应当主要用于教育教学活动、改善办学条件和保障教职工待遇。

第三十九条 民办学校资产的使用和财务管理受审批机关和其他有关部门的监督。

民办学校应当在每个会计年度结束时制作财务会计报告，委托会计师事务所依法进行审计，并公布审计结果。

第六章 管理与监督

第四十条 教育行政部门及有关部门应当对民办学校的教育教学工作、教师培训工作进行指导。

第四十一条 教育行政部门及有关部门依法对民办学校实行督导，建立民办学校信息公示和信用档案制度，促进提高办学质量；组织或者委托社会中介组织评估办学水平和教育质量，并将评估结果向社会公布。

第四十二条 民办学校的招生简章和广告，应当报审批机关备案。

第四十三条 民办学校侵犯受教育者的合法权益，受教育者及其亲属有权向教育行政部门和其他有关部门申诉，有关部门应当及时予以处理。

第四十四条 国家支持和鼓励社会中介组织为民办学校提供服务。

第七章 扶持与奖励

第四十五条 县级以上各级人民政府可以设立专项资金，用于资助民办学校的发展，奖励和表彰有突出贡献的集体和个人。

第四十六条 县级以上各级人民政府可以采取购买服务、助学贷款、奖助学金和出租、转让闲置的国有资产等措施对民办学校予以扶持；对非营利性民办学校还可以采取政府补贴、基金奖励、捐资激励等扶持措施。

第四十七条　民办学校享受国家规定的税收优惠政策；其中，非营利性民办学校享受与公办学校同等的税收优惠政策。

第四十八条　民办学校依照国家有关法律、法规，可以接受公民、法人或者其他组织的捐赠。

国家对向民办学校捐赠财产的公民、法人或者其他组织按照有关规定给予税收优惠，并予以表彰。

第四十九条　国家鼓励金融机构运用信贷手段，支持民办教育事业的发展。

第五十条　人民政府委托民办学校承担义务教育任务，应当按照委托协议拨付相应的教育经费。

第五十一条　新建、扩建非营利性民办学校，人民政府应当按照与公办学校同等原则，以划拨等方式给予用地优惠。新建、扩建营利性民办学校，人民政府应当按照国家规定供给土地。

教育用地不得用于其他用途。

第五十二条　国家采取措施，支持和鼓励社会组织和个人到少数民族地区、边远贫困地区举办民办学校，发展教育事业。

第八章　变更与终止

第五十三条　民办学校的分立、合并，在进行财务清算后，由学校理事会或者董事会报审批机关批准。

申请分立、合并民办学校的，审批机关应当自受理之日起三个月内以书面形式答复；其中申请分立、合并民办高等学校的，审批机关也可以自受理之日起六个月内以书面形式答复。

第五十四条　民办学校举办者的变更，须由举办者提出，在进行财务清算后，经学校理事会或者董事会同意，报审批机关核准。

第五十五条　民办学校名称、层次、类别的变更，由学校理事会或者董事会报审批机关批准。

申请变更为其他民办学校，审批机关应当自受理之日起三个月内以书面形式答复；其中申请变更为民办高等学校的，审批机关也可以自受理之日起六个月内以书面形式答复。

第五十六条 民办学校有下列情形之一的，应当终止：

（一）根据学校章程规定要求终止，并经审批机关批准的；

（二）被吊销办学许可证的；

（三）因资不抵债无法继续办学的。

第五十七条 民办学校终止时，应当妥善安置在校学生。实施义务教育的民办学校终止时，审批机关应当协助学校安排学生继续就学。

第五十八条 民办学校终止时，应当依法进行财务清算。

民办学校自己要求终止的，由民办学校组织清算；被审批机关依法撤销的，由审批机关组织清算；因资不抵债无法继续办学而被终止的，由人民法院组织清算。

第五十九条 对民办学校的财产按照下列顺序清偿：

（一）应退受教育者学费、杂费和其他费用；

（二）应发教职工的工资及应缴纳的社会保险费用；

（三）偿还其他债务。

非营利性民办学校清偿上述债务后的剩余财产继续用于其他非营利性学校办学；营利性民办学校清偿上述债务后的剩余财产，依照公司法的有关规定处理。

第六十条 终止的民办学校，由审批机关收回办学许可证和销毁印章，并注销登记。

第九章 法律责任

第六十一条 民办学校在教育活动中违反教育法、教师法规定的,依照教育法、教师法的有关规定给予处罚。

第六十二条　民办学校有下列行为之一的,由县级以上人民政府教育行政部门、人力资源社会保障行政部门或者其他有关部门责令限期改正,并予以警告;有违法所得的,退还所收费用后没收违法所得;情节严重的,责令停止招生、吊销办学许可证;构成犯罪的,依法追究刑事责任:

(一)擅自分立、合并民办学校的;

(二)擅自改变民办学校名称、层次、类别和举办者的;

(三)发布虚假招生简章或者广告,骗取钱财的;

(四)非法颁发或者伪造学历证书、结业证书、培训证书、职业资格证书的;

(五)管理混乱严重影响教育教学,产生恶劣社会影响的;

(六)提交虚假证明文件或者采取其他欺诈手段隐瞒重要事实骗取办学许可证的;

(七)伪造、变造、买卖、出租、出借办学许可证的;

(八)恶意终止办学、抽逃资金或者挪用办学经费的。

第六十三条　县级以上人民政府教育行政部门、人力资源社会保障行政部门或者其他有关部门有下列行为之一的,由上级机关责令其改正;情节严重的,对直接负责的主管人员和其他直接责任人员,依法给予处分;造成经济损失的,依法承担赔偿责任;构成犯罪的,依法追究刑事责任:

(一)已受理设立申请,逾期不予答复的;

(二)批准不符合本法规定条件申请的;

(三)疏于管理,造成严重后果的;

(四)违反国家有关规定收取费用的;

(五)侵犯民办学校合法权益的;

(六)其他滥用职权、徇私舞弊的。

第六十四条 违反国家有关规定擅自举办民办学校的，由所在地县级以上地方人民政府教育行政部门或者人力资源社会保障行政部门会同同级公安、民政或者市场监督管理等有关部门责令停止办学、退还所收费用，并对举办者处违法所得一倍以上五倍以下罚款；构成违反治安管理行为的，由公安机关依法给予治安管理处罚；构成犯罪的，依法追究刑事责任。

第十章 附 则

第六十五条 本法所称的民办学校包括依法举办的其他民办教育机构。

本法所称的校长包括其他民办教育机构的主要行政负责人。

第六十六条 境外的组织和个人在中国境内合作办学的办法，由国务院规定。

第六十七条 本法自2003年9月1日起施行。1997年7月31日国务院颁布的《社会力量办学条例》同时废止。

中华人民共和国民办教育促进法实施条例

（2004年3月5日国务院令第399号公布
2021年4月7日国务院令第741号修订公布）

第一章 总 则

第一条 根据《中华人民共和国民办教育促进法》（以下简称民办教育促进法），制定本条例。

第二条 国家机构以外的社会组织或者个人可以利用非国家财

政性经费举办各级各类民办学校；但是，不得举办实施军事、警察、政治等特殊性质教育的民办学校。

民办教育促进法和本条例所称国家财政性经费，是指财政拨款、依法取得并应当上缴国库或者财政专户的财政性资金。

第三条　各级人民政府应当依法支持和规范社会力量举办民办教育，保障民办学校依法办学、自主管理，鼓励、引导民办学校提高质量、办出特色，满足多样化教育需求。

对于举办民办学校表现突出或者为发展民办教育事业做出突出贡献的社会组织或者个人，按照国家有关规定给予奖励和表彰。

第四条　民办学校应当坚持中国共产党的领导，坚持社会主义办学方向，坚持教育公益性，对受教育者加强社会主义核心价值观教育，落实立德树人根本任务。

民办学校中的中国共产党基层组织贯彻党的方针政策，依照法律、行政法规和国家有关规定参与学校重大决策并实施监督。

第二章　民办学校的设立

第五条　国家机构以外的社会组织或者个人可以单独或者联合举办民办学校。联合举办民办学校的，应当签订联合办学协议，明确合作方式、各方权利义务和争议解决方式等。

国家鼓励以捐资、设立基金会等方式依法举办民办学校。以捐资等方式举办民办学校，无举办者的，其办学过程中的举办者权责由发起人履行。

在中国境内设立的外商投资企业以及外方为实际控制人的社会组织不得举办、参与举办或者实际控制实施义务教育的民办学校；举办其他类型民办学校的，应当符合国家有关外商投资的规定。

第六条　举办民办学校的社会组织或者个人应当有良好的信用状况。举办民办学校可以用货币出资，也可以用实物、建设用地使用权、知识产权等可以用货币估价并可以依法转让的非货币财产作价出资;但是,法律、行政法规规定不得作为出资的财产除外。

第七条 实施义务教育的公办学校不得举办或者参与举办民办学校,也不得转为民办学校。其他公办学校不得举办或者参与举办营利性民办学校。但是,实施职业教育的公办学校可以吸引企业的资本、技术、管理等要素,举办或者参与举办实施职业教育的营利性民办学校。

公办学校举办或者参与举办民办学校,不得利用国家财政性经费,不得影响公办学校教学活动,不得仅以品牌输出方式参与办学,并应当经其主管部门批准。公办学校举办或者参与举办非营利性民办学校,不得以管理费等方式取得或者变相取得办学收益。

公办学校举办或者参与举办的民办学校应当具有独立的法人资格,具有与公办学校相分离的校园、基本教育教学设施和独立的专任教师队伍,按照国家统一的会计制度独立进行会计核算,独立招生,独立颁发学业证书。

举办或者参与举办民办学校的公办学校依法享有举办者权益,依法履行国有资产管理义务。

第八条 地方人民政府不得利用国有企业、公办教育资源举办或者参与举办实施义务教育的民办学校。

以国有资产参与举办民办学校的,应当根据国家有关国有资产监督管理的规定,聘请具有评估资格的中介机构依法进行评估,根据评估结果合理确定出资额,并报对该国有资产负有监管职责的机构备案。

第九条 国家鼓励企业以独资、合资、合作等方式依法举办或者参与举办实施职业教育的民办学校。

第十条 举办民办学校,应当按时、足额履行出资义务。民办学校存续期间,举办者不得抽逃出资,不得挪用办学经费。

举办者可以依法募集资金举办营利性民办学校，所募集资金应当主要用于办学，不得擅自改变用途，并按规定履行信息披露义务。民办学校及其举办者不得以赞助费等名目向学生、学生家长收取或者变相收取与入学关联的费用。

第十一条　举办者依法制定学校章程，负责推选民办学校首届理事会、董事会或者其他形式决策机构的组成人员。

举办者可以依据法律、法规和学校章程规定的程序和要求参加或者委派代表参加理事会、董事会或者其他形式决策机构，并依据学校章程规定的权限行使相应的决策权、管理权。

第十二条　民办学校举办者变更的，应当签订变更协议，但不得涉及学校的法人财产，也不得影响学校发展，不得损害师生权益；现有民办学校的举办者变更的，可以根据其依法享有的合法权益与继任举办者协议约定变更收益。

民办学校的举办者不再具备法定条件的，应当在6个月内向审批机关提出变更；逾期不变更的，由审批机关责令变更。

举办者为法人的，其控股股东和实际控制人应当符合法律、行政法规规定的举办民办学校的条件，控股股东和实际控制人变更的，应当报主管部门备案并公示。

举办者变更，符合法定条件的，审批机关应当在规定的期限内予以办理。

第十三条　同时举办或者实际控制多所民办学校的，举办者或者实际控制人应当具备与其所开展办学活动相适应的资金、人员、组织机构等条件与能力，并对所举办民办学校承担管理和监督职责。

同时举办或者实际控制多所民办学校的举办者或者实际控制人向所举办或者实际控制的民办学校提供教材、课程、技术支持等服务以及组织教育教学活动，应当符合国家有关规定并建立相应的质量标准和保障机制。

同时举办或者实际控制多所民办学校的，应当保障所举办或者实际控制的民办学校依法独立开展办学活动，存续期间所有资产由学校依法管理和使用；不得改变所举办或者实际控制的非营利性民办学校的性质，直接或者间接取得办学收益；也不得滥用市场支配地位，排除、限制竞争。

任何社会组织和个人不得通过兼并收购、协议控制等方式控制实施义务教育的民办学校、实施学前教育的非营利性民办学校。

第十四条 实施国家认可的教育考试、职业资格考试和职业技能等级考试等考试的机构，举办或者参与举办与其所实施的考试相关的民办学校应当符合国家有关规定。

第十五条 设立民办学校的审批权限，依照有关法律、法规的规定执行。

地方人民政府及其有关部门应当依法履行实施义务教育的职责。设立实施义务教育的民办学校，应当符合当地义务教育发展规划。

第十六条 国家鼓励民办学校利用互联网技术在线实施教育活动。

利用互联网技术在线实施教育活动应当符合国家互联网管理有关法律、行政法规的规定。利用互联网技术在线实施教育活动的民办学校应当取得相应的办学许可。

民办学校利用互联网技术在线实施教育活动，应当依法建立并落实互联网安全管理制度和安全保护技术措施，发现法律、行政法规禁止发布或者传输的信息的，应当立即停止传输，采取消除等处置措施，防止信息扩散，保存有关记录，并向有关主管部门报告。

外籍人员利用互联网技术在线实施教育活动，应当遵守教育和外国人在华工作管理等有关法律、行政法规的规定。

第十七条 民办学校的举办者在获得筹设批准书之日起3年内完成筹设的，可以提出正式设立申请。

民办学校在筹设期内不得招生。

第十八条 申请正式设立实施学历教育的民办学校的,审批机关受理申请后,应当组织专家委员会评议,由专家委员会提出咨询意见。

第十九条 民办学校的章程应当规定下列主要事项:

(一)学校的名称、住所、办学地址、法人属性;

(二)举办者的权利义务,举办者变更、权益转让的办法;

(三)办学宗旨、发展定位、层次、类型、规模、形式等;

(四)学校开办资金、注册资本,资产的来源、性质等;

(五)理事会、董事会或者其他形式决策机构和监督机构的产生方法、人员构成、任期、议事规则等;

(六)学校党组织负责人或者代表进入学校决策机构和监督机构的程序;

(七)学校的法定代表人;

(八)学校自行终止的事由,剩余资产处置的办法与程序;

(九)章程修改程序。

民办学校应当将章程向社会公示,修订章程应当事先公告,征求利益相关方意见。完成修订后,报主管部门备案或者核准。

第二十条 民办学校只能使用一个名称。

民办学校的名称应当符合有关法律、行政法规的规定,不得损害社会公共利益,不得含有可能引发歧义的文字或者含有可能误导公众的其他法人名称。营利性民办学校可以在学校牌匾、成绩单、毕业证书、结业证书、学位证书及相关证明、招生广告和简章上使用经审批机关批准的法人简称。

第二十一条 民办学校开办资金、注册资本应当与学校类型、层次、办学规模相适应。民办学校正式设立时,开办资金、注册资本应当缴足。

第二十二条 对批准正式设立的民办学校,审批机关应当颁发办学许可证，并向社会公告。

办学许可的期限应当与民办学校的办学层次和类型相适应。民办学校在许可期限内无违法违规行为的，有效期届满可以自动延续、换领新证。

民办学校办学许可证的管理办法由国务院教育行政部门、人力资源社会保障行政部门依据职责分工分别制定。

第二十三条 民办学校增设校区应当向审批机关申请地址变更；设立分校应当向分校所在地审批机关单独申请办学许可，并报原审批机关备案。

第二十四条 民办学校依照有关法律、行政法规的规定申请法人登记，登记机关应当依法予以办理。

第三章 民办学校的组织与活动

第二十五条 民办学校理事会、董事会或者其他形式决策机构的负责人应当具有中华人民共和国国籍，具有政治权利和完全民事行为能力，在中国境内定居，品行良好，无故意犯罪记录或者教育领域不良从业记录。

民办学校法定代表人应当由民办学校决策机构负责人或者校长担任。

第二十六条 民办学校的理事会、董事会或者其他形式决策机构应当由举办者或者其代表、校长、党组织负责人、教职工代表等共同组成。鼓励民办学校理事会、董事会或者其他形式决策机构吸收社会公众代表，根据需要设独立理事或者独立董事。实施义务教育的民办学校理事会、董事会或者其他形式决策机构组成人员应当具有中华人民共和国国籍，且应当有审批机关委派的代表。

民办学校的理事会、董事会或者其他形式决策机构每年至少召开2次会议。经1/3以上组成人员提议，可以召开理事会、董事会或者其他形式决策机构临时会议。讨论下列重大事项，应当经2/3以上组成人员同意方可通过：

（一）变更举办者；

（二）聘任、解聘校长；

（三）修改学校章程；

（四）制定发展规划；

（五）审核预算、决算；

（六）决定学校的分立、合并、终止；

（七）学校章程规定的其他重大事项。

第二十七条　民办学校应当设立监督机构。监督机构应当有党的基层组织代表，且教职工代表不少于1/3。教职工人数少于20人的民办学校可以只设1至2名监事。

监督机构依据国家有关规定和学校章程对学校办学行为进行监督。监督机构负责人或者监事应当列席学校决策机构会议。

理事会、董事会或者其他形式决策机构组成人员及其近亲属不得兼任、担任监督机构组成人员或者监事。

第二十八条　民办学校校长依法独立行使教育教学和行政管理职权。

民办学校内部组织机构的设置方案由校长提出，报理事会、董事会或者其他形式决策机构批准。

第二十九条　民办学校依照法律、行政法规和国家有关规定，自主开展教育教学活动；使用境外教材的，应当符合国家有关规定。

实施高等教育和中等职业技术学历教育的民办学校，可以按照办学宗旨和培养目标自主设置专业、开设课程、选用教材。

实施普通高中教育、义务教育的民办学校可以基于国家课程标准自主开设有特色的课程，实施教育教学创新，自主设置的课程应当报主管教育行政部门备案。实施义务教育的民办学校不得使用境外教材。

实施学前教育的民办学校开展保育和教育活动，应当遵循儿童身心发展规律，设置、开发以游戏、活动为主要形式的课程。

实施以职业技能为主的职业资格培训、职业技能培训的民办学校可以按照与培训专业（职业、工种）相对应的国家职业标准及相关职业培训要求开展培训活动，不得教唆、组织学员规避监管，以不正当手段获取职业资格证书、成绩证明等。

第三十条 民办学校应当按照招生简章或者招生广告的承诺，开设相应课程，开展教育教学活动，保证教育教学质量。

民办学校应当提供符合标准的校舍和教育教学设施设备。

第三十一条 实施学前教育、学历教育的民办学校享有与同级同类公办学校同等的招生权，可以在审批机关核定的办学规模内，自主确定招生的标准和方式，与公办学校同期招生。

实施义务教育的民办学校应当在审批机关管辖的区域内招生，纳入审批机关所在地统一管理。实施普通高中教育的民办学校应当主要在学校所在设区的市范围内招生，符合省、自治区、直辖市人民政府教育行政部门有关规定的可以跨区域招生。招收接受高等学历教育学生的应当遵守国家有关规定。

县级以上地方人民政府教育行政部门、人力资源社会保障行政部门应当为外地的民办学校在本地招生提供平等待遇，不得设置跨区域招生障碍实行地区封锁。

民办学校招收学生应当遵守招生规则，维护招生秩序，公开公平公正录取学生。实施义务教育的民办学校不得组织或者变相组织学科知识类入学考试，不得提前招生。

民办学校招收境外学生，按照国家有关规定执行。

第三十二条 实施高等学历教育的民办学校符合学位授予条件的，依照有关法律、行政法规的规定经审批同意后，可以获得相应的学位授予资格。

第四章　教师与受教育者

第三十三条　民办学校聘任的教师或者教学人员应当具备相应的教师资格或者其他相应的专业资格、资质。

民办学校应当有一定数量的专任教师；其中，实施学前教育、学历教育的民办学校应当按照国家有关规定配备专任教师。

鼓励民办学校创新教师聘任方式，利用信息技术等手段提高教学效率和水平。

第三十四条　民办学校自主招聘教师和其他工作人员，并应当与所招聘人员依法签订劳动或者聘用合同，明确双方的权利义务等。

民办学校聘任专任教师，在合同中除依法约定必备条款外，还应当对教师岗位及其职责要求、师德和业务考核办法、福利待遇、培训和继续教育等事项作出约定。

公办学校教师未经所在学校同意不得在民办学校兼职。

民办学校聘任外籍人员，按照国家有关规定执行。

第三十五条　民办学校应当建立教师培训制度，为受聘教师接受相应的思想政治培训和业务培训提供条件。

第三十六条　民办学校应当依法保障教职工待遇，按照学校登记的法人类型，按时足额支付工资，足额缴纳社会保险费和住房公积金。国家鼓励民办学校按照有关规定为教职工建立职业年金或者企业年金等补充养老保险。

实施学前教育、学历教育的民办学校应当从学费收入中提取一定比例建立专项资金或者基金，由学校管理，用于教职工职业激励或者增加待遇保障。

第三十七条　教育行政部门应当会同有关部门建立民办幼儿园、中小学专任教师劳动、聘用合同备案制度，建立统一档案，记录教师的教龄、工龄，在培训、考核、专业技术职务评聘、表彰奖励、权利保护等方面，统筹规划、统一管理，与公办幼儿园、中小学聘任的教师平等对待。

民办职业学校、高等学校按照国家有关规定自主开展教师专业技术职务评聘。

教育行政部门应当会同有关部门完善管理制度，保证教师在公办学校和民办学校之间的合理流动；指导和监督民办学校建立健全教职工代表大会制度。

第三十八条 实施学历教育的民办学校应当依法建立学籍和教学管理制度，并报主管部门备案。

第三十九条 民办学校及其教师、职员、受教育者申请政府设立的有关科研项目、课题等，享有与同级同类公办学校及其教师、职员、受教育者同等的权利。相关项目管理部门应当按规定及时足额拨付科研项目、课题资金。

各级人民政府应当保障民办学校的受教育者在升学、就业、社会优待、参加先进评选，以及获得助学贷款、奖助学金等国家资助等方面，享有与同级同类公办学校的受教育者同等的权利。

实施学历教育的民办学校应当建立学生资助、奖励制度，并按照不低于当地同级同类公办学校的标准，从学费收入中提取相应资金用于资助、奖励学生。

第四十条 教育行政部门、人力资源社会保障行政部门和其他有关部门，组织有关的评奖评优、文艺体育活动和课题、项目招标，应当为民办学校及其教师、职员、受教育者提供同等的机会。

第五章 民办学校的资产与财务管理

第四十一条 民办学校应当依照《中华人民共和国会计法》和国家统一的会计制度进行会计核算，编制财务会计报告。

第四十二条 民办学校应当建立办学成本核算制度,基于办学成本和市场需求等因素,遵循公平、合法和诚实信用原则,考虑经济效益与社会效益,合理确定收费项目和标准。对公办学校参与举办、使用国有资产或者接受政府生均经费补助的非营利性民办学校,省、自治区、直辖市人民政府可以对其收费制定最高限价。

第四十三条 民办学校资产中的国有资产的监督、管理,按照国家有关规定执行。

民办学校依法接受的捐赠财产的使用和管理,依照有关法律、行政法规执行。

第四十四条 非营利性民办学校收取费用、开展活动的资金往来,应当使用在有关主管部门备案的账户。有关主管部门应当对该账户实施监督。

营利性民办学校收入应当全部纳入学校开设的银行结算账户,办学结余分配应当在年度财务结算后进行。

第四十五条 实施义务教育的民办学校不得与利益关联方进行交易。其他民办学校与利益关联方进行交易的,应当遵循公开、公平、公允的原则,合理定价、规范决策,不得损害国家利益、学校利益和师生权益。

民办学校应当建立利益关联方交易的信息披露制度。教育、人力资源社会保障以及财政等有关部门应当加强对非营利性民办学校与利益关联方签订协议的监管,并按年度对关联交易进行审查。

前款所称利益关联方是指民办学校的举办者、实际控制人、校长、理事、董事、监事、财务负责人等以及与上述组织或者个人之间存在互相控制和影响关系、可能导致民办学校利益被转移的组织或者个人。

第四十六条 在每个会计年度结束时,民办学校应当委托会计师事务所对年度财务报告进行审计。非营利性民办学校应当从经审计的年度非限定性净资产增加额中,营利性民办学校应当从经审计的年度净收益中，按不低于年度非限定性净资产增加额或者净收益的10%的比例提取发展基金，用于学校的发展。

第六章 管理与监督

第四十七条 县级以上地方人民政府应当建立民办教育工作联席会议制度。教育、人力资源社会保障、民政、市场监督管理等部门应当根据职责会同有关部门建立民办学校年度检查和年度报告制度，健全日常监管机制。

教育行政部门、人力资源社会保障行政部门及有关部门应当建立民办学校信用档案和举办者、校长执业信用制度，对民办学校进行执法监督的情况和处罚、处理结果应当予以记录，由执法、监督人员签字后归档，并依法依规公开执法监督结果。相关信用档案和信用记录依法纳入全国信用信息共享平台、国家企业信用信息公示系统。

第四十八条 审批机关应当及时公开民办学校举办者情况、办学条件等审批信息。

教育行政部门、人力资源社会保障行政部门应当依据职责分工，定期组织或者委托第三方机构对民办学校的办学水平和教育质量进行评估，评估结果应当向社会公开。

第四十九条 教育行政部门及有关部门应当制定实施学前教育、学历教育民办学校的信息公示清单，监督民办学校定期向社会公开办学条件、教育质量等有关信息。

营利性民办学校应当通过全国信用信息共享平台、国家企业信用信息公示系统公示相关信息。

有关部门应当支持和鼓励民办学校依法建立行业组织，研究制定相应的质量标准，建立认证体系，制定推广反映行业规律和特色要求的合同示范文本。

第五十条 民办学校终止的，应当交回办学许可证，向登记机关办理注销登记,并向社会公告。

民办学校自己要求终止的,应当提前6个月发布拟终止公告,依法依章程制定终止方案。

民办学校无实际招生、办学行为的,办学许可证到期后自然废止,由审批机关予以公告。民办学校自行组织清算后,向登记机关办理注销登记。

对于因资不抵债无法继续办学而被终止的民办学校,应当向人民法院申请破产清算。

第五十一条　国务院教育督导机构及省、自治区、直辖市人民政府负责教育督导的机构应当对县级以上地方人民政府及其有关部门落实支持和规范民办教育发展法定职责的情况进行督导、检查。

县级以上人民政府负责教育督导的机构依法对民办学校进行督导并公布督导结果,建立民办中小学、幼儿园责任督学制度。

第七章　支持与奖励

第五十二条　各级人民政府及有关部门应当依法健全对民办学校的支持政策,优先扶持办学质量高、特色明显、社会效益显著的民办学校。

县级以上地方人民政府可以参照同级同类公办学校生均经费等相关经费标准和支持政策,对非营利性民办学校给予适当补助。

地方人民政府出租、转让闲置的国有资产应当优先扶持非营利性民办学校。

第五十三条　民办学校可以依法以捐赠者的姓名、名称命名学校的校舍或者其他教育教学设施、生活设施。捐赠者对民办学校发展做出特殊贡献的,实施高等学历教育的民办学校经国务院教育行政部门按照国家规定的条件批准,其他民办学校经省、自治区、直辖市人民政府教育行政部门或者人力资源社会保障行政部门按照国家规定的条件批准，可以以捐赠者的姓名或者名称作为学校校名。

第五十四条 民办学校享受国家规定的税收优惠政策；其中，非营利性民办学校享受与公办学校同等的税收优惠政策。

第五十五条 地方人民政府在制定闲置校园综合利用方案时，应当考虑当地民办教育发展需求。

新建、扩建非营利性民办学校，地方人民政府应当按照与公办学校同等原则，以划拨等方式给予用地优惠。

实施学前教育、学历教育的民办学校使用土地，地方人民政府可以依法以协议、招标、拍卖等方式供应土地，也可以采取长期租赁、先租后让、租让结合的方式供应土地，土地出让价款和租金可以在规定期限内按合同约定分期缴纳。

第五十六条 在西部地区、边远地区和少数民族地区举办的民办学校申请贷款用于学校自身发展的，享受国家相关的信贷优惠政策。

第五十七条 县级以上地方人民政府可以根据本行政区域的具体情况，设立民办教育发展专项资金，用于支持民办学校提高教育质量和办学水平、奖励举办者等。

国家鼓励社会力量依法设立民办教育发展方面的基金会或者专项基金，用于支持民办教育发展。

第五十八条 县级人民政府根据本行政区域实施学前教育、义务教育或者其他公共教育服务的需要，可以与民办学校签订协议，以购买服务等方式，委托其承担相应教育任务。

委托民办学校承担普惠性学前教育、义务教育或者其他公共教育任务的，应当根据当地相关教育阶段的委托协议，拨付相应的教育经费。

第五十九条 县级以上地方人民政府可以采取政府补贴、以奖代补等方式鼓励、支持非营利性民办学校保障教师待遇。

第六十条 国家鼓励、支持保险机构设立适合民办学校的保险产品，探索建立行业互助保险等机制，为民办学校重大事故处理、终止善后、教职工权益保障等事项提供风险保障。

金融机构可以在风险可控前提下开发适合民办学校特点的金融产品。民办学校可以以未来经营收入、知识产权等进行融资。

第六十一条　除民办教育促进法和本条例规定的支持与奖励措施外，省、自治区、直辖市人民政府还可以根据实际情况，制定本地区促进民办教育发展的支持与奖励措施。

各级人民政府及有关部门在对现有民办学校实施分类管理改革时，应当充分考虑有关历史和现实情况，保障受教育者、教职工和举办者的合法权益，确保民办学校分类管理改革平稳有序推进。

第八章　法律责任

第六十二条　民办学校举办者及实际控制人、决策机构或者监督机构组成人员有下列情形之一的，由县级以上人民政府教育行政部门、人力资源社会保障行政部门或者其他有关部门依据职责分工责令限期改正，有违法所得的，退还所收费用后没收违法所得；情节严重的，1 至 5 年内不得新成为民办学校举办者或实际控制人、决策机构或者监督机构组成人员；情节特别严重、社会影响恶劣的，永久不得新成为民办学校举办者或实际控制人、决策机构或者监督机构组成人员；构成违反治安管理行为的，由公安机关依法给予治安管理处罚；构成犯罪的，依法追究刑事责任：

（一）利用办学非法集资，或者收取与入学关联的费用的；

（二）未按时、足额履行出资义务，或者抽逃出资、挪用办学经费的；

（三）侵占学校法人财产或者非法从学校获取利益的；

（四）与实施义务教育的民办学校进行关联交易，或者与其他民办学校进行关联交易损害国家利益、学校利益和师生权益的；

（五）伪造、变造、买卖、出租、出借办学许可证的；

（六）干扰学校办学秩序或者非法干预学校决策、管理的；

（七）擅自变更学校名称、层次、类型和举办者的；

（八）有其他危害学校稳定和安全、侵犯学校法人权利或者损害教职工、受教育者权益的行为的。

第六十三条 民办学校有下列情形之一的，依照民办教育促进法第六十二条规定给予处罚：

（一）违背国家教育方针，偏离社会主义办学方向，或者未保障学校党组织履行职责的；

（二）违反法律、行政法规和国家有关规定开展教育教学活动的；

（三）理事会、董事会或者其他形式决策机构未依法履行职责的；

（四）教学条件明显不能满足教学要求、教育教学质量低下，未及时采取措施的；

（五）校舍、其他教育教学设施设备存在重大安全隐患，未及时采取措施的；

（六）侵犯受教育者的合法权益，产生恶劣社会影响的；

（七）违反国家规定聘任、解聘教师，或者未依法保障教职工待遇的；

（八）违反规定招生，或者在招生过程中弄虚作假的；

（九）超出办学许可范围，擅自改变办学地址或者设立分校的；

（十）未依法履行公示办学条件和教育质量有关材料、财务状况等信息披露义务，或者公示的材料不真实的；

（十一）未按照国家统一的会计制度进行会计核算、编制财务会计报告，财务、资产管理混乱，或者违反法律、法规增加收费项目、提高收费标准的；

（十二）有其他管理混乱严重影响教育教学的行为的。

法律、行政法规对前款规定情形的处罚另有规定的，从其规定。

第六十四条　民办学校有民办教育促进法第六十二条或者本条例第六十三条规定的违法情形的，由县级以上人民政府教育行政部门、人力资源社会保障行政部门或者其他有关部门依据职责分工对学校决策机构负责人、校长及直接责任人予以警告；情节严重的，1 至 5 年内不得新成为民办学校决策机构负责人或者校长；情节特别严重、社会影响恶劣的，永久不得新成为民办学校决策机构负责人或者校长。

同时举办或者实际控制多所民办学校的举办者或者实际控制人违反本条例规定，对所举办或者实际控制的民办学校疏于管理，造成恶劣影响的，由县级以上教育行政部门、人力资源社会保障行政部门或者其他有关部门依据职责分工责令限期整顿；拒不整改或者整改后仍发生同类问题的，1 至 5 年内不得举办新的民办学校，情节严重的，10 年内不得举办新的民办学校。

第六十五条　违反本条例规定举办、参与举办民办学校或者在民办学校筹设期内招生的，依照民办教育促进法第六十四条规定给予处罚。

第九章　附　　则

第六十六条　本条例所称现有民办学校，是指 2016 年 11 月 7 日《全国人民代表大会常务委员会关于修改〈中华人民共和国民办教育促进法〉的决定》公布前设立的民办学校。

第六十七条　本条例规定的支持与奖励措施适用于中外合作办学机构。

第六十八条　本条例自 2021 年 9 月 1 日起施行。

中华人民共和国残疾人保障法(节录)

(1990年12月28日第七届全国人民代表大会常务委员会第十七次会议通过 2008年4月24日第十一届全国人民代表大会常务委员会第二次会议修订 根据2018年10月26日第十三届全国人民代表大会常务委员会第六次会议《关于修改〈中华人民共和国野生动物保护法〉等十五部法律的决定》修正)

第三章 教 育

第二十一条 国家保障残疾人享有平等接受教育的权利。

各级人民政府应当将残疾人教育作为国家教育事业的组成部分,统一规划,加强领导,为残疾人接受教育创造条件。

政府、社会、学校应当采取有效措施,解决残疾儿童、少年就学存在的实际困难,帮助其完成义务教育。

各级人民政府对接受义务教育的残疾学生、贫困残疾人家庭的学生提供免费教科书,并给予寄宿生活费等费用补助;对接受义务教育以外其他教育的残疾学生、贫困残疾人家庭的学生按照国家有关规定给予资助。

第二十二条 残疾人教育,实行普及与提高相结合、以普及为重点的方针,保障义务教育,着重发展职业教育,积极开展学前教育,逐步发展高级中等以上教育。

第二十三条 残疾人教育应当根据残疾人的身心特性和需要,按照下列要求实施:

(一)在进行思想教育、文化教育的同时,加强身心补偿和职业教育;

(二)依据残疾类别和接受能力,采取普通教育方式或者特殊教育方式;

(三)特殊教育的课程设置、教材、教学方法、入学和在校年龄,可以有适度弹性。

第二十四条 县级以上人民政府应当根据残疾人的数量、分布状况和残疾类别等因素,合理设置残疾人教育机构,并鼓励社会力量办学、捐资助学。

第二十五条 普通教育机构对具有接受普通教育能力的残疾人实施教育,并为其学习提供便利和帮助。

普通小学、初级中等学校,必须招收能适应其学习生活的残疾儿童、少年入学;普通高级中等学校、中等职业学校和高等学校,必须招收符合国家规定的录取要求的残疾考生入学,不得因其残疾而拒绝招收;拒绝招收的,当事人或者其亲属、监护人可以要求有关部门处理,有关部门应当责令该学校招收。

普通幼儿教育机构应当接收能适应其生活的残疾幼儿。

第二十六条 残疾幼儿教育机构、普通幼儿教育机构附设的残疾儿童班、特殊教育机构的学前班、残疾儿童福利机构、残疾儿童家庭,对残疾儿童实施学前教育。

初级中等以下特殊教育机构和普通教育机构附设的特殊教育班,对不具有接受普通教育能力的残疾儿童、少年实施义务教育。

高级中等以上特殊教育机构、普通教育机构附设的特殊教育班和残疾人职业教育机构,对符合条件的残疾人实施高级中等以上文化教育、职业教育。

提供特殊教育的机构应当具备适合残疾人学习、康复、生活特点的场所和设施。

第二十七条 政府有关部门、残疾人所在单位和有关社会组织应当对残疾人开展扫除文盲、职业培训、创业培训和其他成人教育,鼓励残疾人自学成才。

第二十八条 国家有计划地举办各级各类特殊教育师范院校、专业,在普通师范院校附设特殊教育班,培养、培训特殊教育师资。普通师范院校开设特殊教育课程或者讲授有关内容,使普通教师掌握必要的特殊教育知识。

特殊教育教师和手语翻译,享受特殊教育津贴。

第二十九条 政府有关部门应当组织和扶持盲文、手语的研究和应用,特殊教育教材的编写和出版,特殊教育教学用具及其他辅助用品的研制、生产和供应。

第四章 劳动就业

第三十条 国家保障残疾人劳动的权利。

各级人民政府应当对残疾人劳动就业统筹规划,为残疾人创造劳动就业条件。

第三十一条 残疾人劳动就业,实行集中与分散相结合的方针,采取优惠政策和扶持保护措施,通过多渠道、多层次、多种形式,使残疾人劳动就业逐步普及、稳定、合理。

第三十二条 政府和社会举办残疾人福利企业、盲人按摩机构和其他福利性单位,集中安排残疾人就业。

第三十三条 国家实行按比例安排残疾人就业制度。

国家机关、社会团体、企业事业单位、民办非企业单位应当按照规定的比例安排残疾人就业,并为其选择适当的工种和岗位。达不到规定比例的,按照国家有关规定履行保障残疾人就业义务。国家鼓励用人单位超过规定比例安排残疾人就业。

残疾人就业的具体办法由国务院规定。

第三十四条 国家鼓励和扶持残疾人自主择业、自主创业。

第三十五条 地方各级人民政府和农村基层组织，应当组织和扶持农村残疾人从事种植业、养殖业、手工业和其他形式的生产劳动。

第三十六条 国家对安排残疾人就业达到、超过规定比例或者集中安排残疾人就业的用人单位和从事个体经营的残疾人，依法给予税收优惠，并在生产、经营、技术、资金、物资、场地等方面给予扶持。国家对从事个体经营的残疾人，免除行政事业性收费。

县级以上地方人民政府及其有关部门应当确定适合残疾人生产、经营的产品、项目，优先安排残疾人福利性单位生产或者经营，并根据残疾人福利性单位的生产特点确定某些产品由其专产。

政府采购，在同等条件下应当优先购买残疾人福利性单位的产品或者服务。

地方各级人民政府应当开发适合残疾人就业的公益性岗位。

对申请从事个体经营的残疾人，有关部门应当优先核发营业执照。

对从事各类生产劳动的农村残疾人，有关部门应当在生产服务、技术指导、农用物资供应、农副产品购销和信贷等方面，给予帮助。

第三十七条 政府有关部门设立的公共就业服务机构，应当为残疾人免费提供就业服务。

残疾人联合会举办的残疾人就业服务机构，应当组织开展免费的职业指导、职业介绍和职业培训，为残疾人就业和用人单位招用残疾人提供服务和帮助。

第三十八条 国家保护残疾人福利性单位的财产所有权和经营自主权，其合法权益不受侵犯。

在职工的招用、转正、晋级、职称评定、劳动报酬、生活福利、休息休假、社会保险等方面，不得歧视残疾人。

残疾职工所在单位应当根据残疾职工的特点，提供适当的劳动条件和劳动保护,并根据实际需要对劳动场所、劳动设备和生活设施进行改造。

国家采取措施,保障盲人保健和医疗按摩人员从业的合法权益。

第三十九条 残疾职工所在单位应当对残疾职工进行岗位技术培训,提高其劳动技能和技术水平。

第四十条 任何单位和个人不得以暴力、威胁或者非法限制人身自由的手段强迫残疾人劳动。

残疾人教育条例

(1994年8月23日国务院令第161号发布 根据2011年1月8日国务院令第588号《关于废止和修改部分行政法规的决定》第一次修订 2017年2月1日国务院令第674号第二次修订 自2017年5月1日起施行)

第一章 总 则

第一条 为了保障残疾人受教育的权利,发展残疾人教育事业,根据《中华人民共和国教育法》和《中华人民共和国残疾人保障法》,制定本条例。

第二条 国家保障残疾人享有平等接受教育的权利,禁止任何基于残疾的教育歧视。

残疾人教育应当贯彻国家的教育方针,并根据残疾人的身心特性和需要,全面提高其素质,为残疾人平等地参与社会生活创造条件。

第三条 残疾人教育是国家教育事业的组成部分。

发展残疾人教育事业,实行普及与提高相结合、以普及为重点的方针,保障义务教育,着重发展职业教育,积极开展学前教育,逐步发展高级中等以上教育。

残疾人教育应当提高教育质量,积极推进融合教育,根据残疾人的残疾类别和接受能力,采取普通教育方式或者特殊教育方式,优先采取普通教育方式。

第四条 县级以上人民政府应当加强对残疾人教育事业的领导,将残疾人教育纳入教育事业发展规划,统筹安排实施,合理配置资源,保障残疾人教育经费投入,改善办学条件。

第五条 国务院教育行政部门主管全国的残疾人教育工作,统筹规划、协调管理全国的残疾人教育事业;国务院其他有关部门在国务院规定的职责范围内负责有关的残疾人教育工作。

县级以上地方人民政府教育行政部门主管本行政区域内的残疾人教育工作;县级以上地方人民政府其他有关部门在各自的职责范围内负责有关的残疾人教育工作。

第六条 中国残疾人联合会及其地方组织应当积极促进和开展残疾人教育工作,协助相关部门实施残疾人教育,为残疾人接受教育提供支持和帮助。

第七条 学前教育机构、各级各类学校及其他教育机构应当依照本条例以及国家有关法律、法规的规定,实施残疾人教育;对符合法律、法规规定条件的残疾人申请入学,不得拒绝招收。

第八条 残疾人家庭应当帮助残疾人接受教育。

残疾儿童、少年的父母或者其他监护人应当尊重和保障残疾儿童、少年接受教育的权利,积极开展家庭教育,使残疾儿童、少年及时接受康复训练和教育,并协助、参与有关教育机构的教育教学活动,为残疾儿童、少年接受教育提供支持。

第九条 社会各界应当关心和支持残疾人教育事业。残疾人所在社区、相关社会组织和企事业单位,应当支持和帮助残疾人平等接受教育、融入社会。

第十条 国家对为残疾人教育事业作出突出贡献的组织和个人，按照有关规定给予表彰、奖励。

第十一条 县级以上人民政府负责教育督导的机构应当将残疾人教育实施情况纳入督导范围，并可以就执行残疾人教育法律法规情况、残疾人教育教学质量以及经费管理和使用情况等实施专项督导。

第二章 义务教育

第十二条 各级人民政府应当依法履行职责，保障适龄残疾儿童、少年接受义务教育的权利。

县级以上人民政府对实施义务教育的工作进行监督、指导、检查，应当包括对残疾儿童、少年实施义务教育工作的监督、指导、检查。

第十三条 适龄残疾儿童、少年的父母或者其他监护人，应当依法保证其残疾子女或者被监护人入学接受并完成义务教育。

第十四条 残疾儿童、少年接受义务教育的入学年龄和年限，应当与当地儿童、少年接受义务教育的入学年龄和年限相同；必要时，其入学年龄和在校年龄可以适当提高。

第十五条 县级人民政府教育行政部门应当会同卫生行政部门、民政部门、残疾人联合会，根据新生儿疾病筛查和学龄前儿童残疾筛查、残疾人统计等信息，对义务教育适龄残疾儿童、少年进行入学前登记，全面掌握本行政区域内义务教育适龄残疾儿童、少年的数量和残疾情况。

第十六条 县级人民政府应当根据本行政区域内残疾儿童、少年的数量、类别和分布情况，统筹规划，优先在部分普通学校中建立特殊教育资源教室，配备必要的设备和专门从事残疾人教育的教师及专业人员，指定其招收残疾儿童、少年接受义务教育；并支持其他普通学校根据需要建立特殊教育资源教室，或者安排具备相应资源、条件的学校为招收残疾学生的其他普通学校提供必要的支持。

县级人民政府应当为实施义务教育的特殊教育学校配备必要的残疾人教育教学、康复评估和康复训练等仪器设备，并加强九年一贯制义务教育特殊教育学校建设。

第十七条　适龄残疾儿童、少年能够适应普通学校学习生活、接受普通教育的，依照《中华人民共和国义务教育法》的规定就近到普通学校入学接受义务教育。

适龄残疾儿童、少年能够接受普通教育，但是学习生活需要特别支持的，根据身体状况就近到县级人民政府教育行政部门在一定区域内指定的具备相应资源、条件的普通学校入学接受义务教育。

适龄残疾儿童、少年不能接受普通教育的，由县级人民政府教育行政部门统筹安排进入特殊教育学校接受义务教育。

适龄残疾儿童、少年需要专人护理，不能到学校就读的，由县级人民政府教育行政部门统筹安排，通过提供送教上门或者远程教育等方式实施义务教育，并纳入学籍管理。

第十八条　在特殊教育学校学习的残疾儿童、少年，经教育、康复训练，能够接受普通教育的，学校可以建议残疾儿童、少年的父母或者其他监护人将其转入或者升入普通学校接受义务教育。

在普通学校学习的残疾儿童、少年，难以适应普通学校学习生活的，学校可以建议残疾儿童、少年的父母或者其他监护人将其转入指定的普通学校或者特殊教育学校接受义务教育。

第十九条　适龄残疾儿童、少年接受教育的能力和适应学校学习生活的能力应当根据其残疾类别、残疾程度、补偿程度以及学校办学条件等因素判断。

第二十条　县级人民政府教育行政部门应当会同卫生行政部门、民政部门、残疾人联合会，建立由教育、心理、康复、社会工作等方面专家组成的残疾人教育专家委员会。

残疾人教育专家委员会可以接受教育行政部门的委托，对适龄残疾儿童、少年的身体状况、接受教育的能力和适应学校学习生活的能力进行评估，提出入学、转学建议；对残疾人义务教育问题提供咨询，提出建议。

依照前款规定作出的评估结果属于残疾儿童、少年的隐私，仅可被用于对残疾儿童、少年实施教育、康复。教育行政部门、残疾人教育专家委员会、学校及其工作人员对在工作中了解的残疾儿童、少年评估结果及其他个人信息负有保密义务。

第二十一条 残疾儿童、少年的父母或者其他监护人与学校就入学、转学安排发生争议的，可以申请县级人民政府教育行政部门处理。

接到申请的县级人民政府教育行政部门应当委托残疾人教育专家委员会对残疾儿童、少年的身体状况、接受教育的能力和适应学校学习生活的能力进行评估并提出入学、转学建议，并根据残疾人教育专家委员会的评估结果和提出的入学、转学建议，综合考虑学校的办学条件和残疾儿童、少年及其父母或者其他监护人的意愿，对残疾儿童、少年的入学、转学安排作出决定。

第二十二条 招收残疾学生的普通学校应当将残疾学生合理编入班级；残疾学生较多的，可以设置专门的特殊教育班级。

招收残疾学生的普通学校应当安排专门从事残疾人教育的教师或者经验丰富的教师承担随班就读或者特殊教育班级的教育教学工作，并适当缩减班级学生数额，为残疾学生入学后的学习、生活提供便利和条件，保障残疾学生平等参与教育教学和学校组织的各项活动。

第二十三条 在普通学校随班就读残疾学生的义务教育，可以适用普通义务教育的课程设置方案、课程标准和教材，但是对其学习要求可以有适度弹性。

第二十四条　残疾儿童、少年特殊教育学校(班)应当坚持思想教育、文化教育、劳动技能教育与身心补偿相结合,并根据学生残疾状况和补偿程度,实施分类教学;必要时,应当听取残疾学生父母或者其他监护人的意见,制定符合残疾学生身心特性和需要的个别化教育计划,实施个别教学。

第二十五条　残疾儿童、少年特殊教育学校(班)的课程设置方案、课程标准和教材,应当适合残疾儿童、少年的身心特性和需要。

残疾儿童、少年特殊教育学校(班)的课程设置方案、课程标准由国务院教育行政部门制订;教材由省级以上人民政府教育行政部门按照国家有关规定审定。

第二十六条　县级人民政府教育行政部门应当加强对本行政区域内的残疾儿童、少年实施义务教育工作的指导。

县级以上地方人民政府教育行政部门应当统筹安排支持特殊教育学校建立特殊教育资源中心,在一定区域内提供特殊教育指导和支持服务。特殊教育资源中心可以受教育行政部门的委托承担以下工作:

(一)指导、评价区域内的随班就读工作;

(二)为区域内承担随班就读教育教学任务的教师提供培训;

(三)派出教师和相关专业服务人员支持随班就读,为接受送教上门和远程教育的残疾儿童、少年提供辅导和支持;

(四)为残疾学生父母或者其他监护人提供咨询;

(五)其他特殊教育相关工作。

第三章　职 业 教 育

第二十七条　残疾人职业教育应当大力发展中等职业教育,加快发展高等职业教育,积极开展以实用技术为主的中期、短期培训,以提高就业能力为主，培养技术技能人才，并加强对残疾学生的就业指导。

第二十八条 残疾人职业教育由普通职业教育机构和特殊职业教育机构实施，以普通职业教育机构为主。

县级以上地方人民政府应当根据需要，合理设置特殊职业教育机构，改善办学条件，扩大残疾人中等职业学校招生规模。

第二十九条 普通职业学校不得拒绝招收符合国家规定的录取标准的残疾人入学，普通职业培训机构应当积极招收残疾人入学。

县级以上地方人民政府应当采取措施，鼓励和支持普通职业教育机构积极招收残疾学生。

第三十条 实施残疾人职业教育的学校和培训机构，应当根据社会需要和残疾人的身心特性合理设置专业，并与企业合作设立实习实训基地，或者根据教学需要和条件办好实习基地。

第四章 学前教育

第三十一条 各级人民政府应当积极采取措施，逐步提高残疾幼儿接受学前教育的比例。

县级人民政府及其教育行政部门、民政部门等有关部门应当支持普通幼儿园创造条件招收残疾幼儿；支持特殊教育学校和具备办学条件的残疾儿童福利机构、残疾儿童康复机构等实施学前教育。

第三十二条 残疾幼儿的教育应当与保育、康复结合实施。

招收残疾幼儿的学前教育机构应当根据自身条件配备必要的康复设施、设备和专业康复人员，或者与其他具有康复设施、设备和专业康复人员的特殊教育机构、康复机构合作对残疾幼儿实施康复训练。

第三十三条 卫生保健机构、残疾幼儿的学前教育机构、儿童福利机构和家庭，应当注重对残疾幼儿的早期发现、早期康复和早期教育。

卫生保健机构、残疾幼儿的学前教育机构、残疾儿童康复机构应当就残疾幼儿的早期发现、早期康复和早期教育为残疾幼儿家庭提供咨询、指导。

第五章　普通高级中等以上教育及继续教育

第三十四条　普通高级中等学校、高等学校、继续教育机构应当招收符合国家规定的录取标准的残疾考生入学，不得因其残疾而拒绝招收。

第三十五条　设区的市级以上地方人民政府可以根据实际情况举办实施高级中等以上教育的特殊教育学校，支持高等学校设置特殊教育学院或者相关专业，提高残疾人的受教育水平。

第三十六条　县级以上人民政府教育行政部门以及其他有关部门、学校应当充分利用现代信息技术，以远程教育等方式为残疾人接受成人高等教育、高等教育自学考试等提供便利和帮助，根据实际情况开设适合残疾人学习的专业、课程，采取灵活开放的教学和管理模式，支持残疾人顺利完成学业。

第三十七条　残疾人所在单位应当对本单位的残疾人开展文化知识教育和技术培训。

第三十八条　扫除文盲教育应当包括对年满 15 周岁以上的未丧失学习能力的文盲、半文盲残疾人实施的扫盲教育。

第三十九条　国家、社会鼓励和帮助残疾人自学成才。

第六章　教　　师

第四十条　县级以上人民政府应当重视从事残疾人教育的教师培养、培训工作，并采取措施逐步提高他们的地位和待遇，改善他们的工作环境和条件，鼓励教师终身从事残疾人教育事业。

县级以上人民政府可以采取免费教育、学费减免、助学贷款代偿等措施，鼓励具备条件的高等学校毕业生到特殊教育学校或者其他特殊教育机构任教。

第四十一条 从事残疾人教育的教师，应当热爱残疾人教育事业，具有社会主义的人道主义精神，尊重和关爱残疾学生，并掌握残疾人教育的专业知识和技能。

第四十二条 专门从事残疾人教育工作的教师（以下称特殊教育教师）应当符合下列条件：

（一）依照《中华人民共和国教师法》的规定取得教师资格；

（二）特殊教育专业毕业或者经省、自治区、直辖市人民政府教育行政部门组织的特殊教育专业培训并考核合格。

从事听力残疾人教育的特殊教育教师应当达到国家规定的手语等级标准，从事视力残疾人教育的特殊教育教师应当达到国家规定的盲文等级标准。

第四十三条 省、自治区、直辖市人民政府可以根据残疾人教育发展的需求，结合当地实际为特殊教育学校和指定招收残疾学生的普通学校制定教职工编制标准。

县级以上地方人民政府教育行政部门应当会同其他有关部门，在核定的编制总额内，为特殊教育学校配备承担教学、康复等工作的特殊教育教师和相关专业人员；在指定招收残疾学生的普通学校设置特殊教育教师等专职岗位。

第四十四条 国务院教育行政部门和省、自治区、直辖市人民政府应当根据残疾人教育发展的需要有计划地举办特殊教育师范院校，支持普通师范院校和综合性院校设置相关院系或者专业，培养特殊教育教师。

普通师范院校和综合性院校的师范专业应当设置特殊教育课程，使学生掌握必要的特殊教育的基本知识和技能，以适应对随班就读的残疾学生的教育教学需要。

第四十五条　县级以上地方人民政府教育行政部门应当将特殊教育教师的培训纳入教师培训计划,以多种形式组织在职特殊教育教师进修提高专业水平;在普通教师培训中增加一定比例的特殊教育内容和相关知识,提高普通教师的特殊教育能力。

第四十六条　特殊教育教师和其他从事特殊教育的相关专业人员根据国家有关规定享受特殊岗位补助津贴及其他待遇;普通学校的教师承担残疾学生随班就读教学、管理工作的,应当将其承担的残疾学生教学、管理工作纳入其绩效考核内容,并作为核定工资待遇和职务评聘的重要依据。

县级以上人民政府教育行政部门、人力资源社会保障部门在职务评聘、培训进修、表彰奖励等方面,应当为特殊教育教师制定优惠政策、提供专门机会。

第七章　条件保障

第四十七条　省、自治区、直辖市人民政府应当根据残疾人教育的特殊情况,依据国务院有关行政主管部门的指导性标准,制定本行政区域内特殊教育学校的建设标准、经费开支标准、教学仪器设备配备标准等。

义务教育阶段普通学校招收残疾学生,县级人民政府财政部门及教育行政部门应当按照特殊教育学校生均预算内公用经费标准足额拨付费用。

第四十八条　各级人民政府应当按照有关规定安排残疾人教育经费,并将所需经费纳入本级政府预算。

县级以上人民政府根据需要可以设立专项补助款,用于发展残疾人教育。

地方各级人民政府用于义务教育的财政拨款和征收的教育费附加,应当有一定比例用于发展残疾儿童、少年义务教育。

地方各级人民政府可以按照有关规定将依法征收的残疾人就业保障金用于特殊教育学校开展各种残疾人职业教育。

第四十九条 县级以上地方人民政府应当根据残疾人教育发展的需要统筹规划、合理布局，设置特殊教育学校，并按照国家有关规定配备必要的残疾人教育教学、康复评估和康复训练等仪器设备。

特殊教育学校的设置，由教育行政部门按照国家有关规定审批。

第五十条 新建、改建、扩建各级各类学校应当符合《无障碍环境建设条例》的要求。

县级以上地方人民政府及其教育行政部门应当逐步推进各级各类学校无障碍校园环境建设。

第五十一条 招收残疾学生的学校对经济困难的残疾学生，应当按照国家有关规定减免学费和其他费用，并按照国家资助政策优先给予补助。

国家鼓励有条件的地方优先为经济困难的残疾学生提供免费的学前教育和高中教育，逐步实施残疾学生高中阶段免费教育。

第五十二条 残疾人参加国家教育考试，需要提供必要支持条件和合理便利的，可以提出申请。教育考试机构、学校应当按照国家有关规定予以提供。

第五十三条 国家鼓励社会力量举办特殊教育机构或者捐资助学；鼓励和支持民办学校或者其他教育机构招收残疾学生。

县级以上地方人民政府及其有关部门对民办特殊教育机构、招收残疾学生的民办学校，应当按照国家有关规定予以支持。

第五十四条 国家鼓励开展残疾人教育的科学研究，组织和扶持盲文、手语的研究和应用，支持特殊教育教材的编写和出版。

第五十五条 县级以上人民政府及其有关部门应当采取优惠政策和措施，支持研究、生产残疾人教育教学专用仪器设备、教具、学具、软件及其他辅助用品，扶持特殊教育机构兴办和发展福利企业和辅助性就业机构。

第八章　法律责任

第五十六条　地方各级人民政府及其有关部门违反本条例规定，未履行残疾人教育相关职责的，由上一级人民政府或者其有关部门责令限期改正；情节严重的，予以通报批评，并对直接负责的主管人员和其他直接责任人员依法给予处分。

第五十七条　学前教育机构、学校、其他教育机构及其工作人员违反本条例规定，有下列情形之一的，由其主管行政部门责令改正，对直接负责的主管人员和其他直接责任人员依法给予处分；构成违反治安管理行为的，由公安机关依法给予治安管理处罚；构成犯罪的，依法追究刑事责任：

（一）拒绝招收符合法律、法规规定条件的残疾学生入学的；

（二）歧视、侮辱、体罚残疾学生，或者放任对残疾学生的歧视言行，对残疾学生造成身心伤害的；

（三）未按照国家有关规定对经济困难的残疾学生减免学费或者其他费用的。

第九章　附　　则

第五十八条　本条例下列用语的含义：

融合教育是指将对残疾学生的教育最大程度地融入普通教育。

特殊教育资源教室是指在普通学校设置的装备有特殊教育和康复训练设施设备的专用教室。

第五十九条　本条例自2017年5月1日起施行。

中华人民共和国学位条例

（1980年2月12日第五届全国人民代表大会常务委员会第十三次会议通过　根据2004年8月28日第十届全国人民代表大会常务委员会第十一次会议《关于修改〈中华人民共和国学位条例〉的决定》修正）

第一条　为了促进我国科学专门人才的成长，促进各门学科学术水平的提高和教育、科学事业的发展，以适应社会主义现代化建设的需要，特制定本条例。

第二条　凡是拥护中国共产党的领导、拥护社会主义制度，具有一定学术水平的公民，都可以按照本条例的规定申请相应的学位。

第三条　学位分学士、硕士、博士三级。

第四条　高等学校本科毕业生，成绩优良，达到下述学术水平者，授予学士学位：

（一）较好地掌握本门学科的基础理论、专门知识和基本技能；

（二）具有从事科学研究工作或担负专门技术工作的初步能力。

第五条　高等学校和科学研究机构的研究生，或具有研究生毕业同等学力的人员，通过硕士学位的课程考试和论文答辩，成绩合格，达到下述学术水平者，授予硕士学位：

（一）在本门学科上掌握坚实的基础理论和系统的专门知识；

（二）具有从事科学研究工作或独立担负专门技术工作的能力。

第六条　高等学校和科学研究机构的研究生，或具有研究生毕业同等学力的人员，通过博士学位的课程考试和论文答辩，成绩合格，达到下述学术水平者，授予博士学位：

（一）在本门学科上掌握坚实宽广的基础理论和系统深入的专门知识；

（二）具有独立从事科学研究工作的能力；

（三）在科学或专门技术上做出创造性的成果。

第七条 国务院设立学位委员会，负责领导全国学位授予工作。学位委员会设主任委员一人，副主任委员和委员若干人。主任委员、副主任委员和委员由国务院任免。

第八条 学士学位，由国务院授权的高等学校授予；硕士学位、博士学位，由国务院授权的高等学校和科学研究机构授予。

授予学位的高等学校和科学研究机构（以下简称学位授予单位）及其可以授予学位的学科名单，由国务院学位委员会提出，经国务院批准公布。

第九条 学位授予单位，应当设立学位评定委员会，并组织有关学科的学位论文答辩委员会。

学位论文答辩委员会必须有外单位的有关专家参加，其组成人员由学位授予单位遴选决定。学位评定委员会组成人员名单由学位授予单位确定，报国务院有关部门和国务院学位委员会备案。

第十条 学位论文答辩委员会负责审查硕士和博士学位论文、组织答辩，就是否授予硕士学位或博士学位作出决议。决议以不记名投票方式，经全体成员三分之二以上通过，报学位评定委员会。

学位评定委员会负责审查通过学士学位获得者的名单；负责对学位论文答辩委员会报请授予硕士学位或博士学位的决议，作出是否批准的决定。决定以不记名投票方式，经全体成员过半数通过。决定授予硕士学位或博士学位的名单，报国务院学位委员会备案。

第十一条 学位授予单位，在学位评定委员会作出授予学位的决议后，发给学位获得者相应的学位证书。

第十二条 非学位授予单位应届毕业的研究生，由原单位推荐，可以就近向学位授予单位申请学位。经学位授予单位审查同意，通过论文答辩，达到本条例规定的学术水平者，授予相应的学位。

第十三条 对于在科学或专门技术上有重要的著作、发明、发现或发展者，经有关专家推荐，学位授予单位同意，可以免除考试，直接参加博士学位论文答辩。对于通过论文答辩者，授予博士学位。

第十四条 对于国内外卓越的学者或著名的社会活动家，经学位授予单位提名，国务院学位委员会批准，可以授予名誉博士学位。

第十五条 在我国学习的外国留学生和从事研究工作的外国学者，可以向学位授予单位申请学位。对于具有本条例规定的学术水平者，授予相应的学位。

第十六条 非学位授予单位和学术团体对于授予学位的决议和决定持有不同意见时，可以向学位授予单位或国务院学位委员会提出异议。学位授予单位和国务院学位委员会应当对提出的异议进行研究和处理。

第十七条 学位授予单位对于已经授予的学位，如发现有舞弊作伪等严重违反本条例规定的情况，经学位评定委员会复议，可以撤销。

第十八条 国务院对于已经批准授予学位的单位，在确认其不能保证所授学位的学术水平时，可以停止或撤销其授予学位的资格。

第十九条 本条例的实施办法，由国务院学位委员会制定，报国务院批准。

第二十条 本条例自 1981 年 1 月 1 日起施行。

职业技能鉴定规定

（1993年7月9日劳动部发布）

第一章　总　　则

第一条　为适应社会主义市场经济发展的需要，进一步完善职业技能鉴定制度，实现职业技能鉴定的社会化管理，促进职业技能开发，提高劳动者素质，根据《工人考核条例》，制定本规定。

第二条　本规定所称职业技能鉴定是指对劳动者进行技术等级的考核和技师、高级技师（以下统称技师）资格的考评。

第三条　职业技能鉴定实行政府指导下的社会化管理体制。

（一）劳动部综合管理全国职业技能鉴定工作，制定规划、政策和标准；审查批准有关行业的职业技能鉴定机构。

（二）各省、自治区、直辖市劳动行政部门综合管理本地区职业技能鉴定工作，审查批准各类职业技能鉴定指导中心和站（所），制定以下有关规定和办法：

1. 参加技能鉴定人员的申报条件和鉴定程序；

2. 专业技术知识、操作技能考核办法；

3. 考务、考评人员工作守则和考评小组成员组成原则及其管理办法；

4. 职业技能鉴定站（所）考场规则；

5.《技术等级证书》的印鉴和核发办法。

（三）职业技能鉴定指导中心负责组织、协调、指导职业技能鉴定工作。

（四）职业技能鉴定站（所），具体实施对劳动者职业技能的鉴定。

第四条 本规定适用于各级劳动行政部门和各级职业技能鉴定指导中心、职业技能鉴定站（所）。

第二章 职业技能鉴定机构

第五条 劳动部所属职业技能鉴定指导中心主要职责是：参与制定国家职业技能标准和组建国家职业技能鉴定题库；开展职业分类、标准、技能鉴定理论研究及咨询服务；推动全国职业技能竞赛活动。

第六条 各省、自治区、直辖市劳动行政部门所属职业技能鉴定指导中心主要职责是：组织本地区职业技能鉴定工作和具体实施考评员的资格培训；开展职业技能鉴定有关问题的研究和咨询服务；推动本地区职业技能竞赛活动。

第七条 经劳动部批准，有关行业可建立行业的职业技能鉴定指导中心，主要职责是：参与制定国家职业技能标准以外非社会通用的本行业特有工种的职业技能标准；组织本行业特有工种的职业技能鉴定工作和考评员的资格培训；开展职业技能鉴定及有关问题的研究和咨询服务；推动本行业的职业技能竞赛活动。

第八条 职业技能鉴定指导中心是事业性机构，在管理上实行中心主任负责制。

第九条 职业技能鉴定站（所）是具体承担对待业人员、从业人员、军地两用人才、各级各类职业技术院校和其他职业培训机构的毕（结）业生，进行职业技能鉴定的事业性机构。在管理上实行站（所）长负责制。

第三章 职业技能鉴定的组织和实施

第十条 建立职业技能鉴定站（所）。

（一）建立职业技能鉴定站（所）的条件是：

1. 具有与所鉴定工种(专业)及其等级或类别相适应的考核场地和设备;

2. 具有与所鉴定工种(专业)及其等级或类别操作技能考核相适应的、符合国家标准的检测仪器;

3. 有专(兼)职的组织管理人员和考评员;

4. 有完善的管理办法。

(二)申请建立职业技能鉴定站(所)的单位,根据上述条件和省、自治区、直辖市的具体规定,报当地劳动行政部门审查批准并由其发给《职业技能鉴定许可证》,明确鉴定的工种(专业)范围、等级和类别,同时授予统一的职业技能鉴定站(所)标牌。

(三)鉴定技术等级的职业技能鉴定站(所),由省、自治区、直辖市劳动行政部门规定审批权限;鉴定技师资格的职业技能鉴定站(所),由省、自治区、直辖市劳动行政部门审批,并报劳动部备案。

(四)行业特有工种的职业技能鉴定站(所),一般由省、自治区、直辖市劳动行政部门审批;跨地区的行业特有工种的职业技能鉴定站(所)和中央、国家机关、解放军各总部机关直属单位的职业技能鉴定站(所),由劳动部审批。

第十一条 职业技能鉴定站(所),享有独立进行职业技能鉴定的权利,有权拒绝任何组织或个人更改鉴定结果的非正当要求。

第十二条 劳动部组织有关行业或单位的专家、名师,根据现行《工人技术等级标准》和《国家职业技能标准》,统一编制职业技能鉴定试题,建立职业技能鉴定题库。

第十三条 职业技能鉴定站(所),必须遵守劳动行政部门的有关规定、实施办法。职业技能鉴定试题必须从国家规定的试题库提取,不得自行编制试题。

第十四条 职业技能鉴定站(所),应受理一切符合申报条件、规定手续人员的职业技能鉴定,要严格执行考评员对其亲属的职业技能鉴定回避制度。

第十五条 职业技能鉴定的对象:

(一)各类职业技术学校和培训机构毕(结)业生,凡属技术等级考核的工种,逐步实行职业技能鉴定;

(二)企业、事业单位学徒期满的学徒工,必须进行职业技能鉴定;

(三)企业、事业单位的职工以及社会各类人员,根据需要,自愿申请职业技能鉴定。

第十六条 申报职业技能鉴定的单位或个人,可向当地职业技能鉴定站(所)提出申请,由职业技能鉴定站(所)签发准考证,按规定的时间、方式进行考核或考评。

第十七条 国家实行职业技能鉴定证书制度。

(一)对技术等级考核合格的劳动者,发给相应的《技术等级证书》;对技师资格考评合格者,发给相应的《技师合格证书》或《高级技师合格证书》;

(二)《技术等级证书》、《技师合格证书》和《高级技师合格证书》是劳动者职业技能水平的凭证,同时,按照劳动部、司法部劳培字〔1992〕1 号《对出国工人技术等级、技术职务证书公证的规定》,是我国公民境外就业、劳务输出法律公证的有效证件;

(三)上述证书由劳动部统一印制,劳动行政部门按规定核发。

第十八条 单位或个人申报职业技能鉴定,均应按照规定交纳鉴定费用。

(一)职业技能鉴定费用支付项目是:组织职业技能鉴定场地、命题、考务、阅卷、考评、检测及原材料、能源、设备消耗的费用;

(二)职业技能鉴定收费标准,由省、自治区、直辖市劳动行政部门按照财政部、劳动部(92)财工字第 68 号《关于工人考核费用开支的规定》,商当地财政、物价部门做出具体规定。

第四章 职业技能鉴定考评员

第十九条 职业技能鉴定考评员必须具有高级工或技师、中级专业技术职务以上的资格;鉴定技师资格的考评员必须具有高级技师、高级专业技术职务的资格。

第二十条 考评员由职业技能鉴定指导中心进行资格考核,由劳动行政部门核准并颁发考评员资格证书和带有本人照片的职业技能鉴定资格胸卡。

第二十一条 鉴定技术等级的考评员资格认定和合格证书的核发权限,由省、自治区、直辖市劳动行政部门具体规定;鉴定技师资格的考评员资格认定和合格证书的颁发,由省、自治区、直辖市劳动行政部门核准。

第二十二条 职业技能鉴定站(所)要在取得考评员资格证书的人员中聘任相应工种、等级或类别的考评员,聘期三年,并应采取不定期轮换、调整考评员的方式组成专业考评小组。

第二十三条 考评员要严格遵守考评员工作守则和执行考场规则。

第五章 罚 则

第二十四条 劳动行政部门对职业技能鉴定机构实行监督、检查。

第二十五条 职业技能鉴定指导中心和职业技能鉴定站(所)的工作人员,在职业技能鉴定工作中弄虚作假、徇私舞弊的,视情节轻重,由其所在单位根据人事管理权限给予行政处分,并停止其在指导中心或鉴定站(所)的工作;考评人员如有上述行为者,吊销考评员资格证书。

第二十六条 违反本规定第十三条、第十四条和第十八条(二),

造成不良影响的职业技能鉴定站（所），由劳动行政部门吊销其《职业技能鉴定许可证》；对乱收费的，没收其非法所得费用。没收的费用，专项用于职业技能鉴定事业。

第二十七条 违反本规定第三条（二）中第五项和第十七条（三），伪造、仿制或滥发《技术等级证书》、《技师合格证书》、《高级技师合格证书》的，除宣布其所发证书无效外，还应视情节轻重，由其上级主管部门或监察机关对主要责任者给予行政处分；对其中通过滥发证书获取非法收入的，应没收其非法所得，并处以非法所得五倍以下的罚款；构成犯罪的，应依法追究刑事责任。

第六章 附 则

第二十八条 本规定由劳动部负责解释。

第二十九条 本规定自颁发之日起施行。

职业资格证书规定

（1994年2月22日劳动部、人事部发布）

第一条 为了深化劳动、人事制度改革，适应社会主义市场经济对人才的需求，客观公正地评价专业（工种）技术人才，促进人才的合理流动，制定本规定。

第二条 职业资格是对从事某一职业所必备的学识、技术和能力的基本要求。

职业资格包括从业资格和执业资格。从业资格是指从事某一专业（工种）学识、技术和能力的起点标准。执业资格是指政府对某些责任较大，社会通用性强，关系公共利益的专业（工种）实行准入控制，是依法独立开业或从事某一特定专业(工种)学识、技术和能力的必备标准。

第三条 职业资格分别由国务院劳动、人事行政部门通过学历认定、资格考试、专家评定、职业技能鉴定等方式进行评价,对合格者授予国家职业资格证书。

第四条 职业资格证书是国家对申请人专业(工种)学识、技术、能力的认可,是求职、任职、独立开业和单位录用的主要依据。

第五条 职业资格证书制度遵循申请自愿、费用自理,客观公正的原则。凡中华人民共和国公民和获准在我国境内就业的其他国籍的人员都可按照国家有关政策规定和程序申请相应的职业资格。

第六条 职业资格证书实行政府指导下的管理体制,由国务院劳动、人事行政部门综合管理。

若干专业技术资格和职业技能鉴定(技师、高级技师考评和技术等级考核)纳入职业资格证书制度。

劳动部负责以技能为主的职业资格鉴定和证书的核发与管理(证书的名称、种类按现行规定执行)。

人事部负责专业技术人员的职业资格评价和证书的核发与管理。

各省、自治区、直辖市劳动、人事行政部门负责本地区职业资格证书制度的组织实施。

第七条 国务院劳动、人事行政部门会同有关行业主管部门研究和确定职业资格的范围、职业(专业、工种)分类、职业资格标准以及学历认定、资格考试、专家评定和技能鉴定的办法。

第八条 国家职业资格证书参照国际惯例,实行国际双边或多边互认。

第九条 本规定适用于国家机关、团体和所有企、事业单位。

第十条 国务院劳动、人事行政部门按职责范围分别制定实施细则。

第十一条 本规定由国务院劳动、人事行政部门按职责范围分别负责解释。

第十二条 本规定自颁发之日起实施。

中等职业学校职业指导工作规定

（2018年4月20日教育部发布 教职成〔2018〕4号）

第一章 总 则

第一条 为规范和加强中等职业学校职业指导工作，不断提高人才培养质量，扩大优质职业教育资源供给，依据《中华人民共和国职业教育法》等法律法规，制订本规定。

第二条 职业指导是职业教育的重要内容，是职业学校的基础性工作。在中等职业学校开展职业指导工作，主要是通过学业辅导、职业指导教育、职业生涯咨询、创新创业教育和就业服务等，培养学生规划管理学业、职业生涯的意识和能力，培育学生的工匠精神和质量意识，为适应融入社会、就业创业和职业生涯可持续发展做好准备。

第三条 中等职业学校职业指导工作应深入贯彻习近平新时代中国特色社会主义思想，坚持立德树人、育人为本，遵循职业教育规律和学生成长规律，适应经济社会发展需求，完善机制、整合资源，构建全方位职业指导工作体系，动员学校全员参与、全程服务，持续提升职业指导工作水平。

第四条 中等职业学校职业指导工作应坚持以下原则：

（一）以学生为本原则。通过开展生动活泼的教学与实践活动，充分调动学生的积极性、主动性，引导学生参与体验，激发职业兴趣，增强职业认同,帮助学生形成职业生涯决策和规划能力。

(二)循序渐进原则。坚持从经济社会发展、学校办学水平以及学生自身实际出发,遵循学生身心发展和职业生涯发展规律,循序渐进开展有针对性的职业指导。

(三)教育与服务相结合原则。面向全体学生开展职业生涯教育,帮助学生树立正确的职业理想,学会职业选择。根据学生个体差异,开展有针对性的职业指导服务,为学生就业、择业、创业提供帮助,促进学生顺利就业创业和可持续发展。

(四)协同推进原则。职业指导工作应贯穿学校教育教学和管理服务的全过程,融入课程教学、实训实习、校企合作、校园文化活动和学生日常管理中,全员全程协同推进。

第二章　主要任务

第五条　开展学业辅导。激发学生的学习兴趣,帮助学生结合自身特点及专业,进行学业规划与管理,养成良好的学习习惯和行为,培养学生终身学习的意识与能力。

第六条　开展职业指导教育。帮助学生认识自我,了解社会,了解专业和职业,增强职业意识,树立正确的职业观和职业理想,增强学生提高职业素养的自觉性,培育职业精神;引导学生选择职业、规划职业,提高求职择业过程中的抗挫折能力和职业转换的适应能力,更好地适应和融入社会。

第七条　提供就业服务。帮助学生了解就业信息、就业有关法律法规,掌握求职技巧,疏导求职心理,促进顺利就业。鼓励开展就业后的跟踪指导。

第八条　开展职业生涯咨询。通过面谈或小组辅导,开展有针对性的职业咨询辅导,满足学生的个性化需求。鼓励有条件的学校面向社会开展职业生涯咨询服务和面向中小学生开展职业启蒙教育。

第九条 开展创新创业教育。帮助学生学习创新创业知识，了解创新创业的途径和方法，树立创新创业意识，提高创新创业能力。

第三章 主要途径

第十条 课程教学是职业指导的主渠道。中等职业学校应根据学生认知规律和身心特点，在开设应有的职业生涯规划课程基础上，采取必修、选修相结合的方式开设就业指导、创新创业等课程。持续改进教学方式方法，注重采用案例教学、情景模拟、行动教学等，提高教学效果。

第十一条 实践活动是职业指导的重要载体。中等职业学校可通过开展实训实习以及组织学生参加校内外拓展活动、企业现场参观培训、观摩人才招聘会等活动，强化学生的职业体验，提升职业素养。

第十二条 中等职业学校可通过职业心理倾向测评、创新创业能力测评、自我分析、角色扮演等个性化服务，帮助学生正确认识自我和社会，解决在择业和成长中的问题。

第十三条 中等职业学校应主动加强与行业、企业的合作，提供有效就业信息。组织供需见面会等，帮助学生推荐实习和就业单位。

第十四条 中等职业学校应充分利用各种优质网络资源，运用信息化手段开展职业指导服务。鼓励有条件的地区建立适合本地区需要的人才就业网络平台，发布毕业生信息和社会人才需求信息，为学生就业提供高效便捷的服务。

第四章 师资队伍

第十五条 中等职业学校应在核定的编制内至少配备 1 名具有一定专业水准的专兼职教师从事职业指导。鼓励选聘行业、企业优秀人员担任兼职职业指导教师。

第十六条 中等职业学校职业指导教师负责课程教学、活动组

织、咨询服务等,其主要职责如下:

(一)了解学生的职业心理和职业认知情况,建立学生职业生涯档案,跟踪指导学生成长。

(二)根据学生职业认知水平,开展职业生涯规划、就业指导、创新创业等课程教学。

(三)策划和组织开展就业讲座、供需见面会、职业访谈等活动。

(四)结合学生个性化需要,提供有针对性的咨询服务或小组辅导。

(五)积极参加职业指导相关业务培训、教研活动、企业实践等,及时更新职业指导信息,提高职业指导的专业能力和教学科研水平。

(六)跟踪调查毕业生就业状况,做好总结分析反馈,为专业设置、招生、课程改革等提供合理化建议。

(七)配合做好其他职业指导相关工作。

第十七条　中等职业学校应加强职业指导教师的业务培训和考核。对职业指导教师的考核,注重过程性评价。

第五章　工 作 机 制

第十八条　中等职业学校职业指导工作实行校长负责制。学校应建立专门工作机构,形成以专兼职职业指导教师为主体,班主任、思想政治课教师、学生管理人员等为辅助的职业指导工作体系。

第十九条　中等职业学校职业指导涉及教学管理、学生管理等工作领域,相关部门应积极配合支持。学校应主动对接行业组织、企业、家长委员会等,协同推进职业指导工作。

第二十条　中等职业学校应建立职业指导考核评价体系,定期开展职业指导工作评价,对在职业指导工作中做出突出贡献的,应予以相应激励。

第二十一条　中等职业学校应建立毕业生就业统计公告制度,按规定向上级主管部门报送并及时向社会发布毕业生就业情况。

第二十二条 中等职业学校应结合举办“职业教育活动周”等活动，积极展示优秀毕业生风采，广泛宣传高素质劳动者和技术技能人才先进事迹，大力弘扬劳模精神和工匠精神，营造劳动光荣的社会风尚和精益求精的敬业风气。

第六章 实施保障

第二十三条 各地教育行政部门和中等职业学校应为职业指导工作提供必要的人力、物力和经费保障，确保职业指导工作有序开展。

第二十四条 各地教育行政部门应加强对中等职业学校校长、职业指导教师、其他管理人员的职业指导业务培训，将职业指导纳入教师培训的必修内容。

第二十五条 各地教育行政部门应当积极协调人社、税务、金融等部门，为中等职业学校毕业生就业创业创造良好的政策环境。

第二十六条 中等职业学校应拓展和用足用好校内外职业指导场所、机构等资源。有条件的学校可建立学生创新创业孵化基地。

第二十七条 中等职业学校应将职业指导信息化建设统筹纳入学校整体信息化建设中，建立健全职业指导信息服务平台。

第二十八条 中等职业学校应加强职业指导的教学科研工作，与相关专业机构合作开展职业指导研究和课程建设，不断提高职业指导工作专业化水平。

第七章 附 则

第二十九条 各省、自治区、直辖市教育行政部门可依据本规定制订实施细则。

第三十条 本规定由教育部负责解释，自发布之日起施行。

中等职业学校管理规程

（2010年5月13日教育部发布　教职成〔2010〕6号）

第一章　总　　则

第一条　为进一步规范中等职业学校管理，全面提高管理水平、教育质量和办学效益，促进中等职业教育科学发展，依据《中华人民共和国教育法》、《中华人民共和国职业教育法》等相关法律法规，制定本规程。

第二条　本规程适用于依法设立的各类中等职业学校（包括普通中等专业学校、成人中等专业学校、职业高中、技工学校）。中等职业学校的设立依据国家和省级教育行政部门发布的中等职业学校设置标准，其设立、变更、终止应当报省级教育行政部门依法审批或备案。

第三条　中等职业学校实行学历教育和职业培训相结合，职前教育和职后教育相结合。积极开展农村实用技术培训、农村劳动力转移培训、农民工培训、下岗再就业培训、社区居民培训等各类教育培训活动。

第四条　中等职业学校实行全日制和非全日制相结合的教育形式。实施学历教育，主要招收初中毕业生和具有同等学力的人员，基本学制以三年为主；招收高中毕业生，基本学制以一年为主。学校在对学生进行高中层次文化知识教育的同时，根据职业岗位的要求实施职业道德教育、职业知识教育和职业技能训练，培养与我国社会主义现代化建设要求相适应，具有综合职业能力，在生产、管理、服务一线工作的高素质劳动者和技能型人才。

第五条 各级教育行政部门负有中等职业学校管理和组织领导职责，其他相关部门按照各自职责负责中等职业学校相关管理工作。

省级教育行政部门应当加强对学校办学资质的审核和监管，在每年春季招生工作开始前，公布本地区本年度具有招生和享受国家助学政策的学校名单。

第六条 学校应当依法制定学校章程，按照章程自主办学。学校实行校长负责制，聘任具备法定任职条件、熟悉职业教育规律、敬业创新、管理能力强的人员担任校长。新任校长应当经过岗前培训，持证上岗。学校章程中应当明确校长在学校发展规划、行政管理、教育教学管理、人事管理、财务管理等方面的责任、权利和义务。

学校建立健全校长考核及激励约束机制。

第二章　学校内部管理体制

第七条 学校建立校长全面负责行政工作、党组织保障监督、教职工民主参与管理的内部管理体制。民办学校实行理事会或者董事会领导下的校长负责制。

学校建立党组织，并确保党组织发挥监督、保障和参与重大决策的作用。学校应当在党组织领导下，建立共青团、学生会组织，组织开展生动有效的思想政治教育活动。

第八条 学校建立和完善教职工代表大会制度，依法保障教职工参与民主管理和监督的权利，发挥教职工代表大会参与学校重大决策的作用。学校建立工会组织，维护教职工合法权益。

第九条 学校根据国家有关政策，结合自身发展实际，合理设置内部管理机构，并明确其职责，规模较大的学校可以设置若干专业部(系)，实行校、部(系)二级管理。

第三章　教职工管理

第十条 学校按照人事管理规定，科学设置各类岗位，公共基础课教师和专业技能课教师保持合理比例,实行固定岗位和流动岗位相结合、专职岗位和兼职岗位相结合的岗位管理办法,逐步提高同时具有教师资格证书和职业资格证书的“双师型”教师比例,不断优化教职工队伍结构。

第十一条 学校实行教师聘任制。根据《中华人民共和国教师法》和国家关于事业单位人员聘用制度的有关规定,科学制定学校教师聘任管理制度和具体管理办法。按照公开、平等、竞争、择优的原则,在定员、定岗、定责的基础上聘任、解聘或辞退教职工。学校应当建立健全保障教职工合法权益的程序和制度。

第十二条 学校实行教师职务制度。逐步提高同时具有中等职业学校教师职务和职业资格证书的专业课教师比例,实习指导教师应当具有相当于助理工程师及以上专业技术职务或者中级及以上工人技术等级。

学校建立有利于引进企业优秀专业技术人才到学校担任专、兼职教师的聘任制度。学校可以根据需要通过“特岗、特聘、特邀”等形式,向行业组织、企业和事业单位聘任专业课教师或实习指导教师。

第十三条 学校建立教师到企业实践制度。专业技能课教师、实习指导教师每两年应当有两个月以上时间到企业或生产服务一线实践。鼓励教师参加高一级学历进修或提高业务能力的培训。

第十四条 学校按照国家有关规定要求,建立健全师德考评奖励机制,开展师德师风教育、法制教育和安全教育。

学校应当加强班主任队伍建设,建立健全班主任业绩考核和激励约束机制。

第四章 教 学 管 理

第十五条 学校应当设立教学管理机构,制定教学管理制度,建立健全教学管理运行机制,保证教学计划的实施。

第十六条 学校实行工学结合的人才培养模式，坚持专业教育与生产实践相结合。

第十七条 学校根据经济社会发展和劳动力市场需求，按照《中等职业学校专业目录》设置的专业，应当经学校主管部门同意，地市级以上教育行政部门核准，报省级教育行政部门备案。设置《中等职业学校专业目录》外专业，应当经省级教育行政部门核准，报国家教育行政部门备案。

学校应当与行业企业紧密合作，共同建立专业建设委员会和专业教学指导委员会，加强专业建设和教学指导。

第十八条 学校根据国家教育行政部门发布的指导性教学文件，制订实施性教学计划。

学校依据国家教育行政部门发布的教学大纲或教学指导方案组织教学、检查教学质量、评价教学效果、选编教材和装备教学设施。加强课程管理，严格执行国家教育行政部门设置的公共基础课程和专业技能课程，设置必修课和选修课。

第十九条 学校应当建立严格规范的教材管理制度。优先选用国家规划教材。根据培养目标和产业发展需要，可以开发使用校本教材。

第二十条 学校应当加强教学过程管理。建立健全教学质量监控与评价制度，有部门专门负责教学督导工作，定期组织实施综合性教学质量检查。

第二十一条 学校应当加强校内外实习实训基地的建设，加强对实践性教学环节的管理，保证实践教学的质量。建立健全学生实习就业管理制度，学校应有相应机构负责学生实习就业工作，加强对学生的安全教育，增强学生安全意识，提高学生自我防护能力。学校应当做好学生实习责任保险工作。

第二十二条 学校应当积极推行学历证书与职业资格证书并举

的“双证书”制度。专业技能课程的教学内容应当与职业资格标准相结合，突出职业技能训练。学校应当组织学生参加职业技能鉴定，开展技能竞赛活动。

第二十三条　学校应当设立教学研究机构，加强教研和科研工作，积极组织教师参与国家和地方的教研活动。

第五章　德育管理

第二十四条　学校应当将德育工作放在首位，遵循学生身心发展规律，增强德育工作的针对性、实效性、时代性和吸引力，把社会主义核心价值体系融入职业教育人才培养的全过程，将德育全方位融入学校各方面工作。

第二十五条　学校应当加强对德育工作的组织和领导，明确各部门育人责任，设置德育和学生管理专门机构，建立专兼职学生管理队伍，使德育落实到教育教学工作的各个环节。

第二十六条　学校应当加强校园文化建设，优化校园人文环境和自然环境，完善校园文化活动设施，注重汲取产业文化的优秀成分，发挥文化、环境育人作用。

充分发挥共青团、学生会等学生社团组织在校园文化建设中的独特作用，开展丰富多彩的校园文化活动。

第二十七条　学校应当按照相关要求开足德育课课程，发挥德育课在德育工作的主渠道、主阵地作用。加强其他课程教学和实习实训等环节的德育工作，强化职业道德教育。加强学生的心理健康教育。

第二十八条　学校应当建立和完善学生思想道德评价制度，改革德育考核办法，加强德育过程的评价管理，建立学生德育档案。

第六章　学生管理

第二十九条　学校应当依法保护学生合法权益，平等对待学生，尊重学生的个体差异,促进学生全面发展。

第三十条 学校应当严格执行国家教育行政部门发布的中等职业学校学生学籍管理及其他有关规定,认真做好学生入学注册、课堂教学、成绩考核、实习实训、学籍变动、纪律与考勤、奖励与处分以及毕业、结业等各项管理工作。

第三十一条 学校根据《中等职业学校德育大纲》等规定,制定学生日常行为管理规范,做好学生日常行为管理工作。

第三十二条 学校建立健全学生学习管理制度,加强学风建设,引导学生刻苦钻研理论和实践知识,努力提高综合职业素养。

第三十三条 学校建立健全学生奖励和处分制度,学生奖学金、助学金、减免学费等制度。

第七章 招生管理与就业服务

第三十四条 学校应当根据有关规定,按照教育行政部门和招生管理部门的要求,明确学校招生管理部门职责,做好招生工作,严肃招生纪律,规范招生行为。坚决杜绝有偿招生和通过非法中介招生,不得与不具备中等职业学历教育资质的学校或机构联合招生。学校发布招生广告(含招生简章),应当真实准确,并按照有关规定报教育行政部门备案。

第三十五条 学校应当加强职业指导工作,做好毕业生就业、创业服务工作,维护毕业生的合法权益。

第三十六条 学校应当制定招生管理和就业服务的规章制度,对违反规定的,应当追究相关部门和人员的责任。

第三十七条 学校违反有关规定开展招生和就业服务活动的,教育行政部门应当依据法律和有关规定给予严肃处理;对涉嫌犯罪的,应当移送司法机关,依法追究有关人员的法律责任。

第八章 资产管理与后勤服务

第三十八条 学校应当做好校园总体规划，做到功能分区合理，满足发展要求，体现职业教育特色。加强校园建设和管理，建设安全、整洁、文明、优美、和谐的学习、工作和生活环境。

第三十九条 学校应当依法建立健全财务、会计制度和资产管理制度，做好规范收费和财务公开，建立健全会计账簿，加强内部控制和审计制度。

第四十条 学校应当依照国家有关规定，加强和规范对国家助学金和免学费补助资金的管理，健全资助体系和监管机制，防范和杜绝违反国家有关规定骗取国家助学金和免学费补助资金等违规违法行为。

第四十一条 学校应当做好资产的登记、使用、维护、折旧和报废等资产管理工作。

第四十二条 学校应当按照规定，建立和完善设施设备采购、管理和使用制度。加强对教学设施，实习实训设施的管理。

第四十三条 学校应当加强后勤管理工作，创新后勤服务管理机制，促进后勤服务社会化，提高服务质量和效益。

第四十四条 学校应当依照有关规定，做好膳食、宿舍管理等后勤保障工作，为师生提供优质服务。

第九章 安 全 管 理

第四十五条 学校应当制定安全预防、日常安全管理、应急处理等安全管理制度，落实安全责任制。设立安全管理机构，配备安全管理人员，全面开展安全管理工作。

第四十六条 学校应当保证校内建筑物及其附属设施、教学设备、土地、道路、绿化设施、交通工具等学校设施设备符合安全标准，定期检查，消除安全隐患。

第四十七条 学校应当加强学生的法制、安全、卫生防疫等教育，开展逃生避险、救护演练、消防演练等活动，增强学生的法制意识、安全意识、卫生意识。

第四十八条 学校应当保障校内活动中的学生和教职员工的安全，保障经由学校组织或批准的校外活动中学生和教职员工的安全。加强学生实验、实习实训安全管理。

第四十九条 学校应当加强与当地公安机关和社区的联系，建立校园安全联防制度和安全工作协调机制，加强学校周边环境综合治理。

第十章 附 则

第五十条 各省、自治区、直辖市教育行政部门可以依照本规程制定实施细则或相应的管理制度。

第五十一条 本规程从发布之日起施行。

高等职业学校设置标准(暂行)

(2000 年 3 月 15 日教育部发布 教发〔2000〕41 号)

第一条 设置高等职业学校，必须配备具有较高政治素质和管理能力、品德高尚、熟悉高等教育、具有高等学校副高级以上专业技术职务的专职校(院)长和副校(院)长，同时配备专职德育工作者和具有副高级以上专业技术职务、具有从事高等教育工作经历的系科、专业负责人。

第二条 设置高等职业学校必须配备专、兼职结合的教师队伍，其人数应与专业设置、在校学生人数相适应。在建校初期,具有大学本科以上学历的专任教师一般不能少于70人,其中副高级专业技术职务以上的专任教师人数不应低于本校专任教师总数的20%;每个专业至少配备副高级专业技术职务以上的专任教师2人,中级专业技术职务以上的本专业的"双师型"专任教师2人;每门主要专业技能课程至少配备相关专业中级技术职务以上的专任教师2人。

第三条 设置高等职业学校,须有与学校的学科门类、规模相适应的土地和校舍,以保证教学、实践环节和师生生活、体育锻炼与学校长远发展的需要。建校初期,生均教学、实验、行政用房建筑面积不得低于20平方米;校园占地面积一般应在150亩左右(此为参考标准)。

必须配备与专业设置相适应的必要的实习实训场所、教学仪器设备和图书资料。适用的教学仪器设备的总值,在建校初期不能少于600万元;适用图书不能少于8万册。

第四条 课程设置必须突出高等职业学校的特色。实践教学课时一般应占教学计划总课时40%左右(不同科类专业可做适当调整);教学计划中规定的实验、实训课的开出率在90%以上;每个专业必须拥有相应的基础技能训练、模拟操作的条件和稳定的实习、实践活动基地。

一般都必须开设外语课和计算机课并配备相应的设备。

第五条 建校后首次招生专业数应在5个左右。

第六条 设置高等职业学校所需基本建设投资和正常教学等各项工作所需的经费,须有稳定、可靠的来源和切实的保证。

第七条 新建高等职业学校应在4年内达到以下基本要求:

1. 全日制在校生规模不少于2000人;

2. 大学本科以上学历的专任教师不少于100人,其中,具有副高级专业技术职务以上的专任教师人数不低于本校专任教师总数的25%;

3. 与专业设置相适应的教学仪器设备的总值不少于1000万元，校舍建筑面积不低于6万平方米，适用图书不少于15万册；

4. 形成了具有高等职业技术教育特色的完备的教学计划、教学大纲和健全的教学管理制度。

对于达不到上述基本要求的学校，视为不合格学校进行。适当处理。

第八条 位于边远地区、民办或特殊类别的高等职业学校，在设置时，其办学规模及其相应的办学条件可以适当放宽要求。

第九条 自本标准发布之日以前制定的高等职业学校有关设置标准与本标准不一致的，以本标准为准。

职业学校学生实习管理规定

（2021年12月31日教育部、工业和信息化部、财政部、人力资源社会保障部、应急管理部、国务院国资委、市场监管总局、中国银保监会发布　教职成〔2021〕4号）

第一章　总　　则

第一条 为规范和加强职业学校学生实习工作，维护学生、学校和实习单位合法权益，提高技术技能人才培养质量，推进现代职业教育高质量发展，更好地服务产业转型升级，依据《中华人民共和国教育法》《中华人民共和国职业教育法》《中华人民共和国劳动法》《中华人民共和国安全生产法》《中华人民共和国未成年人保护法》《中华人民共和国职业病防治法》及相关法律法规、规章，制定本规定。

第二条 本规定所指职业学校学生实习，是指实施全日制学历教育的中职学校、高职专科学校、高职本科学校（以下简称职业学校）学生按照专业培养目标要求和人才培养方案安排，由职业学校安排或者经职业学校批准自行到企（事）业等单位进行职业道德和技术技能培养的实践性教育教学活动，包括认识实习和岗位实习。

认识实习指学生由职业学校组织到实习单位参观、观摩和体验，形成对实习单位和相关岗位的初步认识的活动。

岗位实习指具备一定实践岗位工作能力的学生，在专业人员指导下，辅助或相对独立参与实际工作的活动。

对于建在校内或园区的生产性实训基地、厂中校、校中厂、虚拟仿真实训基地等，依照法律规定成立或登记取得法人、非法人组织资格的，可作为学生实习单位，按本规定进行管理。

第三条　学生实习的本质是教学活动，是实践教学的重要环节。组织开展学生实习应当坚持立德树人、德技并修，遵循学生成长规律和职业能力形成规律，理论与实践相结合，提升学生技能水平，锤炼学生意志品质，服务学生全面发展；应当纳入人才培养方案，科学组织，依法依规实施，切实保护学生合法权益，促进学生高质量就业创业。

第四条　地方各级人民政府相关部门应高度重视职业学校学生实习工作，切实履行责任，结合本地实际制订具体措施，鼓励企（事）业单位安排实习岗位、接纳职业学校学生实习。地方政府和行业相关部门应当鼓励和引导企（事）业单位等按岗位总量的一定比例，设立实习岗位并对外发布岗位信息。

第二章　实习组织

第五条　教育主管部门负责统筹指导职业学校学生实习工作；职业学校主管部门负责职业学校实习的监督管理。职业学校应将学生岗位实习情况按要求报主管部门备案。

第六条　职业学校应当选择符合以下条件的企（事）业单位作为

实习单位：

（一）合法经营，无违法失信记录；

（二）管理规范，近3年无违反安全生产相关法律法规记录；

（三）实习条件完备，符合专业培养要求，符合产业发展实际；

（四）与学校有稳定合作关系的企（事）业单位优先。

第七条 职业学校在确定新增实习单位前，应当实地考察评估形成书面报告。考察内容应当包括：单位资质、诚信状况、管理水平、实习岗位性质和内容、工作时间、工作环境、生活环境以及健康保障、安全防护等。实习单位名单须经校级党组织会议研究确定后对外公开。

第八条 职业学校应当加强对实习学生的指导，会同实习单位共同组织实施学生实习，在实习开始前，根据人才培养方案共同制订实习方案，明确岗位要求、实习目标、实习任务、实习标准、必要的实习准备和考核要求、实施实习的保障措施等。

职业学校和实习单位应当分别选派经验丰富、综合素质好、责任心强、安全防范意识高的实习指导教师和专门人员全程指导、共同管理学生实习。要加强实习前培训，使学生、实习指导教师和专门人员熟悉各实习阶段的任务和要求。

实习岗位应符合专业培养目标要求，与学生所学专业对口或相近。原则上不得跨专业大类安排实习。

第九条 职业学校安排岗位实习，应当取得学生及其法定监护人（或家长）签字的知情同意书。对学生及其法定监护人（或家长）明确不同意学校实习安排的，可自行选择符合条件的岗位实习单位。

认识实习按照一般校外活动有关规定进行管理，由职业学校安排，学生不得自行选择。

第十条 学生自行选择符合条件的岗位实习单位，应由本人及其法定监护人（或家长）申请，经学校审核同意后实施，实习单位应当安排专门人员指导学生实习，职业学校要安排实习指导教师跟踪了解学生日常实习的情况。

第十一条　实习单位应当合理确定岗位实习学生占在岗人数的比例,岗位实习学生的人数一般不超过实习单位在岗职工总数的10%,在具体岗位实习的学生人数一般不高于同类岗位在岗职工总人数的20%。

任何单位或部门不得干预职业学校正常安排和实施实习方案,不得强制职业学校安排学生到指定单位实习,严禁以营利为目的违规组织实习。

第十二条　学生在实习单位的岗位实习时间一般为6个月,具体实习时间由职业学校根据人才培养方案安排,应基本覆盖专业所对应岗位(群)的典型工作任务,不得仅安排学生从事简单重复劳动。鼓励支持职业学校和实习单位结合学徒制培养、中高职贯通培养等,合作探索工学交替、多学期、分段式等多种形式的实践性教学改革。

第三章　实习管理

第十三条　职业学校应当明确学生实习工作分管校长和责任部门,规模大的学校应当设立专门管理部门,建立健全学生实习管理岗位责任制和相关管理制度与运行机制;会同实习单位制定学生实习工作具体管理办法和安全管理规定、实习学生安全及突发事件应急预案等制度。

职业学校应当充分运用现代信息技术,建设和完善信息化管理平台,与实习单位共同实施实习全过程管理。

第十四条　学生参加岗位实习前,职业学校、实习单位、学生三方必须以有关部门发布的实习协议示范文本为基础签订实习协议,并依法严格履行协议中有关条款。

未按规定签订实习协议的,不得安排学生实习。

第十五条　实习协议应当明确各方的责任、权利和义务,协议约定的内容不得违反相关法律法规。

实习协议应当包括但不限于以下内容:

(一)各方基本信息;

(二)实习的时间、地点、内容、要求与条件保障;

(三)实习期间的食宿、工作时间和休息休假安排;

(四)实习报酬及支付方式;

(五)实习期间劳动保护和劳动安全、卫生、职业病危害防护条件;

(六)责任保险与伤亡事故处理办法;

(七)实习考核方式;

(八)各方违约责任;

(九)三方认为应当明确约定的其他事项。

第十六条 职业学校和实习单位要依法保障实习学生的基本权利,并不得有以下情形:

(一)安排、接收一年级在校学生进行岗位实习;

(二)安排、接收未满16周岁的学生进行岗位实习;

(三)安排未成年学生从事《未成年工特殊保护规定》中禁忌从事的劳动;

(四)安排实习的女学生从事《女职工劳动保护特别规定》中禁忌从事的劳动;

(五)安排学生到酒吧、夜总会、歌厅、洗浴中心、电子游戏厅、网吧等营业性娱乐场所实习;

(六)通过中介机构或有偿代理组织、安排和管理学生实习工作;

(七)安排学生从事Ⅲ级强度及以上体力劳动或其他有害身心健康的实习。

第十七条 除相关专业和实习岗位有特殊要求,并事先报上级主管部门备案的实习安排外,实习单位应遵守国家关于工作时间和休息休假的规定,并不得有以下情形:

（一）安排学生从事高空、井下、放射性、有毒、易燃易爆，以及其他具有较高安全风险的实习；

（二）安排学生在休息日、法定节假日实习；

（三）安排学生加班和上夜班。

第十八条　接收学生岗位实习的实习单位，应当参考本单位相同岗位的报酬标准和岗位实习学生的工作量、工作强度、工作时间等因素，给予适当的实习报酬。在实习岗位相对独立参与实际工作、初步具备实践岗位独立工作能力的学生，原则上应不低于本单位相同岗位工资标准的80%或最低档工资标准，并按照实习协议约定，以货币形式及时、足额、直接支付给学生，原则上支付周期不得超过1个月，不得以物品或代金券等代替货币支付或经过第三方转发。

第十九条　在遇有自然灾害、事故灾难、公共安全等突发事件或重大风险时，按照属地管理要求，分不同风险等级、实习阶段做好分类管控工作。

第二十条　职业学校和实习单位不得向学生收取实习押金、培训费、实习报酬提成、管理费、实习材料费、就业服务费或者其他形式的实习费用，不得扣押学生的学生证、居民身份证或其他证件，不得要求学生提供担保或者以其他名义收取学生财物。

第二十一条　实习学生应当遵守职业学校的实习要求和实习单位的规章制度、实习纪律及实习协议，爱护实习单位设施设备，完成规定的实习任务，撰写实习日志，并在实习结束时提交实习报告。

第二十二条　职业学校要和实习单位互相配合，在学生实习全过程中，加强思想政治、安全生产、道德法纪、心理健康等方面的教育。

第二十三条　职业学校要和实习单位建立学生实习信息通报制度，职业学校安排的实习指导教师和实习单位指定的专人应当负责学生实习期间的业务指导和日常巡查工作，原则上应当每日检查并向职业学校和实习单位报告学生实习情况。遇有重要情况应当立即报告，不得迟报、瞒报、漏报。

第二十四条 职业学校组织学生到外地实习，应当安排学生统一住宿。具备条件的实习单位应当为实习学生提供统一住宿。职业学校和实习单位要建立实习学生住宿制度和请销假制度。学生申请在统一安排的宿舍以外住宿的，须经学生法定监护人（或家长）签字同意，由职业学校备案后方可办理。

职业学校组织学生跨省实习的，须事先经学校主管部门同意，按程序报省级主管部门备案。实习派出地省级主管部门要同步将实习学校、实习单位、实习指导教师等信息及时提供实习单位所在地省级主管部门。跨省实习数量较大的省份之间，要建立跨省实习常态化协同机制。

实习单位所在地省级教育主管部门牵头，会同省级有关部门，将接收省外实习学生的本省实习单位按职责分工纳入本部门实习日常监管体系，将监管发现的有关问题及时告知实习派出省份省级教育主管部门，并积极协助实习派出省份协调实习所在地有关部门，做好有关事件处置工作。

第二十五条 安排学生赴国（境）外实习的，应当事先经学校主管部门同意，按程序报省级主管部门备案，并通过国家驻外有关机构了解实习环境、实习单位和实习内容等情况，必要时可派人实地考察。要选派指导教师全程参与，做好实习期间的管理和相关服务工作。

第二十六条 各地职业学校主管部门应当建立学生实习管理和综合服务平台，协调相关职能部门、行业企业、有关社会组织，为学生实习提供信息服务。省级教育主管部门要会同有关部门，加强统筹整合，推进信息互通共享。

第四章 实习考核

第二十七条 职业学校要会同实习单位，完善过程性考核与结果性考核有机结合的实习考核制度,根据实习目标、学生实习岗位职责要求制订具体考核方式和标准,共同实施考核。

学生实习考核要纳入学业评价,考核成绩作为毕业的重要依据。不得简单套用实习单位考勤制度,不得对学生简单套用员工标准进行考核。

第二十八条 职业学校应当会同实习单位对违反规章制度、实习纪律、实习考勤考核要求以及实习协议的学生,进行耐心

细致的思想教育,对学生违规行为依照校规校纪和有关实习管理规定进行处理。学生违规情节严重的,经双方研究后,由职业学校给予纪律处分;给实习单位造成财产损失的,依法承担相应责任。

对受到处理的学生,要有针对性地做好思想引导和教育管理工作。

第二十九条 职业学校应当组织做好学生实习情况的立卷归档工作。实习材料包括纸质材料和电子文档,具体包括以下内容:

(一)实习三方协议;

(二)实习方案;

(三)学生实习报告;

(四)学生实习考核结果;

(五)学生实习日志;

(六)学生实习检查记录;

(七)学生实习总结;

(八)有关佐证材料(如照片、音视频等)。

第五章 安全职责

第三十条 职业学校和实习单位要确立“安全第一、预防为主”的原则,强化实习单位主要负责人安全生产第一责任人职责,严格执行国家及地方安全生产、职业卫生、人格权保护等有关规定。职业学校

主管部门应当会同相关行业主管部门加强实习安全监督检查。

第三十一条　实习单位应当健全本单位安全生产责任制，执行相关安全生产标准，健全安全生产规章制度和操作规程，制定生产安全事故应急救援预案，配备必要的安全保障器材和劳动防护用品，加强对实习学生的安全生产教育培训和管理，保障学生实习期间的人身安全和健康。未经教育培训或未通过考核的学生不得参加实习。

第三十二条　实习学生应遵守国家法律法规、校纪校规和实习单位安全管理规定，认真完成实习方案规定的实习任务，提高自我保护意识。

第三十三条　地方各级负有安全生产监督管理职责的部门要将实习安全责任履行情况作为安全生产检查的重要内容，在各自职责范围内对有关行业、领域实习单位落实安全生产主体责任实施监督管理，依法对实习单位制定并实施本单位实习学生教育培训计划落实情况进行监督检查。

第六章　保障措施

第三十四条　加快发展职业学校学生实习责任保险和适应职业学校学生实习需求的意外伤害保险产品，提高职业学校学生实习期间的风险保障水平。鼓励保险公司对学徒制保险专门确定费率，实现学生实习保险全覆盖。积极探索职业学校实习学生参加工伤保险办法。

第三十五条　职业学校和实习单位应当根据法律、行政法规，为实习学生投保实习责任保险。责任保险范围应当覆盖实习活动的全过程，包括学生实习期间遭受意外事故及由于被保险人疏忽或过失导致的学生人身伤亡，被保险人依法应当承担的赔偿责任以及相关法律费用等。

学生实习责任保险的费用可按照规定从职业学校学费中列支；免除学费的可从免学费补助资金中列支，不得向学生另行收取或从学生实习报酬中抵扣。职业学校与实习单位达成协议由实习单位支付学生实习责任保险投保经费的，实习单位支付的投保经费可从实习单位成本（费用）中列支。

鼓励实习单位为实习学生购买意外伤害险，投保费用可从实习单位成本（费用）中列支。

第三十六条　学生在实习期间受到人身伤害，属于保险赔付范围的，由承保保险公司按保险合同赔付标准进行赔付；不属于保险赔付范围或者超出保险赔付额度的部分，由实习单位、职业学校、学生依法承担相应责任；职业学校和实习单位应当及时采取救治措施，并妥善做好善后工作和心理抚慰。

第三十七条　地方各级工业和信息化部门应当鼓励先进制造业企业、省级“专精特新”中小企业、产教融合型企业等积极参与校企合作，提供实习岗位。

第三十八条　地方财政部门要落实职业学校生均拨款制度，统筹考虑学生实习安全保障相关支出和学费水平，科学合理确定生均拨款标准。实习单位因接收学生实习所实际发生的与取得收入有关的合理支出，依法在计算应纳税所得额时扣除。

第三十九条　地方各级国资部门应当指导国有企业特别是大型企业将实习纳入人力资源管理重要内容，对行为规范、成效显著的企业，按照有关规定予以相应政策支持。

第四十条　县级以上地方人民政府可结合实际，对实习工作成效明显的职业学校、实习学生和实习单位，按规定给予相应的激励。

第四十一条　职业学校应当对参与学生实习指导和管理工作中表现优秀的教师，在职称评聘和职务晋升、评优表彰等方面予以倾斜。

第七章　监督与处理

第四十二条　教育部门会同有关部门建立职业学校学生实习管

理工作协调落实机制。有关部门根据部门职责加强日常监管,并结合教育督导、治安管理、安全生产检查、职业卫生监督检查、劳动保障监察、工商执法等,采取“双随机一公开”方式,联合开展监督检查,对支持职业学校实习工作成效显著的实习单位,按照国家有关规定予以激励和政策支持,对违规行为依法依规严肃处理。

第四十三条 地方各级教育部门应当会同有关部门,将职业学校学生实习情况作为职业学校质量监测、办学水平评价、领导班子工作考核、财政性教育经费分配等的重要指标;纳入学校和各级地方教育行政部门年度质量报告内容,向社会公布,接受社会监督;加强调研和宣传,推广典型经验做法。

第四十四条 地方各级市场监管部门要将治理实习违规行为纳入整顿和规范市场经济秩序有关工作体系,将有实习违规行为的企业信息纳入社会信用体系,并按规定进行失信联合惩戒。

第四十五条 有关部门和职业学校要通过热线电话、互联网、信访等途径,畅通政策咨询与情况反映渠道,汇总情况反映和问题线索并建立专门台账,按管理权限和职责分工组织进行整改。

第四十六条 对违反本规定组织学生实习的职业学校,由职业学校主管部门依法责令改正。拒不改正或者管理混乱,造成严重后果、恶劣影响的,应当对学校依据《中华人民共和国教育法》《中华人民共和国职业教育法》给予相应处罚,对直接负责的主管人员和其他直接责任人依照有关规定给予处分。因工作失误造成重大事故的,应当依法依规对相关责任人追究责任。

第四十七条 实习单位违反本规定,法律法规规定了法律责任的,县级以上地方人民政府或地方有关职能部门应当依法依规追究责任。职业学校可根据情况调整实习安排,根据实习协议要求实习单位承担相关责任。

对违反本规定安排、介绍或者接收未满 16 周岁学生在境内岗位实习的，由人力资源社会保障行政部门依照国家关于禁止使用童工法律法规进行查处；构成犯罪的，依法追究刑事责任。

对违反本规定从事学生实习中介活动或有偿代理的，法律法规规定了法律责任的，由相关部门依法依规追究责任；构成犯罪的，依法追究刑事责任。

第八章 附 则

第四十八条 各省、自治区、直辖市和新疆生产建设兵团教育主管部门应当会同人力资源社会保障等有关部门依据本规定，结合本地区实际制定实施细则或相应的管理制度。

第四十九条 非全日制职业教育、高中后中等职业教育学生，以及其他学校按规定开办的职业教育专业的学生实习参照本规定执行。

第五十条 本规定自印发之日起施行，此前发布的教育部及有关部门文件中，有关职业学校学生实习相关内容与此规定不一致的，以此规定为准。《职业学校学生实习管理规定》（教职成〔2016〕3 号）同时废止。

职业院校教材管理办法

（2019 年 12 月 16 日教育部发布 教材〔2019〕3 号）

第一章 总 则

第一条 为贯彻党中央、国务院关于加强和改进新形势下大中小学教材建设的意见，全面加强党的领导，落实国家事权，规范和加强职业院校教材管理，打造精品教材，切实提高教材建设水平，根据《中华人民共和国教育法》《中华人民共和国职业教育法》《中华人民共和国高等教育法》等法律法规，制定本办法。

第二条 本办法所称职业院校教材是指供中等职业学校和高等职业学校课堂和实习实训使用的教学用书，以及作为教材内容组成部分的教学材料（如教材的配套音视频资源、图册等）。

第三条 职业院校教材必须体现党和国家意志。坚持马克思主义指导地位，体现马克思主义中国化要求，体现中国和中华民族风格，体现党和国家对教育的基本要求，体现国家和民族基本价值观，体现人类文化知识积累和创新成果。

全面贯彻党的教育方针，落实立德树人根本任务，扎根中国大地，站稳中国立场，充分体现社会主义核心价值观，加强爱国主义、集体主义、社会主义教育，引导学生坚定道路自信、理论自信、制度自信、文化自信，成为担当中华民族复兴大任的时代新人。

第四条 中等职业学校思想政治、语文、历史课程教材和高等职业学校思想政治理论课教材，以及其他意识形态属性较强的教材和涉及国家主权、安全、民族、宗教等内容的教材，实行国家统一编写、统一审核、统一使用。专业课程教材在政府规划和引导下，注重发挥行业企业、教科研机构和学校的作用，更好地对接产业发展。

第二章 管理职责

第五条 在国家教材委员会指导和统筹下，职业院校教材实行分级管理，教育行政部门牵头负责，有关部门、行业、学校和企业等多方参与。

第六条 国务院教育行政部门负责全国职业院校教材建设的统筹规划、宏观管理、综合协调、检查督导，制定基本制度规范，组织制定中等职业学校公共基础课程方案和课程标准、职业院校专业教学标准等国家教学标准，组织编写国家统编教材，宏观指导教材编写、选用，组织国家规划教材建设,督促检查政策落实。出版管理、市场监督管理等有关部门依据各自职责分工,做好教材管理有关工作,加强对教材出版资质的管理,依法严厉打击教材盗版盗印,规范职业院校教材定价和发行工作。

有关部门、行业组织和行业职业教育教学指导机构,在国务院教育行政部门统筹下,参与教材规划、编写指导和审核、评价等方面工作,协调本行业领域的资源和专业人才支持教材建设。

第七条 省级教育行政部门负责落实国家关于职业院校教材建设的相关政策,负责本地区职业院校教材的规划、管理和协调,牵头制定本地区教材管理制度,指导监督市、县和职业院校课程教材工作。

第八条 职业院校要严格执行国家和地方关于教材管理的政策规定,健全内部管理制度,选好用好教材。在国家和省级规划教材不能满足需要的情况下,职业院校可根据本校人才培养和教学实际需要,补充编写反映自身专业特色的教材。学校党委(党组织)对本校教材工作负总责。

第三章 教材规划

第九条 职业院校教材实行国家、省(区、市)两级规划制度。国务院教育行政部门重点组织规划职业院校公共基础必修课程和专业核心课程教材,根据需要组织规划服务国家战略的教材和紧缺、薄弱领域的教材。省级教育行政部门重点组织规划体现区域特色的公共选修课程和国家规划教材以外的专业课程教材。

第十条 教材规划要坚持正确导向,面向需求、各有侧重、有机衔接,处理好落实共性要求与促进特色发展的关系,适应新时代技术技能人才培养的新要求,服务经济社会发展、产业转型升级、技术技能积累和文化传承创新。

第十一条 国家教材建设规划由国务院教育行政部门统一组织。

在联合有关部门、行业组织、行业职业教育教学指导机构进行深入论证，听取职业院校等方面意见的基础上，国务院教育行政部门明确国家规划教材的种类、编写要求等，并根据人才培养实际需要及时补充调整。

省级教材建设规划程序由省级教育行政部门确定，规划完成后报国务院教育行政部门批准。

第四章　教 材 编 写

第十二条　教材编写依据职业院校教材规划以及国家教学标准和职业标准（规范）等，服务学生成长成才和就业创业。教材编写应符合以下要求：

（一）以马克思列宁主义、毛泽东思想、邓小平理论、“三个代表”重要思想、科学发展观、习近平新时代中国特色社会主义思想为指导，有机融入中华优秀传统文化、革命传统、法治意识和国家安全、民族团结以及生态文明教育，弘扬劳动光荣、技能宝贵、创造伟大的时代风尚，弘扬精益求精的专业精神、职业精神、工匠精神和劳模精神，努力构建中国特色、融通中外的概念范畴、理论范式和话语体系，防范错误政治观点和思潮的影响，引导学生树立正确的世界观、人生观和价值观，努力成为德智体美劳全面发展的社会主义建设者和接班人。

（二）内容科学先进、针对性强，选文篇目内容积极向上、导向正确，选文作者历史评价正面，有良好的社会形象。公共基础课程教材要体现学科特点，突出职业教育特色。专业课程教材要充分反映产业发展最新进展，对接科技发展趋势和市场需求，及时吸收比较成熟的新技术、新工艺、新规范等。

（三）符合技术技能人才成长规律和学生认知特点，对接国际先进职业教育理念，适应人才培养模式创新和优化课程体系的需要，专业课程教材突出理论和实践相统一，强调实践性。适应项目学习、案例学习、模块化学习等不同学习方式要求，注重以真实生产项目、典型工作任务、案例等为载体组织教学单元。

（四）编排科学合理、梯度明晰，图、文、表并茂，生动活泼，形式新颖。名称、名词、术语等符合国家有关技术质量标准和规范。倡导开发活页式、工作手册式新形态教材。

（五）符合知识产权保护等国家法律、行政法规，不得有民族、地域、性别、职业、年龄歧视等内容，不得有商业广告或变相商业广告。

第十三条　职业院校教材实行单位编写制。编写单位负责组织编写团队，审核编写人员条件，对教材编写修订工作给予协调和保障。

中等职业学校思想政治、语文、历史课程教材，高等职业学校思想政治理论课教材，由国务院教育行政部门统一组织编写。其他教材由具备以下条件的单位组织编写：

（一）在中华人民共和国境内登记注册、具有独立法人资格、在相关领域有代表性的学校、教科研机构、企业、出版机构等，单位法定代表人须具有中华人民共和国国籍。

（二）有熟悉相关学科专业教材编写工作的专业团队，能组织行业、企业和教育领域高水平专业人才参与教材编写。

（三）有对教材持续进行培训、指导、回访等跟踪服务和研究的专业团队，有常态化质量监控机制，能够为修订完善教材提供稳定支持。

（四）有相应的经费保障条件与其他硬件支持条件，能保证正常的编写工作。

（五）牵头承担国家规划教材编写任务的单位，原则上应为省级以上示范性（骨干、高水平）职业院校或重点职业院校、在国家级技能竞赛中成绩突出的职业院校、承担国家重点建设项目的职业院校和普通高校、行业领先企业、教科研机构、出版机构等。编写单位为出版机构的，原则上应为教育、科技类或行业出版机构，具备专业编辑力量和较强的选题组稿能力。

第十四条 教材编写人员应经所在单位党组织审核同意，并由编写单位集中向社会公示。编写人员应符合以下条件：

（一）政治立场坚定，拥护中国共产党的领导，认同中国特色社会主义，坚定“四个自信”，自觉践行社会主义核心价值观，具有正确的世界观、人生观、价值观，坚持正确的国家观、民族观、历史观、文化观、宗教观，没有违背党的理论和路线方针政策的言行。

（二）熟悉职业教育教学规律和学生身心发展特点，对本学科专业有比较深入的研究，熟悉行业企业发展与用人要求。有丰富的教学、教科研或企业工作经验，一般应具有中级及以上专业技术职务（技术资格），新兴行业、行业紧缺技术人才、能工巧匠可适当放宽要求。

（三）遵纪守法，有良好的思想品德、社会形象和师德师风。

（四）有足够时间和精力从事教材编写修订工作。

编写人员不能同时作为同一课程不同版本教材主编。

第十五条 教材编写实行主编负责制。主编主要负责教材整体设计，把握教材编写进度，对教材编写质量负总责。主编须符合本办法第十四条规定外，还需符合以下条件：

（一）坚持正确的学术导向，政治敏锐性强，能够辨别并自觉抵制各种错误政治观点和思潮。

（二）在本学科专业有深入研究、较高的造诣，或是全国知名专家、学术领军人物，有在相关教材或教学方面取得有影响的研究成果，熟悉相关行业发展前沿知识与技术，有丰富的教材编写经验。一般应具有高级专业技术职务，新兴专业、行业紧缺技术人才、能工巧匠可适当放宽要求。

（三）有较高的文字水平，熟悉教材语言风格，能够熟练运用中国特色的话语体系。

审核通过后的教材原则上不更换主编，如有特殊情况，编写单位应报相应的主管部门批准。

第十六条　教材编写团队应具有合理的人员结构，包含相关学科专业领域专家、教科研人员、一线教师、行业企业技术人员和能工巧匠等。

第十七条　教材编写过程中应通过多种方式征求各方面特别是一线师生和企业意见。教材编写完成后，应送一线任课教师和行业企业专业人员进行审读、试用，根据审读意见和试用情况修改完善教材。

第十八条　职业院校教材投入使用后，应根据经济社会和产业升级新动态及时进行修订，一般按学制周期修订。国家统编教材修订由国务院教育行政部门统一组织实施，其他教材修订由编写单位按照有关要求进行。

第五章　教材审核

第十九条　职业院校教材实行分级分类审核，坚持凡编必审。

国家统编教材由国家教材委员会审核。

国家规划教材由国务院教育行政部门组建的国家职业院校教材审核机构负责审核；省级规划教材由省级教育行政部门组建的职业院校教材审核机构负责审核，其中意识形态属性较强的教材还应送省级党委宣传部门牵头进行政治把关。

其他教材由教材编写单位相关主管部门委托熟悉职业教育和产业人才培养需求的专业机构或专家团队进行审核认定。

教材出版部门成立专门政治把关机构，建强工作队伍和专家队伍，在所编修教材正式送审前，以外聘专家为主，进行专题自查，把好政治关。

第二十条　教材审核人员应包括相关学科专业领域专家、教科研专家、一线教师、行业企业专家等。审核专家应符合本办法第十四条（一）（二）（三），第十五条（一）（三）规定的条件，具有较高的政策理论水平，客观公正，作风严谨，并经所在单位党组织审核同意。

实行教材编审分离制度,遵循回避原则。

第二十一条 国家规划教材送审工作由国务院教育行政部门统一部署。省级规划教材审核安排由省级教育行政部门根据实际情况具体规定。

第二十二条 教材审核应依据职业院校教材规划以及课程标准、专业教学标准、顶岗实习标准等国家教学标准要求,对照本办法第三条、十二条的具体要求,对教材的思想性、科学性、适宜性进行全面把关。

政治立场、政治方向、政治标准要有机融入教材内容,不能简单化、“两张皮”;政治上有错误的教材不能通过;选文篇目内容消极、导向不正确的,选文作者历史评价或社会形象负面的、有重大争议的,必须更换;教材编写人员政治立场、价值观和品德作风有问题的必须更换。

严格执行重大选题备案制度。

除统编教材外,教材审核实行盲审制度。

第二十三条 公共基础必修课程教材审核一般按照专家个人审读、集体审核环节开展,重点审核全套教材的编写思路、框架结构及章节内容。应由集体充分讨论形成审核结论。审核结论分“通过”“重新送审”和“不予通过”三种。具体审核程序由负责组织审核的机构制定。

其他规划教材审核程序由相应审核机构制定。

实用技能类教材可适当简化审核流程。

第二十四条 新编或修订幅度较大的公共基础必修课程教材应选聘一线任课教师进行审读和试用。审读意见和试用情况作为教材审核的重要依据。

第二十五条 国家和省级规划教材通过审核,经教育行政部门批准后,纳入相应规划教材目录,由国务院教育行政部门和省级教育行政部门定期公开发布。经审核通过的教材,未经相关教育行政部门同意,不得更改。

国家建立职业院校教材信息库。规划教材自动进入信息库。非规划教材按程序审核通过后,纳入信息库。

第六章　出版与发行

第二十六条　根据出版管理相关规定,教材出版实行资质准入制度,合理定价。国家出版管理部门对职业院校教材出版单位进行资质清单管理。

职业院校教材出版单位应符合以下条件:

(一)对应所出版的教材,有不少于 3 名具有相关学科专业背景和中级以上职业资格的在编专职编辑人员。

(二)具备教材使用培训、回访服务等可持续的专业服务能力。

(三)具有与教材出版相适应的资金和经营规模。

(四)最近 5 年内未受到出版主管部门的处罚,无其他违法违纪违规行为。

第二十七条　承担教材发行的机构应取得相应的资质,根据出版发行相关管理规定,最近 5 年内未受到出版主管部门处罚,无其他违法违纪违规行为。

各级出版管理部门、市场监督管理部门会同教育行政部门指导、监督教材发行机构,健全发行机制,确保课前到书。

第七章　选用与使用

第二十八条　国务院教育行政部门负责宏观指导职业院校教材选用使用工作。省级教育行政部门负责管理本地区职业院校教材选用使用工作,制定各类教材的具体选用办法。

第二十九条　教材选用须遵照以下原则:

（一）教材选用单位须组建教材选用委员会，具体负责教材的选用工作。教材选用委员会成员应包括专业教师、行业企业专家、教科研人员、教学管理人员等，成员应在本人所在单位进行公示。

（二）教材选用过程须公开、公平、公正，严格按照程序选用，并对选用结果进行公示。

第三十条 教材选用应结合区域和学校实际，切实服务人才培养。遵循以下要求：

（一）中等职业学校思想政治、语文、历史三科，必须使用国家统编教材。高等职业学校必须使用国家统编的思想政治理论课教材、马克思主义理论研究和建设工程重点教材。

（二）中等职业学校公共基础必修课程教材须在国务院教育行政部门发布的国家规划教材目录中选用。职业院校专业核心课程和高等职业学校公共基础课程教材原则上从国家和省级教育行政部门发布的规划教材目录中选用。

（三）国家和省级规划目录中没有的教材，可在职业院校教材信息库选用。

（四）不得以岗位培训教材取代专业课程教材。

（五）选用的教材必须是通过审核的版本，擅自更改内容的教材不得选用，未按照规定程序取得审核认定意见的教材不得选用。

（六）不得选用盗版、盗印教材。

职业院校应严格遵照选用结果使用教材。选用境外教材，按照国家有关政策执行。

第三十一条 教材选用实行备案制度。教材选用单位在确定教材选用结果后，应报主管教育行政部门备案。省级教育行政部门每学年将本地区职业院校教材选用情况报国务院教育行政部门备案。

第八章 服务与保障

第三十二条 统筹利用现有政策和资金渠道支持职业院校教材

建设。国家重点支持统编教材、国家规划教材建设以及服务国家战略教材和紧缺、薄弱领域需求的教材建设。教材编写、出版单位应加大投入,提升教材质量,打造精品教材。鼓励社会资金支持教材建设。

第三十三条　承担国家统编教材编写修订任务,主编和核心编者视同承担国家级科研课题;承担国家规划公共基础必修课和专业核心课教材编写修订任务,主编和核心编者视同承担省部级科研课题,享受相应政策待遇。审核专家根据工作实际贡献和发挥的作用参照以上标准执行。对承担国家和省级规划教材编审任务的人员,所在单位应充分保证其工作时间,将编审任务纳入工作量计算,并在评优评先、职称评定、职务(岗位)晋升方面予以倾斜。落实国家和省级教材奖励制度,加大对优秀教材的支持。

第三十四条　国务院教育行政部门应牵头建立职业院校教材信息发布和服务平台,及时发布教材编写、出版、选用及评价信息。完善教材服务网络,定期开展教材展示,加强教材统计分析、社会调查、基础文献、案例集成等专题数据库的建设和应用。加强职业院校教材研究工作。

第九章　评价与监督

第三十五条　国务院和省级教育行政部门分别建立教材选用跟踪调查制度,组织专家对教材选用工作进行评价、对教材质量进行抽查。职业院校定期进行教材使用情况调查和分析,并形成教材使用情况报告报主管教育行政部门备案。

第三十六条　国务院和省级教育行政部门对职业院校教材管理工作进行监督检查,将教材工作纳入地方教育督导评估重要内容,纳入职业院校评估、项目遴选、重点专业建设和教学质量评估等考核指标体系。

第三十七条　国家教育、出版管理、市场监督管理等部门依据职责对教材编写、审核、出版、发行、选用等环节中存在违规行为的单位和人员实行负面清单制度,通报有关机构和学校。对存在违规情况的有关责任人,视情节严重程度和所造成的影响,依照有关规定给予相应处分。涉嫌犯罪的,依法追究刑事责任。编写者出现违法违纪情形的,必须及时更换。

第三十八条 存在下列情形之一的,相应教材停止使用,视情节轻重和所造成的影响,由上级或同级主管部门给予通报批评、责令停止违规行为,并由主管部门按规定对相关责任人给予相应处分。对情节严重的单位和个人列入负面清单;涉嫌犯罪的,依法追究刑事责任。

(一)教材内容政治方向、价值导向存在问题。

(二)教材内容出现严重的科学性错误。

(三)教材所含链接内容存在问题,产生严重后果。

(四)盗版盗印教材。

(五)违规编写出版国家统编教材及其他公共基础必修课程教材。

(六)用不正当手段严重影响教材审核、选用工作。

(七)未按规定程序选用,选用未经审核或审核未通过的教材。

(八)在教材中擅自使用国家规划教材标识,或使用可能误导职业院校教材选用的相似标识及表述,如标注主体或范围不明确的“规划教材”“示范教材”等字样,或擅自标注“全国”“国家”等字样。

(九)其他造成严重后果的违法违纪违规行为。

第十章 附 则

第三十九条 省级教育行政部门应根据本办法制定实施细则。有关部门可依据本办法制定所属职业院校教材管理的实施细则。作为教材使用的讲义、教案和教参以及数字教材参照本办法管理。

第四十条 本办法自印发之日起施行。其他职业院校教材管理制度,凡与本办法有关规定不一致的,以本办法为准。与本办法规定不一致且难以立刻终止的，应在本办法印发之日起6个月内纠正。

本办法由国务院教育行政部门负责解释。

中等职业学校收费管理暂行办法

（1996年12月16日国家教育委员会、
国家计划委员会、财政部发布）

第一条 为了加强中等职业学校收费管理工作，理顺管理体制，规范中等职业学校收费行为，保障学校和受教育者的合法权益，根据《中华人民共和国教育法》第二十九条的规定和国家有关行政事业性收费管理的规定，制定本暂行办法。

第二条 本暂行办法适用于中华人民共和国境内的所有职业高中学校、普通中等专业学校（含中等师范学校）、技工学校、普通中学附设的各种职业高中班。

第三条 中等职业教育属于非义务教育阶段，学校依据国家有关规定，向学生收取学费。

第四条 学费标准根据年生均教育培养成本的一定比例确定。不同地区、不同专业的学校应有所区别。

教育培养成本包括以下项目；公务费、业务费、设置购置费、修缮费、教职工人员经费等正常办学费用支出。不包括灾害损失、事故、校办产业支出等非正常办学费用支出。

第五条 学费占年生均教育培养成本的比例和标准的审批权限在省级人民政府。由省级教育部门提出意见，物价部门会同财政部门根据当地经济发展水平、办学条件和居民经济承受能力进行审核，三部门共同报省级人民政府批准后，由教育部门执行。

第六条 学费标准的调整,由省级教育、物价、财政部门按照第五条规定的程序,根据本行政区域内的物价上涨水平和居民收入平均增长水平提出方案,报省级人民政府批准后执行。

第七条 对少数特殊专业,对家庭经济困难的学生,应酌情减免学费,具体减免办法,由各省、自治区、直辖市人民政府制定。

第八条 学费收费按学期进行,不得跨学期预收。

第九条 学费由学校财务部门统一收取,到指定的物价部门申领收费许可证,并使用省级财政部门统一印制的行政事业性收费专用票据。

第十条 学费是学校经费的必要来源之一,纳入单位财务统一核算,统筹用于办学支出。任何部门、单位和个人不得截留、挤占和挪用。学费的收支情况应按级次向教育主管部门和财政、物价部门报告,并接受社会和群众监督。

第十一条 学校为学生提供的住宿收费,应严格加以控制,住宿费收费标准必须严格按照实际成本确定,不得以营利为目的。具体收费标准,由学校主管部门提出意见,报当地物价部门会同财政部门审批。

第十二条 中等职业学校除收取学费和住宿费以外,未经财政部、国家计委、国家教委联合批准或省级人民政府批准,不得再向学生收取任何费用。

第十三条 各省、自治区、直辖市人民政府必须高度重视并加强对学校收费工作的统一领导和集中管理,根据国家有关规定研究制定必要的收费管理办法,规范审批程序,制定学生年生均教育培养成本等确定学费标准的依据文件,定期向社会公布,接受群众监督。

第十四条 教育收费管理由各级教育、物价、财政部门共同负责。各级教育、物价、财政部门要加强对学校收的管理和监督,督促学校严格执行国家有关教育收费管理的政策和规定,建立健全收费管理的规章和制度,对巧立名目擅自增设收费项目、扩大收费范围和提高收费标准的,对挤占挪用学费收入的,要按国家有关规定予以严肃查处;对乱收费屡禁不止、屡查屡犯,情节严重的,要按国家有关规定对学校负责人给予行政处分。

第十五条 各省、自治区、直辖市教育、物价、财政部门,应根据本办法,制定具体实施办法,并报国家教委、国家计委、财政部备案。

第十六条 本办法由国家教委、国家计委、财政部负责解释。

第十七条 本办法自颁布之日起执行。

中国人民银行助学贷款管理办法

(2000 年 8 月 24 日中国人民银行发布)

第一条 为支持教育事业的发展,加速人才培养,各商业银行和城乡信用社(以下简称贷款人)均可根据《贷款通则》自主办理助学贷款。

第二条 助学贷款可采取无担保(信用)助学贷款和担保助学贷款方式。

第三条 贷款人对高等学校的在读学生(包括专科、本科和研究生)(以下简称借款人)发放无担保(信用)助学贷款,对其直系亲属、法定监护人(以下简称借款人)发放无担保(信用)助学贷款和担保助学贷款。

第四条 高等学校的在读学生申请助学贷款须具备以下基本条件:入学通知书或学生证,有效居民身份证;同时要有同班同学或老师共两名对其身份提供证明。

第五条 高等学校在读学生申请助学贷款要按规定填写借款合

同,承诺离开学校后向贷款人提供工作单位和通讯方式,承诺贷款逾期一年不还,又未提出展期,可由贷款人在就学的高等学校或相关媒体上公布其姓名、身份证号码,予以查询。

第六条 助学贷款的最高限额不超过学生在读期间所在学校的学费与生活费。

第七条 助学贷款的期限一般不超过八年,是否展期由贷款人与借款人商定。

第八条 助学贷款利率按中国人民银行规定的同期限贷款利率执行,不上浮。

第九条 助学贷款采取灵活的还本付息方式,可提前还贷,或利随本清,或分次偿还(按年、按季或按月),具体方式由贷款人和借款人商定并载入合同。贷款本息提前归还的,提前归还的部分按合同约定利率和实际使用时间计收利息;贷款本息不能按期归还的,贷款人按规定计收罚息。

第十条 各级政府和社会各界为借款人提供担保或利息补贴的,其贴息比例、贴息时间由贷款人或借款人所在学校与贴息提供者共同商定。

第十一条 借款人要恪守信用,如因各种原因离开学校后,应主动告知贷款人其最新通讯方式和工作单位,按期偿还贷款本息。

第十二条 高等学校应对在读学生申请助学贷款和贷款人发放、收回助学贷款的管理工作予以协助。如借款人在校期间发生转学、休学、退学、出国、被开除、伤亡等情况,借款人所在学校有义务及时通知贷款人。

第十三条 贷款人要根据本办法制定具体的操作规程,改进服务,加强对助学贷款发放和收回的管理,提高助学贷款的使用效益。

学生资助资金管理办法

（2021年12月30日财政部、教育部、人力资源社会保障部、退役军人部、中央军委国防动员部发布　财教〔2021〕310号）

第一章　总　　则

第一条　为规范和加强学生资助资金管理，提高资金使用效益，确保资助工作顺利开展，根据国家预算管理有关规定，制定本办法。

第二条　本办法所称学生资助资金是指中央财政用于支持落实高等教育（含本专科生和研究生教育）、中等职业教育、普通高中教育等国家资助政策的资金，包括国家奖学金、国家励志奖学金、学业奖学金、国家助学金、免学（杂）费补助资金、服兵役国家教育资助资金、基层就业学费补偿国家助学贷款代偿资金、国家助学贷款奖补资金等。

第三条　本办法所称普通高校是指根据国家有关规定批准设立、实施全日制高等学历教育的普通本科学校、高等职业学校、高等专科学校；中等职业学校是指根据国家有关规定批准设立、实施全日制中等学历教育的各类职业学校（含技工学校）；普通高中是指根据国家有关规定批准设立的普通高中学校（含完全中学和十二年一贯制学校的高中部）。

以上所称各类学校包括民办普通高校（含独立学院）、民办中等职业学校和民办普通高中。

第四条　学生资助资金由财政部、教育部、人力资源社会保障部按职责共同管理。财政部负责学生资助资金分配和预算下达，组织教育部、人力资源社会保障部等部门编制学生资助资金中期财政规划和年度预算草案。教育部会同人力资源社会保障部负责组织各地审核上报享受资助政策的学生人数、资助范围、资助标准等基础数据，提出预算分配建议方案，负责完善学生信息管理系统，加强学生学籍和资助信息管理，对提供的基础数据和预算分配建议方案真实性、准确性、及时性负责。教育部、人力资源社会保障部会同财政部等部门对资金使用和政策执行情况进行监督管理。退役军人部负责组织各地做好自主就业退役士兵的身份认证工作。中央军委国防动员部负责组织各地兵役机关做好申请学费资助学生入伍的相关认证工作。

省级财政、教育、人力资源社会保障部门负责明确省级及省以下各级财政、教育、人力资源社会保障部门在学生资助基础数据审核、资金安排、使用管理等方面的责任，切实加强资金管理。

学校是学生资助资金使用的责任主体，应当切实履行法人责任，健全内部管理机制，具体组织预算执行。

第二章　资助范围和标准

第五条　普通高校资助范围及标准包括：

（一）本专科生国家奖学金。奖励特别优秀的全日制本专科生，每年奖励 6 万名，每生每年 8000 元。

（二）本专科生国家励志奖学金。奖励资助品学兼优的家庭经济困难的全日制本专科生，本科生资助范围约为全国普通高校全日制本科在校生总数的 3%，高职学生资助范围约为全国普通高校全日制高职在校生总数的 3.3%，每生每年 5000 元。

（三）本专科生国家助学金。资助家庭经济困难的全日制本专科生（含预科生，不含退役士兵学生），本科生资助范围约为全国普通高校全日制本科在校生总数的 20%，高职学生资助范围约为全国普通高校全日制高职在校生总数的 22%，平均资助标准为每生每年 3300 元，具体标准由高校在每生每年2000—4500元范围内自主确定，可以分为2—3档。全日制在校退役士兵学生全部享受本专科生国家助学金，资助标准为每生每年3300元。

（四）研究生国家奖学金。奖励特别优秀的全日制研究生，每年奖励4.5万名。其中：硕士生3.5万名，每生每年20000元；博士生1万名，每生每年30000元。

（五）研究生学业奖学金。奖励中央高校全日制研究生，中央财政按照硕士研究生每生每年8000元、博士研究生每生每年10000元的标准以及在校学生数的一定比例给予支持。

（六）研究生国家助学金。资助全日制研究生的基本生活支出。中央高校硕士研究生每生每年6000元，博士研究生每生每年15000元；地方所属高校研究生国家助学金资助标准由各省（自治区、直辖市、计划单列市，以下统称省）财政部门会同教育部门确定，硕士研究生每生每年不低于6000元，博士研究生每生每年不低于13000元。

（七）服兵役高等学校学生国家教育资助。对应征入伍服义务兵役、招收为士官、退役后复学或入学的高等学校学生实行学费补偿、国家助学贷款代偿、学费减免。学费补偿或国家助学贷款代偿金额，按学生实际缴纳的学费或用于学费的国家助学贷款（包括本金及其全部偿还之前产生的利息，下同）两者金额较高者执行；复学或新生入学后学费减免金额，按高等学校实际收取学费金额执行。

学费补偿、国家助学贷款代偿以及学费减免的标准，本专科生每生每年最高不超过12000元，研究生每生每年最高不超过16000元。超出标准部分不予补偿、代偿或减免。

（八）基层就业学费补偿国家助学贷款代偿。对到中西部地区和艰苦边远地区基层单位就业的中央高校应届毕业生实行学费补偿或国家助学贷款代偿，本专科生每生每年最高不超过12000元，研究生每生每年最高不超过16000元。毕业生在校学习期间每年实际缴纳的学费或用于学费的国家助学贷款低于补偿代偿标准的，按照实际缴纳的学费或用于学费的国家助学贷款金额实行补偿代偿。毕业生在校学习期间每年实际缴纳的学费或用于学费的国家助学贷款高于补偿代偿标准的，按照标准实行补偿代偿。

第六条 国家助学贷款奖补资金。全部用于本地区全日制普通高校学生的资助。

第七条 中等职业学校资助范围及标准包括：

（一）国家奖学金。奖励学习成绩、技能表现等方面特别优秀的中等职业学校全日制在校生，每年奖励2万名，每生每年6000元。

（二）免学费。对中等职业学校全日制学历教育正式学籍一、二、三年级在校生中农村（含县镇）学生、城市涉农专业学生、城市家庭经济困难学生、民族地区学校就读学生、戏曲表演专业学生免除学费（其他艺术类相关表演专业学生除外）。城市家庭经济困难学生比例按规定分区域确定。免学费标准按照各级人民政府及其价格、财政主管部门批准的公办学校学费标准执行（不含住宿费）。

（三）国家助学金。资助中等职业学校全日制学历教育正式学籍一、二年级在校涉农专业学生和非涉农专业家庭经济困难学生。家庭经济困难学生比例按规定分区域确定。六盘山区等11个原连片特困地区和西藏、四省涉藏州县、新疆南疆四地州中等职业学校农村学生（不含县城）全部纳入享受国家助学金范围。平均资助标准每生每年2000元，具体标准由各地结合实际在1000—3000元范围内确定，可以分为2—3档。

第八条 普通高中资助范围及标准包括：

（一）免学杂费。对具有正式学籍的普通高中原建档立卡等家庭经济困难学生（含非建档立卡的家庭经济困难残疾学生、农村低保家庭学生、农村特困救助供养学生）免学杂费。西藏、四省涉藏州县和新疆南疆四地州学生继续执行现行政策。免学杂费标准按照各级人民政府及其价格、财政主管部门批准的公办学校学杂费标准执行（不含住宿费）。

（二）国家助学金。资助具有正式学籍的普通高中在校生中的家庭经济困难学生。各地可结合实际，在确定资助范

围时适当向农村地区、脱贫地区和民族地区倾斜。平均资助标准为每生每年2000元，具体标准由各地结合实际在1000—3000元范围内确定，可以分为2—3档。

第九条　国家奖学金、国家励志奖学金、学业奖学金、国家助学金、免学（杂）费补助资金、服兵役高等学校学生国家教育资助资金、基层就业学费补偿国家助学贷款代偿资金等标准，根据经济发展水平、财力状况、物价水平、相关学校收费标准等因素，实行动态调整。

第三章　资金分担和预算安排

第十条　学生资助资金采用因素法分配，根据学生人数、相关标准等进行测算。

第十一条　普通高校国家奖学金、国家励志奖学金、服兵役高等学校学生国家教育资助、国家助学贷款奖补资金由中央财政承担。中央高校的学业奖学金、国家助学金、基层就业学费补偿国家助学贷款代偿资金由中央财政承担。地方高校的学业奖学金、基层就业学费补偿国家助学贷款代偿资金由地方财政承担。地方高校的国家助学金由中央与地方分档按比例分担，按照本专科生每生每年3300元、硕士研究生每生每年6000元、博士研究生每生每年13000元的标准，不区分生源地区，第一档中央财政负担80%，第二档中央财政负担60%，第三档、第四档、第五档中央财政分别负担50%、30%、10%。

上述第一档包括内蒙古、广西、重庆、四川、贵州、云南、西藏、陕西、甘肃、青海、宁夏、新疆12个省（区、市）；第二档包括河北、山西、吉林、黑龙江、安徽、江西、河南、湖北、湖南、海南10个省；第三档包括辽

宁、山东、福建3个省；第四档包括天津、江苏、浙江、广东4个省（市）和大连、青岛、宁波、厦门、深圳5个计划单列市；第五档包括北京、上海2个直辖市。分档情况下同。

第十二条 国家助学贷款奖补资金分配因素包括国家助学贷款规模，权重为25%；获贷情况，权重为25%；奖补资金使用情况，权重为15%；学生资助工作管理情况，权重为35%。财政部会同教育部适时对相关因素和权重进行完善。

第十三条 中等职业教育国家奖学金由中央财政承担。中等职业教育免学费和国家助学金由中央与地方财政分档按比例分担，省级财政统筹落实。免学费补助资金和国家助学金均由中央财政统一按每生每年平均2000元的测算标准与地方分档按比例分担。其中：第一档中央财政负担80%；第二档中央财政负担60%；第三档、第四档、第五档中央财政分别负担50%、30%、10%。学生生源地为第一档但在第二档地区就读的，中央财政负担80%；生源地为第一档、第二档但在第三档、第四档、第五档地区就读的，中央财政分别负担80%、60%；根据国务院有关规定，部分中部市县比照享受西部地区政策，中央财政按第一档负担80%。

对因免学费导致学校收入减少的部分，由财政按照享受免学费政策学生人数和免学费标准补助学校，弥补学校运转出现的经费缺口。

对在经教育部门、人力资源社会保障部门依法批准的民办学校就读的一、二、三年级符合免学费政策条件的学生，按照当地同类型同专业公办学校标准给予补助。民办学校经批准的学费标准高于补助的部分，学校可以按规定继续向学生收取。

第十四条 国家统一实施的普通高中免学杂费和国家助学金政策，所需经费由中央与地方财政分档按比例分担，省级财政统筹落实。其中：第一档中央财政负担80%；第二档中央财政负担60%；第三档、第四档、第五档中央财政分别负担50%、30%、10%。

中央财政逐省核定免学杂费财政补助标准，原则上三年核定一次。对因免学杂费导致学校收入减少的部分，由财政按照免学杂费学生人数和免学杂费标准补助学校，弥补学校运转出现的经费缺口。

对在经教育部门依法批准的民办学校就读的符合免学杂费政策条件的学生，按照当地同类型公办学校标准给予补助。民办学校经批准的学杂费标准高于补助的部分，学校可以按规定继续向学生收取。

第十五条 财政部会同有关部门按照转移支付预算管理规定的时限等有关要求下达中央对地方转移支付预算、提前下达下一年度转移支付预计数。省级财政部门会同有关部门在收到转移支付预算（含提前下达预计数）后，应当按规定合理分配、及时下达，并抄送财政部当地监管局。地方各级财政部门应当加强预算管理，按有关规定及时足额拨付应负担的资金。中央高校所需资金按照部门预算管理要求下达，按照财政国库管理有关制度规定支付。

第十六条 服兵役高等学校学生国家教育资助，中央高校资金按照财政国库管理有关制度规定支付；地方高校资金由中央财政拨付各省级财政部门，采取“当年先行预拨，次年据实结算”的办法，中央财政每年对各省上一年度实际支出进行清算，并以上一年度实际支出金额为基数提前下拨各省当年预算资金。

中央高校基层就业学费补偿国家助学贷款代偿资金按照财政国库管理有关制度规定支付。

第四章 资金管理和监督

第十七条 学生资助资金纳入各级预算管理，各级财政、教育、人力资源社会保障等部门（单位）要按照预算管理有关规定加强学生资助资金预算编制、执行、决算等管理。

第十八条 地方各级教育、人力资源社会保障部门要加强资金发放、执行管理，做好基础数据的审核工作，对上报的可能影响资金分配结果的有关数据和信息的真实性、准确性负责；健全学生资助机构，组织学校做好家庭经济困难学生认定工作，确保应助尽助。各级各类学校要加强学生学籍、学生资助信息系统应用，规范档案管理，严格落实责任制，强化财务管理，制定学生资助资金管理使用办法。学校应将学生申请表、认定结果、资金发放等有关凭证和工作情况分年度建档备查。

第十九条 各级财政、教育、人力资源社会保障等部门要按照全面实施预算绩效管理的要求，建立健全全过程预算绩效管理机制，按规定科学合理设定绩效目标，对照绩效目标做好绩效监控、绩效评价，强化绩效结果运用，做好信息公开，提高资金使用效益。

第二十条 财政部各地监管局按照职责和财政部统一部署，对资金开展监管和专项检查。

第二十一条 各级财政、教育、人力资源社会保障等部门（单位）及其工作人员在学生资助资金分配和审核过程中滥用职权、玩忽职守、徇私舞弊以及违反规定分配或挤占、挪用、虚列、套取学生资助资金的，依法追究相应责任。

申报使用学生资助资金的部门、单位及个人在资金申报、使用过程中存在违法违规行为的，依照《中华人民共和国预算法》及其实施条例、《财政违法行为处罚处分条例》等国家有关规定追究相应责任。

第五章 附 则

第二十二条 各地、各校要结合实际，通过勤工助学、“三助”岗位、“绿色通道”、校内资助、社会资助等方式完善学生资助体系。公办普通高校、普通高中要从事业收入中分别足额提取4%—6%、3%—5%的经费用于资助学生，中等职业学校应从事业收入中提取一定比例的资金用于资助学生。民办学校应从学费收入中提取不少于5%的资金，用于奖励和资助学生。

第二十三条 各地要认真贯彻党中央、国务院关于实现巩固拓展脱贫攻坚成果同乡村振兴有效衔接等决策部署，在分配相关资金时，结合实际向脱贫地区倾斜。

第二十四条 科研院所、党校（行政学院）、国家会计学院等研究生培养单位学生资助资金管理按照本办法执行，所需资金通过现行渠道解决。

第二十五条 新疆生产建设兵团、农垦等所属学校学生资助资金管理和财政支持方式均按照有关法律法规、现行体制和政策执行。

第二十六条 各项学生资助政策涉及的申请、评审、发放、管理等工作按照《学生资助资金管理实施细则》执行。

第二十七条 各地要根据本办法，结合实际制定实施办法，抄送财政部、教育部、人力资源社会保障部。各中央高校要根据本办法制定具体实施办法，抄送财政部、教育部和中央主管部门。

第二十八条 本办法由财政部、教育部、人力资源社会保障部、退役军人部、中央军委国防动员部按职责负责解释。

第二十九条 本办法自印发之日起施行。《财政部 教育部 人力资源社会保障部 退役军人部 中央军委国防动员部关于印发〈学生资助资金管理办法〉的通知》（财科教〔2019〕19号）同时废止。

附：学生资助资金管理实施细则

附1：本专科生国家奖学金实施细则（略）

附2：本专科生国家励志奖学金实施细则（略）

附3：本专科生国家助学金实施细则（略）

附4：研究生国家奖学金实施细则（略）

附5：研究生学业奖学金实施细则（略）

附6：研究生国家助学金实施细则（略）

附7：服兵役高等学校学生国家教育资助实施细则（略）

附8：基层就业学费补偿国家助学贷款代偿实施细则（略）

附9：中等职业教育国家奖学金实施细则

附10：中等职业教育免学费实施细则

附11：中等职业教育国家助学金实施细则

附12：普通高中免学杂费实施细则（略）

附13：普通高中国家助学金实施细则（略）

附9：

中等职业教育国家奖学金实施细则

第一条 中等职业教育国家奖学金（以下简称国家奖学金），用于奖励中等职业学校（含技工学校，下同）全日制在校生中学习成绩、技能表现等方面特别优秀的学生，激励学生勤奋学习、磨练技能，德、智、体、美、劳全面发展。

第二条 国家奖学金的基本申请条件：

（一）具有中华人民共和国国籍；

（二）热爱祖国，拥护中国共产党的领导；

（三）遵守法律法规，遵守《中等职业学校学生公约》，遵守学校规章制度；

（四）诚实守信，道德品质优良；

（五）在校期间学习成绩优异，专业技能、社会实践、创新能力、综合素质等方面表现特别优秀。

第三条 全国学生资助管理中心会同全国技工院校学生资助管理工作办公室，根据中等职业学校全日制二年级（含）以上在校生数等因素，提出国家奖学金名额分配建议方案，报教育部、人力资源社会保障部、财政部同意后，联合下达国家奖学金名额，并组织实施国家奖学金评审工作。

第四条　国家奖学金每学年评审一次，实行等额评审，坚持公开、公平、公正、择优的原则。

第五条　中等职业学校学生资助管理机构具体负责组织国家奖学金申请受理、评审等工作，提出本校当年国家奖学金获奖学生建议名单，报学校领导集体研究审定后，在校内进行不少于5个工作日的公示。

公示无异议后，每年10月31日前，中等职业学校将评审结果按照程序分别报送省级教育、人力资源社会保障部门。

省级教育部门会同省级人力资源社会保障部门审核、汇总后，于每年11月10日前统一报送全国学生资助管理中心。全国学生资助管理中心、全国技工院校学生资助管理工作办公室联合组织完成国家级评审工作。

第六条　中等职业学校于每年12月31日前将当年国家奖学金一次性发放给获奖学生，并将获得国家奖学金情况记入学生学籍档案。

第七条　财政部、教育部、人力资源社会保障部委托全国学生资助管理中心、全国技工院校学生资助管理工作办公室加强对国家奖学金的管理，并颁发国家统一印制的荣誉证书。

附10：

中等职业教育免学费实施细则

第一条　中等职业教育免学费，是指对中等职业学校全日制学历教育正式学籍一、二、三年级在校生中农村（含县镇）学生、城市涉农专业学生、城市家庭经济困难学生、民族地区学校就读学生、戏曲表演专业学生免除学费（其他艺术类相关表演专业学生除外）。

第二条 中等职业学校应按规定受理学生申请，组织初审，按程序报至同级学生资助管理机构审核、汇总。审核结果应在学校内进行不少于5个工作日的公示。公示时，严禁涉及学生个人敏感信息及隐私。

第三条 中等职业学校应及时更新全国学生资助管理信息系统、全国技工院校信息管理系统数据，确保学生资助信息真实准确。

第四条 每年春季学期开学前，各地教育和人力资源社会保障部门按职责对中等职业学校办学资质进行全面清查并公示，对年检不合格的学校，取消其享受免学费补助资金的资格，并根据《中华人民共和国民办教育促进法》的规定，加强对民办中等职业学校的监管。纳入免学费补助范围的民办学校名单由省级教育和人力资源社会保障部门确定。

第五条 中等职业教育学生资助工作实行学校法人代表负责制，校长是第一责任人，对学校资助工作负主要责任。学校应当完善机构和人员配备，指定专人具体负责资助工作。

第六条 中等职业学校对家庭经济困难的新生，可先办理入学手续，根据核实后的家庭经济情况予以相应资助。

附11：

中等职业教育国家助学金实施细则

第一条 中等职业教育国家助学金（以下简称国家助学金）用于资助中等职业学校全日制学历教育正式学籍一、二年级在校涉农专业学生和非涉农专业家庭经济困难学生。

第二条 国家助学金的基本申请条件：

（一）热爱祖国，拥护中国共产党的领导；

（二）遵守宪法和法律，遵守学校规章制度；

（三）诚实守信，道德品质优良；

（四）勤奋学习，积极上进；

（五）家庭经济困难，生活俭朴。

第三条　国家助学金原则上按学年申请和评定，每学期动态调整。

第四条　学校应当按照《教育部等六部门关于做好家庭经济困难学生认定工作的指导意见》（教财〔2018〕16号）要求，结合实际细化《家庭经济困难学生认定申请表（样表）》，组织申请学生认真填写，并加强审核，做好家庭经济困难学生认定工作。学校应将相关申请材料随入学通知书一并寄发给录取的新生。

第五条　学校一般在5个工作日内按规定受理学生申请，接收相关材料，按照公开、公平、公正的原则组织初审，按程序报至同级学生资助管理机构审核、汇总。审核结果应在学校内进行不少于5个工作日的公示。公示时，严禁涉及学生个人敏感信息及隐私。

第六条　国家助学金通过中职学生资助卡、社会保障卡等方式发放给受助学生，原则上按学期发放，鼓励有条件的地区实行按月发放。发卡银行及学校不得向学生收取卡费等费用，不得以实物或服务等形式抵顶或扣减国家助学金。确因特殊情况无法办理中职学生资助卡、社会保障卡的，须经省级学生资助管理部门批准后方可通过现金发放。

第七条　学校应及时更新全国学生资助管理信息系统、全国技工院校信息管理系统数据，确保学生资助信息真实准确。

第八条　中等职业教育学生资助工作实行学校法人代表负责制，校长是第一责任人，对学校学生资助工作负主要责任。学校应当完善机构和人员配备，指定专人具体负责资助工作。

中华人民共和国中外合作办学条例

（2003 年 3 月 1 日国务院令第 372 号公布　根据 2013 年 7 月 18 日国务院令第 638 号《关于废止和修改部分行政法规的决定》第一次修订　根据 2019 年 3 月 2 日国务院令第 709 号《关于修改部分行政法规的决定》第二次修订）

第一章　总　　则

第一条　为了规范中外合作办学活动，加强教育对外交流与合作，促进教育事业的发展，根据《中华人民共和国教育法》、《中华人民共和国职业教育法》和《中华人民共和国民办教育促进法》，制定本条例。

第二条　外国教育机构同中国教育机构（以下简称中外合作办学者）在中国境内合作举办以中国公民为主要招生对象的教育机构（以下简称中外合作办学机构）的活动，适用本条例。

第三条　中外合作办学属于公益性事业，是中国教育事业的组成部分。

国家对中外合作办学实行扩大开放、规范办学、依法管理、促进发展的方针。

国家鼓励引进外国优质教育资源的中外合作办学。

国家鼓励在高等教育、职业教育领域开展中外合作办学，鼓励中国高等教育机构与外国知名的高等教育机构合作办学。

第四条　中外合作办学者、中外合作办学机构的合法权益，受中国法律保护。

中外合作办学机构依法享受国家规定的优惠政策,依法自主开展教育教学活动。

第五条 中外合作办学必须遵守中国法律,贯彻中国的教育方针,符合中国的公共道德,不得损害中国的国家主权、安全和社会公共利益。

中外合作办学应当符合中国教育事业发展的需要,保证教育教学质量,致力于培养中国社会主义建设事业的各类人才。

第六条 中外合作办学者可以合作举办各级各类教育机构。但是,不得举办实施义务教育和实施军事、警察、政治等特殊性质教育的机构。

第七条 外国宗教组织、宗教机构、宗教院校和宗教教职人员不得在中国境内从事合作办学活动。

中外合作办学机构不得进行宗教教育和开展宗教活动。

第八条 国务院教育行政部门负责全国中外合作办学工作的统筹规划、综合协调和宏观管理。国务院教育行政部门、劳动行政部门和其他有关行政部门在国务院规定的职责范围内负责有关的中外合作办学工作。

省、自治区、直辖市人民政府教育行政部门负责本行政区域内中外合作办学工作的统筹规划、综合协调和宏观管理。省、自治区、直辖市人民政府教育行政部门、劳动行政部门和其他有关行政部门在其职责范围内负责本行政区域内有关的中外合作办学工作。

第二章 设 立

第九条 申请设立中外合作办学机构的教育机构应当具有法人资格。

第十条 中外合作办学者可以用资金、实物、土地使用权、知识产权以及其他财产作为办学投入。

中外合作办学者的知识产权投入不得超过各自投入的1/3。但是,接受国务院教育行政部门、劳动行政部门或者省、自治区、直辖市人民政府邀请前来中国合作办学的外国教育机构的知识产权投入可以超过其投入的1/3。

第十一条 中外合作办学机构应当具备《中华人民共和国教育法》、《中华人民共和国职业教育法》、《中华人民共和国高等教育法》等法律和有关行政法规规定的基本条件,并具有法人资格。但是,外国教育机构同中国实施学历教育的高等学校设立的实施高等教育的中外合作办学机构,可以不具有法人资格。

设立中外合作办学机构,参照国家举办的同级同类教育机构的设置标准执行。

第十二条 申请设立实施本科以上高等学历教育的中外合作办学机构,由国务院教育行政部门审批;申请设立实施高等专科教育和非学历高等教育的中外合作办学机构,由拟设立机构所在地的省、自治区、直辖市人民政府审批。

申请设立实施中等学历教育和自学考试助学、文化补习、学前教育等的中外合作办学机构,由拟设立机构所在地的省、自治区、直辖市人民政府教育行政部门审批。

申请设立实施职业技能培训的中外合作办学机构,由拟设立机构所在地的省、自治区、直辖市人民政府劳动行政部门审批。

第十三条 设立中外合作办学机构,分为筹备设立和正式设立两个步骤。但是,具备办学条件,达到设置标准的,可以直接申请正式设立。

第十四条 申请筹备设立中外合作办学机构,应当提交下列文件:

(一)申办报告,内容应当主要包括:中外合作办学者、拟设立中外合作办学机构的名称、培养目标、办学规模、办学层次、办学形式、办学条件、内部管理体制、经费筹措与管理使用等；

（二）合作协议，内容应当包括：合作期限、争议解决办法等；

（三）资产来源、资金数额及有效证明文件，并载明产权；

（四）属捐赠性质的校产须提交捐赠协议，载明捐赠人的姓名、所捐资产的数额、用途和管理办法及相关有效证明文件；

（五）不低于中外合作办学者资金投入 15% 的启动资金到位证明。

第十五条 申请筹备设立中外合作办学机构的，审批机关应当自受理申请之日起 45 个工作日内作出是否批准的决定。批准的，发给筹备设立批准书；不批准的，应当书面说明理由。

第十六条 经批准筹备设立中外合作办学机构的，应当自批准之日起 3 年内提出正式设立申请；超过 3 年的，中外合作办学者应当重新申报。

筹备设立期内，不得招生。

第十七条 完成筹备设立申请正式设立的，应当提交下列文件：

（一）正式设立申请书；

（二）筹备设立批准书；

（三）筹备设立情况报告；

（四）中外合作办学机构的章程，首届理事会、董事会或者联合管理委员会组成人员名单；

（五）中外合作办学机构资产的有效证明文件；

（六）校长或者主要行政负责人、教师、财会人员的资格证明文件。

直接申请正式设立中外合作办学机构的，应当提交前款第（一）项、第（四）项、第（五）项、第（六）项和第十四条第（二）项、第（三）项、第（四）项所列文件。

第十八条 申请正式设立实施非学历教育的中外合作办学机构

的，审批机关应当自受理申请之日起3个月内作出是否批准的决定；申请正式设立实施学历教育的中外合作办学机构的，审批机关应当自受理申请之日起6个月内作出是否批准的决定。批准的，颁发统一格式、统一编号的中外合作办学许可证；不批准的，应当书面说明理由。

中外合作办学许可证由国务院教育行政部门制定式样，由国务院教育行政部门和劳动行政部门按照职责分工分别组织印制；中外合作办学许可证由国务院教育行政部门统一编号，具体办法由国务院教育行政部门会同劳动行政部门确定。

第十九条 申请正式设立实施学历教育的中外合作办学机构的，审批机关受理申请后，应当组织专家委员会评议，由专家委员会提出咨询意见。

第二十条 中外合作办学机构取得中外合作办学许可证后，应当依照有关的法律、行政法规进行登记，登记机关应当依照有关规定即时予以办理。

第三章 组织与管理

第二十一条 具有法人资格的中外合作办学机构应当设立理事会或者董事会，不具有法人资格的中外合作办学机构应当设立联合管理委员会。理事会、董事会或者联合管理委员会的中方组成人员不得少于1/2。

理事会、董事会或者联合管理委员会由5人以上组成，设理事长、副理事长，董事长、副董事长或者主任、副主任各1人。中外合作办学者一方担任理事长、董事长或者主任的，由另一方担任副理事长、副董事长或者副主任。

具有法人资格的中外合作办学机构的法定代表人，由中外合作办学者协商，在理事长、董事长或者校长中确定。

第二十二条 中外合作办学机构的理事会、董事会或者联合管理委员会由中外合作办学者的代表、校长或者主要行政负责人、教职工代表等组成，其中1/3以上组成人员应当具有5年以上教育、教学经验。

中外合作办学机构的理事会、董事会或者联合管理委员会组成人员名单应当报审批机关备案。

第二十三条　中外合作办学机构的理事会、董事会或者联合管理委员会行使下列职权：

（一）改选或者补选理事会、董事会或者联合管理委员会组成人员；

（二）聘任、解聘校长或者主要行政负责人；

（三）修改章程，制定规章制度；

（四）制定发展规划，批准年度工作计划；

（五）筹集办学经费，审核预算、决算；

（六）决定教职工的编制定额和工资标准；

（七）决定中外合作办学机构的分立、合并、终止；

（八）章程规定的其他职权。

第二十四条　中外合作办学机构的理事会、董事会或者联合管理委员会每年至少召开一次会议。经1/3以上组成人员提议，可以召开理事会、董事会或者联合管理委员会临时会议。

中外合作办学机构的理事会、董事会或者联合管理委员会讨论下列重大事项，应当经2/3以上组成人员同意方可通过：

（一）聘任、解聘校长或者主要行政负责人；

（二）修改章程；

（三）制定发展规划；

（四）决定中外合作办学机构的分立、合并、终止；

（五）章程规定的其他重大事项。

第二十五条　中外合作办学机构的校长或者主要行政负责人，应当具有中华人民共和国国籍,在中国境内定居,热爱祖国,品行良好,具有教育、教学经验,并具备相应的专业水平。

第二十六条 中外合作办学机构的校长或者主要行政负责人行使下列职权:

(一)执行理事会、董事会或者联合管理委员会的决定;

(二)实施发展规划,拟订年度工作计划、财务预算和规章制度;

(三)聘任和解聘工作人员,实施奖惩;

(四)组织教育教学、科学研究活动,保证教育教学质量;

(五)负责日常管理工作;

(六)章程规定的其他职权。

第二十七条 中外合作办学机构依法对教师、学生进行管理。

中外合作办学机构聘任的外籍教师和外籍管理人员,应当具备学士以上学位和相应的职业证书,并具有 2 年以上教育、教学经验。

外方合作办学者应当从本教育机构中选派一定数量的教师到中外合作办学机构任教。

第二十八条 中外合作办学机构应当依法维护教师、学生的合法权益,保障教职工的工资、福利待遇,并为教职工缴纳社会保险费。

中外合作办学机构的教职工依法建立工会等组织,并通过教职工代表大会等形式,参与中外合作办学机构的民主管理。

第二十九条 中外合作办学机构的外籍人员应当遵守外国人在中国就业的有关规定。

第四章 教育教学

第三十条 中外合作办学机构应当按照中国对同级同类教育机构的要求开设关于宪法、法律、公民道德、国情等内容的课程。

国家鼓励中外合作办学机构引进国内急需、在国际上具有先进性的课程和教材。

中外合作办学机构应当将所开设的课程和引进的教材报审批机关备案。

第三十一条　中外合作办学机构根据需要,可以使用外国语言文字教学,但应当以普通话和规范汉字为基本教学语言文字。

第三十二条　实施高等学历教育的中外合作办学机构招收学生,纳入国家高等学校招生计划。实施其他学历教育的中外合作办学机构招收学生,按照省、自治区、直辖市人民政府教育行政部门的规定执行。

中外合作办学机构招收境外学生,按照国家有关规定执行。

第三十三条　中外合作办学机构的招生简章和广告应当报审批机关备案。

中外合作办学机构应当将办学类型和层次、专业设置、课程内容和招生规模等有关情况,定期向社会公布。

第三十四条　中外合作办学机构实施学历教育的,按照国家有关规定颁发学历证书或者其他学业证书;实施非学历教育的,按照国家有关规定颁发培训证书或者结业证书。对于接受职业技能培训的学生,经政府批准的职业技能鉴定机构鉴定合格的,可以按照国家有关规定颁发相应的国家职业资格证书。

中外合作办学机构实施高等学历教育的,可以按照国家有关规定颁发中国相应的学位证书。

中外合作办学机构颁发的外国教育机构的学历、学位证书,应当与该教育机构在其所属国颁发的学历、学位证书相同,并在该国获得承认。

中国对中外合作办学机构颁发的外国教育机构的学历、学位证书的承认,依照中华人民共和国缔结或者加入的国际条约办理,或者按照国家有关规定办理。

第三十五条　国务院教育行政部门或者省、自治区、直辖市人民政府教育行政部门及劳动行政部门等其他有关行政部门应当加强对中外合作办学机构的日常监督,组织或者委托社会中介组织对中外合作办学机构的办学水平和教育质量进行评估,并将评估结果向社会公布。

第五章　资产与财务

第三十六条　中外合作办学机构应当依法建立健全财务、会计制度和资产管理制度,并按照国家有关规定设置会计账簿。

第三十七条　中外合作办学机构存续期间,所有资产由中外合作办学机构依法享有法人财产权,任何组织和个人不得侵占。

第三十八条　中外合作办学机构的收费项目和标准,依照国家有关政府定价的规定确定并公布;未经批准,不得增加项目或者提高标准。

中外合作办学机构应当以人民币计收学费和其他费用,不得以外汇计收学费和其他费用。

第三十九条　中外合作办学机构收取的费用应当主要用于教育教学活动和改善办学条件。

第四十条　中外合作办学机构的外汇收支活动以及开设和使用外汇账户,应当遵守国家外汇管理规定。

第四十一条　中外合作办学机构应当在每个会计年度结束时制作财务会计报告,委托社会审计机构依法进行审计,向社会公布审计结果,并报审批机关备案。

第六章　变更与终止

第四十二条　中外合作办学机构的分立、合并,在进行财务清算后,由该机构理事会、董事会或者联合管理委员会报审批机关批准。

申请分立、合并实施非学历教育的中外合作办学机构的,审批机关应当自受理申请之日起3个月内以书面形式答复;申请分立、合并实施学历教育的中外合作办学机构的,审批机关应当自受理申请之日起6个月内以书面形式答复。

第四十三条 中外合作办学机构合作办学者的变更,应当由合作办学者提出,在进行财务清算后,经该机构理事会、董事会或者联合管理委员会同意,报审批机关核准,并办理相应的变更手续。

中外合作办学机构住所、法定代表人的变更,应当经审批机关核准,并办理相应的变更手续。中外合作办学机构校长或者主要行政负责人的变更,应当及时办理变更手续。

第四十四条 中外合作办学机构名称、层次、类别的变更,由该机构理事会、董事会或者联合管理委员会报审批机关批准。

申请变更为实施非学历教育的中外合作办学机构的,审批机关应当自受理申请之日起3个月内以书面形式答复;申请变更为实施学历教育的中外合作办学机构的,审批机关应当自受理申请之日起6个月内以书面形式答复。

第四十五条 中外合作办学机构有下列情形之一的,应当终止:

(一)根据章程规定要求终止,并经审批机关批准的;

(二)被吊销中外合作办学许可证的;

(三)因资不抵债无法继续办学,并经审批机关批准的。

中外合作办学机构终止,应当妥善安置在校学生;中外合作办学机构提出终止申请时,应当同时提交妥善安置在校学生的方案。

第四十六条 中外合作办学机构终止时,应当依法进行财务清算。

中外合作办学机构自己要求终止的,由中外合作办学机构组织清算;被审批机关依法撤销的,由审批机关组织清算;因资不抵债无法继续办学而被终止的,依法请求人民法院组织清算。

第四十七条 中外合作办学机构清算时,应当按照下列顺序清偿:

（一）应当退还学生的学费和其他费用；

（二）应当支付给教职工的工资和应当缴纳的社会保险费用；

（三）应当偿还的其他债务。

中外合作办学机构清偿上述债务后的剩余财产，依照有关法律、行政法规的规定处理。

第四十八条 中外合作办学机构经批准终止或者被吊销中外合作办学许可证的，应当将中外合作办学许可证和印章交回审批机关，依法办理注销登记。

第七章 法律责任

第四十九条 中外合作办学审批机关及其工作人员，利用职务上的便利收取他人财物或者获取其他利益，滥用职权、玩忽职守，对不符合本条例规定条件者颁发中外合作办学许可证，或者发现违法行为不予以查处，造成严重后果，触犯刑律的，对负有责任的主管人员和其他直接责任人员，依照刑法关于受贿罪、滥用职权罪、玩忽职守罪或者其他罪的规定，依法追究刑事责任；尚不够刑事处罚的，依法给予行政处分。

第五十条 违反本条例的规定，超越职权审批中外合作办学机构的，其批准文件无效，由上级机关责令改正；对负有责任的主管人员和其他直接责任人员，依法给予行政处分；致使公共财产、国家和人民利益遭受重大损失的，依照刑法关于滥用职权罪或者其他罪的规定，依法追究刑事责任。

第五十一条 违反本条例的规定，未经批准擅自设立中外合作办学机构，或者以不正当手段骗取中外合作办学许可证的，由教育行政部门、劳动行政部门按照职责分工予以取缔或者会同公安机关予以取缔，责令退还向学生收取的费用，并处以 10 万元以下的罚款；触犯刑律的，依照刑法关于诈骗罪或者其他罪的规定，依法追究刑事责任。

第五十二条　违反本条例的规定，在中外合作办学机构筹备设立期间招收学生的，由教育行政部门、劳动行政部门按照职责分工责令停止招生，责令退还向学生收取的费用，并处以10万元以下的罚款；情节严重，拒不停止招生的，由审批机关撤销筹备设立批准书。

第五十三条　中外合作办学者虚假出资或者在中外合作办学机构成立后抽逃出资的，由教育行政部门、劳动行政部门按照职责分工责令限期改正；逾期不改正的，由教育行政部门、劳动行政部门按照职责分工处以虚假出资金额或者抽逃出资金额2倍以下的罚款。

第五十四条　伪造、变造和买卖中外合作办学许可证的，依照刑法关于伪造、变造、买卖国家机关证件罪或者其他罪的规定，依法追究刑事责任。

第五十五条　中外合作办学机构未经批准增加收费项目或者提高收费标准的，由教育行政部门、劳动行政部门按照职责分工责令退还多收的费用，并由市场监督管理部门依照有关法律、行政法规的规定予以处罚。

第五十六条　中外合作办学机构管理混乱、教育教学质量低下，造成恶劣影响的，由教育行政部门、劳动行政部门按照职责分工责令限期整顿并予以公告；情节严重、逾期不整顿或者经整顿仍达不到要求的，由教育行政部门、劳动行政部门按照职责分工责令停止招生、吊销中外合作办学许可证。

第五十七条　违反本条例的规定，发布虚假招生简章，骗取钱财的，由教育行政部门、劳动行政部门按照职责分工，责令限期改正并予以警告；有违法所得的，退还所收费用后没收违法所得，并可处以10万元以下的罚款；情节严重的，责令停止招生、吊销中外合作办学许可证；构成犯罪的，依照刑法关于诈骗罪或者其他罪的规定，依法追究刑事责任。

中外合作办学机构发布虚假招生广告的，依照《中华人民共和国广告法》的有关规定追究其法律责任。

第五十八条 中外合作办学机构被处以吊销中外合作办学许可证行政处罚的,其理事长或者董事长、校长或者主要行政负责人自中外合作办学许可证被吊销之日起10年内不得担任任何中外合作办学机构的理事长或者董事长、校长或者主要行政负责人。

违反本条例的规定,触犯刑律被依法追究刑事责任的,自刑罚执行期满之日起10年内不得从事中外合作办学活动。

第八章　附　　则

第五十九条 香港特别行政区、澳门特别行政区和台湾地区的教育机构与内地教育机构合作办学的,参照本条例的规定执行。

第六十条 在市场监督管理部门登记注册的经营性的中外合作举办的培训机构的管理办法,由国务院另行规定。

第六十一条 外国教育机构同中国教育机构在中国境内合作举办以中国公民为主要招生对象的实施学历教育和自学考试助学、文化补习、学前教育等的合作办学项目的具体审批和管理办法,由国务院教育行政部门制定。

外国教育机构同中国教育机构在中国境内合作举办以中国公民为主要招生对象的实施职业技能培训的合作办学项目的具体审批和管理办法,由国务院劳动行政部门制定。

第六十二条 外国教育机构、其他组织或者个人不得在中国境内单独设立以中国公民为主要招生对象的学校及其他教育机构。

第六十三条 本条例施行前依法设立的中外合作办学机构,应当补办本条例规定的中外合作办学许可证。其中,不完全具备本条例所规定条件的,应当在本条例施行之日起2年内达到本条例规定的条件;逾期未达到本条例规定条件的,由审批机关予以撤销。

第六十四条 本条例自2003年9月1日起施行。

中华人民共和国中外合作办学条例实施办法

（2004年6月2日教育部令第20号发布
自2004年7月1日起施行）

第一章 总 则

第一条 为实施《中华人民共和国中外合作办学条例》（以下简称《中外合作办学条例》），制定本办法。

第二条 中外合作办学机构设立、活动及管理中的具体规范，以及依据《中外合作办学条例》举办实施学历教育和自学考试助学、文化补习、学前教育等的中外合作办学项目的审批与管理，适用本办法。

本办法所称中外合作办学项目是指中国教育机构与外国教育机构以不设立教育机构的方式，在学科、专业、课程等方面，合作开展的以中国公民为主要招生对象的教育教学活动。

根据《中外合作办学条例》的规定，举办实施职业技能培训的中外合作办学项目的具体审批和管理办法，由国务院劳动行政部门另行制定。

第三条 国家鼓励中国教育机构与学术水平和教育教学质量得到普遍认可的外国教育机构合作办学；鼓励在国内新兴和急需的学科专业领域开展合作办学。

国家鼓励在中国西部地区、边远贫困地区开展中外合作办学。

第四条 中外合作办学机构根据《中华人民共和国民办教育促进法实施条例》的规定，享受国家给予民办学校的扶持与奖励措施。

教育行政部门对发展中外合作办学做出突出贡献的社会组织或

者个人给予奖励和表彰。

第二章　中外合作办学机构的设立

第五条　中外合作办学者应当在平等协商的基础上签订合作协议。

合作协议应当包括拟设立的中外合作办学机构的名称、住所，中外合作办学者的名称、住所、法定代表人，办学宗旨和培养目标，合作内容和期限，各方投入数额、方式及资金缴纳期限，权利、义务，争议解决办法等内容。

合作协议应当有中文文本；有外文文本的，应当与中文文本的内容一致。

第六条　申请设立中外合作办学机构的中外合作办学者应当具有相应的办学资格和较高的办学质量。

已举办中外合作办学机构的中外合作办学者申请设立新的中外合作办学机构的，其已设立的中外合作办学机构应当通过原审批机关组织或者其委托的社会中介组织进行的评估。

第七条　中外合作办学机构不得设立分支机构，不得举办其他中外合作办学机构。

第八条　经评估，确系引进外国优质教育资源的，中外合作办学者一方可以与其他社会组织或者个人签订协议，引入办学资金。该社会组织或者个人可以作为与其签订协议的中外合作办学者一方的代表，参加拟设立的中外合作办学机构的理事会、董事会或者联合管理委员会，但不得担任理事长、董事长或者主任，不得参与中外合作办学机构的教育教学活动。

第九条　中外合作办学者投入的办学资金，应当与拟设立的中外合作办学机构的层次和规模相适应，并经依法验资。

中外合作办学者应当按照合作协议如期、足额投入办学资金。中外合作办学机构存续期间，中外合作办学者不得抽逃办学资金，不得挪用办学经费。

第十条 中外合作办学者作为办学投入的知识产权，其作价由中外合作办学者双方按照公平合理的原则协商确定或者聘请双方同意的社会中介组织依法进行评估，并依法办理有关手续。

中国教育机构以国有资产作为办学投入举办中外合作办学机构的，应当根据国家有关规定，聘请具有评估资格的社会中介组织依法进行评估，根据评估结果合理确定国有资产的数额，并依法履行国有资产的管理义务。

第十一条 中外合作办学者以知识产权作为办学投入的，应当提交该知识产权的有关资料，包括知识产权证书复印件、有效状况、实用价值、作价的计算根据、双方签订的作价协议等有关文件。

第十二条 根据与外国政府部门签订的协议或者应中国教育机构的请求，国务院教育行政部门和省、自治区、直辖市人民政府可以邀请外国教育机构与中国教育机构合作办学。

被邀请的外国教育机构应当是国际上或者所在国著名的高等教育机构或者职业教育机构。

第十三条 申请设立实施本科以上高等学历教育的中外合作办学机构，由拟设立机构所在地的省、自治区、直辖市人民政府提出意见后，报国务院教育行政部门审批。

申请举办颁发外国教育机构的学历、学位证书的中外合作办学机构的审批权限，参照《中外合作办学条例》第十二条和前款的规定执行。

第十四条 申请筹备设立或者直接申请正式设立中外合作办学机构，应当由中国教育机构提交《中外合作办学条例》规定的文件。其中，申办报告或者正式设立申请书应当按照国务院教育行政部门根据《中外合作办学条例》第十四条第（一）项和第十七条第（一）项，制定的《中外合作办学机构申请表》所规定的内容和格式填写。

第十五条 有下列情形之一的,审批机关不予批准筹备设立中外合作办学机构,并应当书面说明理由:

(一)违背社会公共利益、历史文化传统和教育的公益性质,不符合国家或者地方教育事业发展需要的;

(二)中外合作办学者有一方不符合条件的;

(三)合作协议不符合法定要求,经指出仍不改正的;

(四)申请文件有虚假内容的;

(五)法律、行政法规规定的其他不予批准情形的。

第十六条 中外合作办学机构的章程应当规定以下事项:

(一)中外合作办学机构的名称、住所;

(二)办学宗旨、规模、层次、类别等;

(三)资产数额、来源、性质以及财务制度;

(四)中外合作办学者是否要求取得合理回报;

(五)理事会、董事会或者联合管理委员会的产生方法、人员构成、权限、任期、议事规则等;

(六)法定代表人的产生和罢免程序;

(七)民主管理和监督的形式;

(八)机构终止事由、程序和清算办法;

(九)章程修改程序;

(十)其他需要由章程规定的事项。

第十七条 中外合作办学机构只能使用一个名称,其外文译名应当与中文名称相符。

中外合作办学机构的名称应当反映中外合作办学机构的性质、层次和类型,不得冠以“中国”、“中华”、“全国”等字样,不得违反中国法律、行政法规,不得损害社会公共利益。

不具有法人资格的中外合作办学机构的名称前应当冠以中国高

等学校的名称。

第十八条　完成筹备，申请正式设立或者直接申请正式设立中外合作办学机构，除提交《中外合作办学条例》第十七条规定的相关材料外，还应当依据《中外合作办学条例》有关条款的规定，提交以下材料：

（一）首届理事会、董事会或者联合管理委员会组成人员名单及相关证明文件；

（二）聘任的外籍教师和外籍管理人员的相关资格证明文件。

第十九条　申请设立实施学历教育的中外合作办学机构，应当于每年3月或者9月提出申请，审批机关应当组织专家评议。

专家评议的时间不计算在审批期限内，但审批机关应当将专家评议所需时间书面告知申请人。

第二十条　完成筹备，申请正式设立中外合作办学机构，有下列情形之一的，审批机关应当不予批准，并书面说明理由：

（一）不具备相应办学条件、未达到相应设置标准的；

（二）理事会、董事会或者联合管理委员会的人员及其构成不符合法定要求，校长或者主要行政负责人、教师、财会人员不具备法定资格，经告知仍不改正的；

（三）章程不符合《中外合作办学条例》和本办法规定要求，经告知仍不修改的；

（四）在筹备设立期内有违反法律、法规行为的。

申请直接设立中外合作办学机构的，除前款规定的第（一）、（二）、（三）项外，有本办法第十五条规定情形之一的，审批机关不予批准。

第三章　中外合作办学机构的组织与活动

第二十一条　中外合作办学机构的理事会、董事会或者联合管理委员会的成员应当遵守中国法律、法规，热爱教育事业，品行良好，具有完全民事行为能力。

国家机关工作人员不得担任中外合作办学机构的理事会、董事会或者联合管理委员会的成员。

第二十二条 中外合作办学机构应当聘任专职的校长或者主要行政负责人。

中外合作办学机构的校长或者主要行政负责人依法独立行使教育教学和行政管理职权。

第二十三条 中外合作办学机构内部的组织机构设置方案由校长或者主要行政负责人提出,报理事会、董事会或者联合管理委员会批准。

第二十四条 中外合作办学机构应当建立教师培训制度,为受聘教师接受相应的业务培训提供条件。

第二十五条 中外合作办学机构应当按照招生简章或者招生广告的承诺,开设相应课程,开展教育教学活动,保证教育教学质量。

中外合作办学机构应当提供符合标准的校舍和教育教学设施、设备。

第二十六条 中外合作办学机构可以依法自主确定招生范围、标准和方式;但实施中国学历教育的,应当遵守国家有关规定。

第二十七条 实施高等学历教育的中外合作办学机构符合中国学位授予条件的,可以依照国家有关规定申请相应的学位授予资格。

第二十八条 中外合作办学机构依法自主管理和使用中外合作办学机构的资产,但不得改变按照公益事业获得的土地及校舍的用途。

中外合作办学机构不得从事营利性经营活动。

第二十九条 在每个会计年度结束时,中外合作办学者不要求取得合理回报的中外合作办学机构应当从年度净资产增加额中,中外合作办学者要求取得合理回报的中外合作办学机构应当从年度净收益中,按不低于年度净资产增加额或者净收益的25%的比例提取发展基金,用于中外合作办学机构的建设、维护和教学设备的添置、更新等。

第三十条 中外合作办学机构资产中的国有资产的监督、管理,按照国家有关规定执行。

中外合作办学机构接受的捐赠财产的使用和管理,依照《中华人民共和国公益事业捐赠法》的有关规定执行。

第三十一条 中外合作办学者要求取得合理回报的,应当按照《中华人民共和国民办教育促进法实施条例》的规定执行。

第三十二条 中外合作办学机构有下列情形之一的,中外合作办学者不得取得回报:

(一)发布虚假招生简章或者招生广告,骗取钱财的;

(二)擅自增加收费项目或者提高收费标准,情节严重的;

(三)非法颁发或者伪造学历、学位证书及其他学业证书的;

(四)骗取办学许可证或者伪造、变造、买卖、出租、出借办学许可证的;

(五)未依照《中华人民共和国会计法》和国家统一的会计制度进行会计核算、编制财务会计报告,财务、资产管理混乱的;

(六)违反国家税收征管法律、行政法规的规定,受到税务机关处罚的;

(七)校舍或者其他教育教学设施、设备存在重大安全隐患,未及时采取措施,致使发生重大伤亡事故的;

(八)教育教学质量低下,产生恶劣社会影响的。

中外合作办学者抽逃办学资金或者挪用办学经费的,不得取得回报。

第四章 中外合作办学项目的审批与活动

第三十三条 中外合作办学项目的办学层次和类别,应当与中国教育机构和外国教育机构的办学层次和类别相符合，并一般应当在中国教育机构中已有或者相近专业、课程举办。合作举办新的专业或者课程的，中国教育机构应当基本具备举办该专业或者课程的师资、设备、设施等条件。

第三十四条 中国教育机构可以采取与相应层次和类别的外国教育机构共同制定教育教学计划，颁发中国学历、学位证书或者外国学历、学位证书，在中国境外实施部分教育教学活动的方式，举办中外合作办学项目。

第三十五条 举办中外合作办学项目，中国教育机构和外国教育机构应当参照本办法第五条的规定签订合作协议。

第三十六条 申请举办实施本科以上高等学历教育的中外合作办学项目，由拟举办项目所在地的省、自治区、直辖市人民政府教育行政部门提出意见后，报国务院教育行政部门批准；申请举办实施高等专科教育、非学历高等教育和高级中等教育、自学考试助学、文化补习、学前教育的中外合作办学项目，报拟举办项目所在地的省、自治区、直辖市人民政府教育行政部门批准，并报国务院教育行政部门备案。

申请举办颁发外国教育机构的学历、学位证书以及引进外国教育机构的名称、标志或者教育服务商标的中外合作办学项目的审批，参照前款的规定执行。

第三十七条 申请举办中外合作办学项目，应当由中国教育机构提交下列文件：

（一）《中外合作办学项目申请表》；

（二）合作协议；

（三）中外合作办学者法人资格证明；

（四）验资证明（有资产、资金投入的）；

（五）捐赠资产协议及相关证明（有捐赠的）。

外国教育机构已在中国境内合作举办中外合作办学机构或者中外合作办学项目的，还应当提交原审批机关或者其委托的社会中介组织的评估报告。

第三十八条 申请设立实施学历教育的中外合作办学项目，应当于每年3月或者9月提出申请，审批机关应当组织专家评议。

专家评议的时间不计算在审批期限内，但审批机关应当将专家评议所需时间书面告知申请人。

第三十九条 申请设立中外合作办学项目的，审批机关应当按照《中华人民共和国行政许可法》规定的时限作出是否批准的决定。批准的，颁发统一格式、统一编号的中外合作办学项目批准书；不批准的，应当书面说明理由。

中外合作办学项目批准书由国务院教育行政部门制定式样并统一编号；编号办法由国务院教育行政部门参照中外合作办学许可证的编号办法确定。

第四十条 中外合作办学项目是中国教育机构教育教学活动的组成部分，应当接受中国教育机构的管理。实施中国学历教育的中外合作办学项目，中国教育机构应当对外国教育机构提供的课程和教育质量进行评估。

第四十一条 中外合作办学项目可以依法自主确定招生范围、标准和方式；但实施中国学历教育的，应当遵守国家有关规定。

第四十二条 举办中外合作办学项目的中国教育机构应当依法对中外合作办学项目的财务进行管理，并在学校财务账户内设立中外合作办学项目专项，统一办理收支业务。

第四十三条 中外合作办学项目收费项目和标准的确定，按照国家有关规定执行，并在招生简章或者招生广告中载明。

中外合作办学项目的办学结余，应当继续用于项目的教育教学活动和改善办学条件。

第五章　管理与监督

第四十四条　中外合作办学机构和举办中外合作办学项目的中国教育机构应当根据国家有关规定,通过合法渠道引进教材。引进的教材应当具有先进性,内容不得与中国宪法和有关法律、法规相抵触。

中外合作办学机构和举办中外合作办学项目的中国教育机构应当对开设课程和引进教材的内容进行审核,并将课程和教材清单及说明及时报审批机关备案。

第四十五条　中外合作办学机构和举办中外合作办学项目的中国教育机构应当依法建立学籍管理制度,并报审批机关备案。

第四十六条　中外合作办学机构和项目教师和管理人员的聘任,应当遵循双方地位平等的原则,由中外合作办学机构和举办中外合作办学项目的中国教育机构与教师和管理人员签订聘任合同,明确规定双方的权利、义务和责任。

第四十七条　中外合作办学机构和项目的招生简章、招生广告的样本应当及时报审批机关备案。

第四十八条　举办颁发外国教育机构的学历、学位证书的中外合作办学机构和项目,中方合作办学者应当是实施相应层次和类别学历教育的中国教育机构。

中外合作办学机构和项目颁发外国教育机构的学历、学位证书的,其课程设置、教学内容应当不低于该外国教育机构在其所属国的标准和要求。

第四十九条　中外合作办学项目颁发的外国教育机构的学历、学位证书,应当与该外国教育机构在其所属国颁发的学历、学位证书相同,并在该国获得承认。

第五十条　实施学历教育的中外合作办学机构和项目应当通过网络、报刊等渠道,将该机构或者项目的办学层次和类别、专业设置、课程内容、招生规模、收费项目和标准等情况，每年向社会公布。

中外合作办学机构应当于每年 4 月 1 日前公布经社会审计机构对其年度财务会计报告的审计结果。

第五十一条 实施学历教育的中外合作办学机构和项目，应当按学年或者学期收费，不得跨学年或者学期预收。

第五十二条 中外合作办学机构和举办中外合作办学项目的中国教育机构应当于每年 3 月底前向审批机关提交办学报告，内容应当包括中外合作办学机构和项目的招收学生、课程设置、师资配备、教学质量、财务状况等基本情况。

第五十三条 审批机关应当组织或者委托社会中介组织本着公开、公正、公平的原则，对实施学历教育的中外合作办学项目进行办学质量评估，并将评估结果向社会公布。

第五十四条 中外合作办学项目审批机关及其工作人员，利用职务上的便利收取他人财物或者获取其他利益，滥用职权、玩忽职守，对不符合本办法规定条件者颁发中外合作办学项目批准书，或者发现违法行为不予以查处，造成严重后果，构成犯罪的，依法追究刑事责任；尚不构成犯罪的，依法给予行政处分。

第五十五条 违反本办法的规定，超越职权审批中外合作办学项目的，其批准文件无效，由上级机关责令改正；对负有责任的主管人员和其他直接责任人员，依法给予行政处分。

第五十六条 违反本办法的规定，未经批准擅自举办中外合作办学项目的，由教育行政部门责令限期改正，并责令退还向学生收取的费用；对负有责任的主管人员和其他直接责任人员，依法给予行政处分。

第五十七条 中外合作办学项目有下列情形之一的，由审批机关责令限期改正，并视情节轻重，处以警告或者 3 万元以下的罚款；对负有责任的主管人员和其他直接责任人员，依法给予行政处分。

（一）发布虚假招生简章或者招生广告，骗取钱财的；

（二）擅自增加收费项目或者提高收费标准的；

（三）管理混乱，教育教学质量低下的；

（四）未按照国家有关规定进行财务管理的；

（五）对办学结余进行分配的。

第五十八条 中外合作办学机构和项目违反《中华人民共和国教育法》的规定，颁发学历、学位证书或者其他学业证书的，依照《中华人民共和国教育法》的有关规定进行处罚。

第六章 附 则

第五十九条 在工商行政管理部门登记注册的经营性的中国培训机构与外国经营性的教育培训公司合作举办教育培训的活动，不适用本办法。

第六十条 中国教育机构没有实质性引进外国教育资源，仅以互认学分的方式与外国教育机构开展学生交流的活动，不适用本办法。

第六十一条 香港特别行政区、澳门特别行政区和台湾地区的教育机构与内地教育机构举办合作办学项目的，参照本办法的规定执行，国家另有规定的除外。

第六十二条 《中外合作办学条例》实施前已经批准的中外合作办学项目，应当参照《中外合作办学条例》第六十三条规定的时限和程序，补办中外合作办学项目批准书。逾期未达到《中外合作办学条例》和本办法规定条件的，审批机关不予换发项目批准书。

第六十三条 本办法自2004年7月1日起施行。原中华人民共和国国家教育委员会1995年1月26日发布的《中外合作办学暂行规定》同时废止。

职业学校校企合作促进办法

（2018 年 2 月 5 日教育部、国家发展改革委、工业和信息化部、财政部、人力资源社会保障部、国家税务总局发布　教职成〔2018〕1 号）

第一章　总　　则

第一条　为促进、规范、保障职业学校校企合作，发挥企业在实施职业教育中的重要办学主体作用，推动形成产教融合、校企合作、工学结合、知行合一的共同育人机制，建设知识型、技能型、创新型劳动者大军，完善现代职业教育制度，根据《教育法》《劳动法》《职业教育法》等有关法律法规，制定本办法。

第二条　本办法所称校企合作是指职业学校和企业通过共同育人、合作研究、共建机构、共享资源等方式实施的合作活动。

第三条　校企合作实行校企主导、政府推动、行业指导、学校企业双主体实施的合作机制。国务院相关部门和地方各级人民政府应当建立健全校企合作的促进支持政策、服务平台和保障机制。

第四条　开展校企合作应当坚持育人为本，贯彻国家教育方针，致力培养高素质劳动者和技术技能人才；坚持依法实施，遵守国家法律法规和合作协议，保障合作各方的合法权益；坚持平等自愿，调动校企双方积极性，实现共同发展。

第五条　国务院教育行政部门负责职业学校校企合作工作的综合协调和宏观管理，会同有关部门做好相关工作。

县级以上地方人民政府教育行政部门负责本行政区域内校企合

作工作的统筹协调、规划指导、综合管理和服务保障;会同其他有关部门根据本办法以及地方人民政府确定的职责分工,做好本地校企合作有关工作。

行业主管部门和行业组织应当统筹、指导和推动本行业的校企合作。

第二章　合作形式

第六条　职业学校应当根据自身特点和人才培养需要,主动与具备条件的企业开展合作,积极为企业提供所需的课程、师资等资源。

企业应当依法履行实施职业教育的义务,利用资本、技术、知识、设施、设备和管理等要素参与校企合作,促进人力资源开发。

第七条　职业学校和企业可以结合实际在人才培养、技术创新、就业创业、社会服务、文化传承等方面,开展以下合作:

(一)根据就业市场需求,合作设置专业、研发专业标准,开发课程体系、教学标准以及教材、教学辅助产品,开展专业建设;

(二)合作制定人才培养或职工培训方案,实现人员互相兼职,相互为学生实习实训、教师实践、学生就业创业、员工培训、企业技术和产品研发、成果转移转化等提供支持;

(三)根据企业工作岗位需求,开展学徒制合作,联合招收学员,按照工学结合模式,实行校企双主体育人;

(四)以多种形式合作办学,合作创建并共同管理教学和科研机构,建设实习实训基地、技术工艺和产品开发中心及学生创新创业、员工培训、技能鉴定等机构;

(五)合作研发岗位规范、质量标准等;

(六)组织开展技能竞赛、产教融合型企业建设试点、优秀企业文化传承和社会服务等活动;

(七)法律法规未禁止的其他合作方式和内容。

第八条 职业学校应当制定校企合作规划,建立适应开展校企合作的教育教学组织方式和管理制度,明确相关机构和人员,改革教学内容和方式方法、健全质量评价制度,为合作企业的人力资源开发和技术升级提供支持与服务;增强服务企业特别是中小微企业的技术和产品研发的能力。

第九条 职业学校和企业开展合作,应当通过平等协商签订合作协议。合作协议应当明确规定合作的目标任务、内容形式、权利义务等必要事项,并根据合作的内容,合理确定协议履行期限,其中企业接收实习生的,合作期限应当不低于3年。

第十条 鼓励有条件的企业举办或者参与举办职业学校,设置学生实习、学徒培养、教师实践岗位;鼓励规模以上企业在职业学校设置职工培训和继续教育机构。企业职工培训和继续教育的学习成果,可以依照有关规定和办法与职业学校教育实现互认和衔接。

企业开展校企合作的情况应当纳入企业社会责任报告。

第十一条 职业学校主管部门应当会同有关部门、行业组织,鼓励和支持职业学校与相关企业以组建职业教育集团等方式,建立长期、稳定合作关系。

职业教育集团应当以章程或者多方协议等方式,约定集团成员之间合作的方式、内容以及权利义务关系等事项。

第十二条 职业学校和企业应建立校企合作的过程管理和绩效评价制度,定期对合作成效进行总结,共同解决合作中的问题,不断提高合作水平,拓展合作领域。

第三章 促进措施

第十三条 鼓励东部地区的职业学校、企业与中西部地区的职业学校、企业开展跨区校企合作,带动贫困地区、民族地区和革命老区职业教育的发展。

第十四条 地方人民政府有关部门在制定产业发展规划、产业激励政策、脱贫攻坚规划时，应当将促进企业参与校企合作、培养技术技能人才作为重要内容，加强指导、支持和服务。

第十五条 教育、人力资源社会保障部门应当会同有关部门，建立产教融合信息服务平台，指导、协助职业学校与相关企业建立合作关系。

行业主管部门和行业组织应当充分发挥作用，根据行业特点和发展需要，组织和指导企业提出校企合作意向或者规划，参与校企合作绩效评价，并提供相应支持和服务，推进校企合作。

鼓励有关部门、行业、企业共同建设互联互通的校企合作信息化平台，引导各类社会主体参与平台发展、实现信息共享。

第十六条 教育行政部门应当把校企合作作为衡量职业学校办学水平的基本指标，在院校设置、专业审批、招生计划、教学评价、教师配备、项目支持、学校评价、人员考核等方面提出相应要求；对校企合作设置的适应就业市场需求的新专业，应当予以支持；应当鼓励和支持职业学校与企业合作开设专业，制定专业标准、培养方案等。

第十七条 职业学校应当吸纳合作关系紧密、稳定的企业代表加入理事会（董事会），参与学校重大事项的审议。

职业学校设置专业，制定培养方案、课程标准等，应当充分听取合作企业的意见。

第十八条 鼓励职业学校与企业合作开展学徒制培养。开展学徒制培养的学校，在招生专业、名额等方面应当听取企业意见。有技术技能人才培养能力和需求的企业，可以与职业学校合作设立学徒岗位，联合招收学员，共同确定培养方案，以工学结合方式进行培养。

教育行政部门、人力资源社会保障部门应当在招生计划安排、学籍管理等方面予以倾斜和支持。

第十九条 国家发展改革委、教育部会同人力资源社会保障部、工业和信息化部、财政部等部门建立工作协调机制，鼓励省级人民政府开展产教融合型企业建设试点，对深度参与校企合作，行为规范、成效显著、具有较大影响力的企业，按照国家有关规定予以表彰和相应政策支持。各级工业和信息化行政部门应当把企业参与校企合作的情况，作为服务型制造示范企业及其他有关示范企业评选的重要指标。

第二十条　鼓励各地通过政府和社会资本合作、购买服务等形式支持校企合作。鼓励各地采取竞争性方式选择社会资本，建设或者支持企业、学校建设公共性实习实训、创新创业基地、研发实践课程、教学资源等公共服务项目。按规定落实财税用地等政策，积极支持职业教育发展和企业参与办学。

鼓励金融机构依法依规审慎授信管理，为校企合作提供相关信贷和融资支持。

第二十一条　企业因接收学生实习所实际发生的与取得收入有关的合理支出，以及企业发生的职工教育经费支出，依法在计算应纳税所得额时扣除。

第二十二条　县级以上地方人民政府对校企合作成效显著的企业，可以按规定给予相应的优惠政策；应当鼓励职业学校通过场地、设备租赁等方式与企业共建生产型实训基地，并按规定给予相应的政策优惠。

第二十三条　各级人民政府教育、人力资源社会保障等部门应当采取措施，促进职业学校与企业人才的合理流动、有效配置。

职业学校可在教职工总额中安排一定比例或者通过流动岗位等形式，用于面向社会和企业聘用经营管理人员、专业技术人员、高技能人才等担任兼职教师。

第二十四条　开展校企合作企业中的经营管理人员、专业技术人员、高技能人才，具备职业学校相应岗位任职条件，经过职业学校认定和聘任，可担任专兼职教师，并享受相关待遇。上述企业人员在校企合作中取得的教育教学成果，可视同相应的技术或科研成果，按规定予以奖励。

职业学校应当将参与校企合作作为教师业绩考核的内容，具有相关企业或生产经营管理一线工作经历的专业教师在评聘和晋升职务（职称）、评优表彰等方面，同等条件下优先对待。

第二十五条 经所在学校或企业同意，职业学校教师和管理人员、企业经营管理和技术人员根据合作协议，分别到企业、职业学校兼职的，可根据有关规定和双方约定确定薪酬。

职业学校及教师、学生拥有知识产权的技术开发、产品设计等成果，可依法依规在企业作价入股。职业学校和企业对合作开发的专利及产品，根据双方协议，享有使用、处置和收益管理的自主权。

第二十六条 职业学校与企业就学生参加跟岗实习、顶岗实习和学徒培养达成合作协议的，应当签订学校、企业、学生三方协议，并明确学校与企业在保障学生合法权益方面的责任。

企业应当依法依规保障顶岗实习学生或者学徒的基本劳动权益，并按照有关规定及时足额支付报酬。任何单位和个人不得克扣。

第二十七条 推动建立学生实习强制保险制度。职业学校和实习单位应根据有关规定，为实习学生投保实习责任保险。职业学校、企业应当在协议中约定为实习学生投保实习责任保险的义务与责任，健全学生权益保障和风险分担机制。

第四章 监督检查

第二十八条 各级人民政府教育督导委员会负责对职业学校、政府落实校企合作职责的情况进行专项督导，定期发布督导报告。

第二十九条 各级教育、人力资源社会保障部门应当将校企合作情况作为职业学校办学业绩和水平评价、工作目标考核的重要内容。

各级人民政府教育行政部门会同相关部门以及行业组织，加强对企业开展校企合作的监督、指导，推广效益明显的模式和做法，推进企业诚信体系建设，做好管理和服务。

第三十条　职业学校、企业在合作过程中不得损害学生、教师、企业员工等的合法权益；违反相关法律法规规定的，由相关主管部门责令整改，并依法追究相关单位和人员责任。

第三十一条　职业学校、企业骗取和套取政府资金的，有关主管部门应当责令限期退还，并依法依规追究单位及其主要负责人、直接负责人的责任；构成犯罪的，依法追究刑事责任。

第五章　附　　则

第三十二条　本办法所称的职业学校，是指依法设立的中等职业学校（包括普通中等专业学校、成人中等专业学校、职业高中学校、技工学校）和高等职业学校。

本办法所称的企业，指在各级工商行政管理部门登记注册的各类企业。

第三十三条　其他层次类型的高等学校开展校企合作，职业学校与机关、事业单位、社会团体等机构开展合作，可参照本办法执行。

第三十四条　本办法自2018年3月1日起施行。

附录二　条文对照

《中华人民共和国职业教育法》修订前后对照表[1]

修订前	修订后
第一章　总　　则	第一章　总　　则
第一条　为了实施科教兴国战略，发展职业教育，提高劳动者素质，促进社会主义现代化建设，根据教育法和劳动法，制定本法。	**第一条**　为了**推动职业教育高质量发展**，提高劳动者素质**和技术技能水平，促进就业创业，建设教育强国、人力资源强国和技能型社会**，推进社会主义现代化建设，**根据宪法**，制定本法。
第二条　本法适用于各级各类职业学校教育和各种形式的职业培训。国家机关实施的对国家机关工作人员的专门培训由法律、行政法规另行规定。	**第二条**　**本法所称职业教育，是指为了培养高素质技术技能人才，使受教育者具备从事某种职业或者实现职业发展所需要的职业道德、科学文化与专业知识、技术技能等职业综合素质和行动能力而实施的教育**，包括职业学校教育和职业培训。 **机关、事业单位**对其工作人员实施的专门培训由法律、行政法规另行规定。
第三条　职业教育是国家教育事业的重要组成部分，是促进经济、社会发展和劳动就业的重要途径。 国家发展职业教育，推进职业教育改革，提高职业教育质量，建立、健全适应社会主义市场经济和社会进步需要的职业	**第三条**　职业教育是**与普通教育具有同等重要地位的教育类型，是国民教育体系和人力资源开发**的重要组成部分，是**培养多样化人才、传承技术技能、促进就业创业**的重要途径。 国家**大力**发展职业教育，推进职业教育改革，提高职业教育质量，**增强职业教育适应性**，建立健全适应社会主义市场经济和社会**发展需要、符合技术技能人才成长规律**的职业教育

〔1〕本表采用横向对比方式，其中修订后的条文中加黑部分为修改或增加的重点内容。

续表

修订前	修订后
教育制度。	制度**体系,为全面建设社会主义现代化国家提供有力人才和技能支撑**。
第四条 实施职业教育必须贯彻国家教育方针,对受教育者进行思想政治教育和职业道德教育,传授职业知识,培养职业技能,进行职业指导,全面提高受教育者的素质。	**第四条** 职业教育必须**坚持中国共产党的领导,坚持社会主义办学方向**,贯彻国家的教育方针,**坚持立德树人、德技并修,坚持产教融合、校企合作,坚持面向市场、促进就业,坚持面向实践、强化能力,坚持面向人人、因材施教**。 实施职业教育**应当弘扬社会主义核心价值观**,对受教育者进行思想政治教育和职业道德教育,**培育劳模精神、劳动精神、工匠精神**,传授**科学文化与专业**知识,培养**技术**技能,进行职业指导,全面提高受教育者的素质。
第五条 公民有依法接受职业教育的权利。	**第五条** 公民有依法接受职业教育的权利。
	第六条 职业教育实行政府统筹、分级管理、地方为主、行业指导、校企合作、社会参与。
第六条第一款 各级人民政府应当将发展职业教育纳入国民经济和社会发展规划。	**第七条** 各级人民政府应当将发展职业教育纳入国民经济和社会发展规划,**与促进就业创业和推动发展方式转变、产业结构调整、技术优化升级等整体部署、统筹实施**。
第十一条 国务院教育行政部门负责职业教育工作的统筹规划、综合协调、宏观管理。 国务院教育行政部门、劳动行政部门和其他有关部门在国务院规定的职责范围内,分别负责有关的职业教育工作。 县级以上地方各级人民政	**第八条 国务院建立职业教育工作协调机制,统筹协调全国职业教育工作。** 国务院教育行政部门负责职业教育工作的统筹规划、综合协调、宏观管理。国务院教育行政部门、**人力资源社会保障**行政部门和其他有关部门在国务院规定的职责范围内,分别负责有关的职业教育工作。 **省、自治区、直辖市**人民政府应当加强对

续表

修订前	修订后
府应当加强对本行政区域内职业教育工作的领导、统筹协调和督导评估。	本行政区域内职业教育工作的领导，**明确设区的市、县级人民政府职业教育具体工作职责，统筹协调职业教育发展，组织开展督导评估。** 县级以上地方人民政府**有关部门**应当加**强沟通配合，共同推进职业教育工作。**
第六条第二款 行业组织和企业、事业组织应当依法履行实施职业教育的义务。	**第九条 国家鼓励发展多种层次和形式的职业教育，推进多元办学，支持社会力量广泛、平等参与职业教育。** **国家发挥企业的重要办学主体作用，推动企业深度参与职业教育，鼓励企业举办高质量职业教育。** **有关行业主管部门、工会和中华职业教育社等群团组织**、行业组织、企业、事业单位等应当依法履行实施职业教育的义务，**参与、支持或者开展职业教育。**
第七条 国家采取措施，发展农村职业教育，扶持少数民族地区、边远贫困地区职业教育的发展。 国家采取措施，帮助妇女接受职业教育，组织失业人员接受各种形式的职业教育，扶持残疾人职业教育的发展。	**第十条** 国家采取措施，**大力发展技工教育，全面提高产业工人素质。** 国家采取措施，**支持举办面向**农村的职业教育，**组织开展农业技能培训、返乡创业就业培训和职业技能培训，培养高素质乡村振兴人才。** 国家采取措施，扶持**革命老区、民族地区、边远地区、欠发达地区**职业教育的发展。 国家采取措施，组织**各类转岗、再就业、**失业人员**以及特殊人群等**接受各种形式的职业教育，扶持残疾人职业教育的发展。 国家**保障妇女平等**接受职业教育的权利。

续表

修订前	修订后
第八条　实施职业教育应当根据实际需要，同国家制定的职业分类和职业等级标准相适应，实行学历证书、培训证书和职业资格证书制度。 国家实行劳动者在就业前或者上岗前接受必要的职业教育的制度。	**第十一条**　实施职业教育应当根据**经济社会发展**需要，结合职业分类、**职业标准、职业发展需求，制定教育标准或者培训方案，**实行学历证书**及其他学业证书**、培训证书、职业资格证书**和职业技能等级证书**制度。 国家实行劳动者在就业前或者上岗前接受必要的职业教育的制度。
第十条　国家对在职业教育中作出显著成绩的单位和个人给予奖励。	**第十二条　国家采取措施，提高技术技能人才的社会地位和待遇，弘扬劳动光荣、技能宝贵、创造伟大的时代风尚。** 国家对在职业教育**工作**中做出显著成绩的单位和个人**按照有关规定**给予**表彰**、奖励。 **每年5月的第二周为职业教育活动周。**
	第十三条　**国家鼓励职业教育领域的对外交流与合作，支持引进境外优质资源发展职业教育，鼓励有条件的职业教育机构赴境外办学，支持开展多种形式的职业教育学习成果互认。**
第二章　职业教育体系	第二章　职业教育体系
第十二条　国家根据不同地区的经济发展水平和教育普及程度，实施以初中后为重点的不同阶段的教育分流，建立、健全职业学校教育与职业培训并举，并与其他教育相互沟通、协调发展的职业教育体系。	**第十四条**　国家建立健全**适应**经济社会发展**需要，产教深度融合，**职业学校教育和职业培训并**重，职业教育与普通教育**相互**融通，不同层次职业教育有效贯通，服务全民终身学习**的**现代**职业教育体系。 **国家优化教育结构，科学配置教育资源，在义务教育后的不同阶段因地制宜、统筹推进职业教育与普通教育协调发展。**

续表

修订前	修订后
第十三条 职业学校教育分为初等、中等、高等职业学校教育。 初等、中等职业学校教育分别由初等、中等职业学校实施；高等职业学校教育根据需要和条件由高等职业学校实施，或者由普通高等学校实施。其他学校按照教育行政部门的统筹规划，可以实施同层次的职业学校教育。	**第十五条** 职业学校教育分为中等职业学校教育、高等职业学校教育。 中等职业学校教育由**高级**中等**教育层次的**中等职业学校（**含技工学校**）实施。 高等职业学校教育由**专科、本科及以上教育层次的**高等职业学校和普通高等学校实施。**根据高等职业学校设置制度规定，将符合条件的技师学院纳入高等职业学校序列。** 其他学校、**教育机构或者符合条件的企业、行业组织按照教育行政部门的统筹规划**，可以实施**相应**层次的职业学校教育**或者提供纳入人才培养方案的学分课程。**
第十四条 职业培训包括从业前培训、转业培训、学徒培训、在岗培训、转岗培训及其他职业性培训，可以根据实际情况分为初级、中级、高级职业培训。 职业培训分别由相应的职业培训机构、职业学校实施。 其他学校或者教育机构可以根据办学能力，开展面向社会的、多种形式的职业培训。	**第十六条** 职业培训包括就业前培训、**在职培训、再就业培训**及其他职业性培训，可以根据实际情况**分级分类实施**。 职业培训**可以**由相应的职业培训机构、职业学校实施。 其他学校或者教育机构**以及企业、社会组织**可以根据办学能力、**社会需求，依法**开展面向社会的、多种形式的职业培训。
	第十七条 国家建立健全各级各类学校教育与职业培训学分、资历以及其他学习成果的认证、积累和转换机制，推进职业教育国家学分银行建设，促进职业教育与普通教育的学习成果融通、互认。 **军队职业技能等级纳入国家职业资格认证和职业技能等级评价体系。**

续表

修订前	修订后
第十五条　残疾人职业教育除由残疾人教育机构实施外，各级各类职业学校和职业培训机构及其他教育机构应当按照国家有关规定接纳残疾学生。	**第十八条**　残疾人职业教育除由残疾人教育机构实施外，各级各类职业学校和职业培训机构及其他教育机构应当按照国家有关规定接纳残疾学生，**并加强无障碍环境建设，为残疾学生学习、生活提供必要的帮助和便利。** **国家采取措施，支持残疾人教育机构、职业学校、职业培训机构及其他教育机构开展或者联合开展残疾人职业教育。** **从事残疾人职业教育的特殊教育教师按照规定享受特殊教育津贴。**
第十六条　普通中学可以因地制宜地开设职业教育的课程，或者根据实际需要适当增加职业教育的教学内容。	**第十九条**　**县级以上人民政府教育行政部门应当鼓励和支持**普通中**小**学、普通**高等学校**，根据实际需要增加职业教育**相关**教学内容，**进行职业启蒙、职业认知、职业体验，开展职业规划指导、劳动教育，并组织、引导职业学校、职业培训机构、企业和行业组织等提供条件和支持。**
第三章　职业教育的实施	第三章　职业教育的实施
	第二十条　**国务院教育行政部门会同有关部门根据经济社会发展需要和职业教育特点，组织制定、修订职业教育专业目录，完善职业教育教学等标准，宏观管理指导职业学校教材建设。**
第十七条　县级以上地方各级人民政府应当举办发挥骨干和示范作用的职业学校、职业培训机构，对农村、企业、事业组织、社会团体、其他社会组织及公民个人依法举办的职业学校	**第二十一条**　县级以上地方人民政府应当举办**或者参与举办**发挥骨干和示范作用的职业学校、职业培训机构，对**社会力量**依法举办的职业学校和职业培训机构给予指导和扶持。 **国家根据产业布局和行业发展需要，采取措施，大力发展先进制造等产业需要的新兴专**

续表

修订前	修订后
和职业培训机构给予指导和扶持。	业，支持高水平职业学校、专业建设。 国家采取措施，加快培养托育、护理、康养、家政等方面技术技能人才。
第十八条　县级人民政府应当适应农村经济、科学技术、教育统筹发展的需要，举办多种形式的职业教育，开展实用技术的培训，促进农村职业教育的发展。	第二十二条　县级人民政府可以根据县域经济社会发展的需要，设立职业教育中心学校，开展多种形式的职业教育，实施实用技术培训。 教育行政部门可以委托职业教育中心学校承担教育教学指导、教育质量评价、教师培训等职业教育公共管理和服务工作。
第十九条　政府主管部门、行业组织应当举办或者联合举办职业学校、职业培训机构，组织、协调、指导本行业的企业、事业组织举办职业学校、职业培训机构。 国家鼓励运用现代化教学手段，发展职业教育。	第二十三条　行业主管部门按照行业、产业人才需求加强对职业教育的指导，定期发布人才需求信息。 行业主管部门、工会和中华职业教育社等群团组织、行业组织可以根据需要，参与制定职业教育专业目录和相关职业教育标准，开展人才需求预测、职业生涯发展研究及信息咨询，培育供需匹配的产教融合服务组织，举办或者联合举办职业学校、职业培训机构，组织、协调、指导相关企业、事业单位、社会组织举办职业学校、职业培训机构。
第二十条　企业应当根据本单位的实际，有计划地对本单位的职工和准备录用的人员实施职业教育。 企业可以单独举办或者联合举办职业学校、职业培训机构，也可以委托学校、职业培训机构对本单位的职工和准备录	第二十四条　企业应当根据本单位实际，有计划地对本单位的职工和准备招用的人员实施职业教育，并可以设置专职或者兼职实施职业教育的岗位。 企业应当按照国家有关规定实行培训上岗制度。企业招用的从事技术工种的劳动者，上岗前必须进行安全生产教育和技术培训；招用的从事涉及公共安全、人身健康、生命财产

续表

修订前	修订后
用的人员实施职业教育。 从事技术工种的职工，上岗前必须经过培训；从事特种作业的职工必须经过培训，并取得特种作业资格。	**安全等特定职业（工种）的劳动者，必须经过培训并依法**取得**职业资格或者**特种作业资格。 **企业开展职业教育的情况应当纳入企业社会责任报告。**
	第二十五条　企业可以利用资本、技术、知识、设施、设备、场地和管理等要素，举办或者联合举办职业学校、职业培训机构。
第二十一条第一款　国家鼓励事业组织、社会团体、其他社会组织及公民个人按照国家有关规定举办职业学校、职业培训机构。	**第二十六条**　国家鼓励**、指导、支持企业和其他社会力量依法举办**职业学校、职业培训机构。 **地方各级人民政府采取购买服务，向学生提供助学贷款、奖助学金等措施，对企业和其他社会力量依法举办的职业学校和职业培训机构予以扶持；对其中的非营利性职业学校和职业培训机构还可以采取政府补贴、基金奖励、捐资激励等扶持措施，参照同级同类公办学校生均经费等相关经费标准和支持政策给予适当补助。**
	第二十七条　对深度参与产教融合、校企合作，在提升技术技能人才培养质量、促进就业中发挥重要主体作用的企业，按照规定给予奖励；对符合条件认定为产教融合型企业的，按照规定给予金融、财政、土地等支持，落实教育费附加、地方教育附加减免及其他税费优惠。
第二十二条　联合举办职业学校、职业培训机构，举办者应当签订联合办学合同。 政府主管部门、行业组织、	**第二十八条**　联合举办职业学校、职业培训机构的，举办者应当签订**联合办学协议，约定各方权利义务。** **地方各级人民政府及行业主管部门支持**

续表

修订前	修订后
企业、事业组织委托学校、职业培训机构实施职业教育的，应当签订委托合同。	**社会力量依法参与联合办学，举办多种形式的职业学校、职业培训机构。** **行业主管部门、工会等群团组织**、行业组织、企业、事业**单位**等委托学校、职业培训机构实施职业教育的，应当签订委托合同。
第二十三条　职业学校、职业培训机构实施职业教育应当实行产教结合，为本地区经济建设服务，与企业密切联系，培养实用人才和熟练劳动者。 职业学校、职业培训机构可以举办与职业教育有关的企业或者实习场所。 **第三十七条第一款**　国务院有关部门、县级以上地方各级人民政府以及举办职业学校、职业培训机构的组织、公民个人，应当加强职业教育生产实习基地的建设。	**第二十九条**　县级以上人民政府应当**加强职业教育实习实训基地建设，组织行业主管部门、工会等群团组织、行业组织、企业等根据区域或者行业职业教育的需要建设高水平、专业化、开放共享的产教融合实习实训基地，为职业学校、职业培训机构开展实习实训和企业开展培训提供条件和支持。**
	第三十条　**国家推行中国特色学徒制，引导企业按照岗位总量的一定比例设立学徒岗位，鼓励和支持有技术技能人才培养能力的企业特别是产教融合型企业与职业学校、职业培训机构开展合作，对新招用职工、在岗职工和转岗职工进行学徒培训，或者与职业学校联合招收学生，以工学结合的方式进行学徒培养。有关企业可以按照规定享受补贴。** **企业与职业学校联合招收学生，以工学结合的方式进行学徒培养的，应当签订学徒培养协议。**

续表

修订前	修订后
	第三十一条 国家鼓励行业组织、企业等参与职业教育专业教材开发,将新技术、新工艺、新理念纳入职业学校教材,并可以通过活页式教材等多种方式进行动态更新;支持运用信息技术和其他现代化教学方式,开发职业教育网络课程等学习资源,创新教学方式和学校管理方式,推动职业教育信息化建设与融合应用。
	第三十二条 国家通过组织开展职业技能竞赛等活动,为技术技能人才提供展示技能、切磋技艺的平台,持续培养更多高素质技术技能人才、能工巧匠和大国工匠。
	第四章 职业学校和职业培训机构
第二十四条第一款 职业学校的设立,必须符合下列基本条件: (一)有组织机构和章程; (二)有合格的教师; (三)有符合规定标准的教学场所、与职业教育相适应的设施、设备; (四)有必备的办学资金和稳定的经费来源。	第三十三条 职业学校的设立,应当符合下列基本条件: (一)有组织机构和章程; (二)有合格的教师和管理人员; (三)有与所实施职业教育相适应、符合规定标准和安全要求的教学及实习实训场所、设施、设备以及课程体系、教育教学资源等; (四)有必备的办学资金和与办学规模相适应的稳定经费来源。 设立中等职业学校,由县级以上地方人民政府或者有关部门按照规定的权限审批;设立实施专科层次教育的高等职业学校,由省、自治区、直辖市人民政府审批,报国务院教育行政部门备案;设立实施本科及以上层次教育的高等职业学校,由国务院教育行政部门审批。 专科层次高等职业学校设置的培养高端

续表

修订前	修订后
	技术技能人才的部分专业,符合产教深度融合、办学特色鲜明、培养质量较高等条件的,经国务院教育行政部门审批,可以实施本科层次的职业教育。
第二十四条第二款、第三款 职业培训机构的设立,必须符合下列基本条件: (一)有组织机构和管理制度; (二)有与培训任务相适应的教师和管理人员; (三)有与进行培训相适应的场所、设施、设备; (四)有相应的经费。 职业学校和职业培训机构的设立、变更和终止,应当按照国家有关规定执行。	**第三十四条** 职业培训机构的设立,**应当**符合下列基本条件: (一)有组织机构和管理制度; (二)有与培训任务相适应的**课程体系**、教师**或者其他授课人员**、管理人员; (三)有与**培训任务**相适应、**符合安全要求的**场所、设施、设备; (四)有相应的经费。 职业培训机构的设立、变更和终止,按照国家有关规定执行。
	第三十五条 公办职业学校实行中国共产党职业学校基层组织领导的校长负责制,中国共产党职业学校基层组织按照中国共产党章程和有关规定,全面领导学校工作,支持校长独立负责地行使职权。民办职业学校依法健全决策机制,强化学校的中国共产党基层组织政治功能,保证其在学校重大事项决策、监督、执行各环节有效发挥作用。 **校长全面负责本学校教学、科学研究和其他行政管理工作。校长通过校长办公会或者校务会议行使职权,依法接受监督。** **职业学校可以通过咨询、协商等多种形**

续表

修订前	修订后
	式，听取行业组织、企业、学校毕业生等方面代表的意见，发挥其参与学校建设、支持学校发展的作用。
	第三十六条　职业学校应当依法办学，依据章程自主管理。 职业学校在办学中可以开展下列活动： （一）根据产业需求，依法自主设置专业； （二）基于职业教育标准制定人才培养方案，依法自主选用或者编写专业课程教材； （三）根据培养技术技能人才的需要，自主设置学习制度，安排教学过程； （四）在基本学制基础上，适当调整修业年限，实行弹性学习制度； （五）依法自主选聘专业课教师。
	第三十七条　国家建立符合职业教育特点的考试招生制度。 中等职业学校可以按照国家有关规定，在有关专业实行与高等职业学校教育的贯通招生和培养。 高等职业学校可以按照国家有关规定，采取文化素质与职业技能相结合的考核方式招收学生；对有突出贡献的技术技能人才，经考核合格，可以破格录取。 省级以上人民政府教育行政部门会同同级人民政府有关部门建立职业教育统一招生平台，汇总发布实施职业教育的学校及其专业设置、招生情况等信息，提供查询、报考等服务。
	第三十八条　职业学校应当加强校风学风、师德师风建设，营造良好学习环境，保证教育教学质量。

续表

修订前	修订后
	第三十九条　职业学校应当建立健全就业创业促进机制，采取多种形式为学生提供职业规划、职业体验、求职指导等就业创业服务，增强学生就业创业能力。
	第四十条　职业学校、职业培训机构实施职业教育应当注重产教融合，实行校企合作。 职业学校、职业培训机构可以通过与行业组织、企业、事业单位等共同举办职业教育机构、组建职业教育集团、开展订单培养等多种形式进行合作。 国家鼓励职业学校在招生就业、人才培养方案制定、师资队伍建设、专业规划、课程设置、教材开发、教学设计、教学实施、质量评价、科学研究、技术服务、科技成果转化以及技术技能创新平台、专业化技术转移机构、实习实训基地建设等方面，与相关行业组织、企业、事业单位等建立合作机制。开展合作的，应当签订协议，明确双方权利义务。
第三十三条　职业学校、职业培训机构举办企业和从事社会服务的收入应当主要用于发展职业教育。	第四十一条　职业学校、职业培训机构开展校企合作、提供社会服务或者以实习实训为目的举办企业、开展经营活动取得的收入用于改善办学条件；收入的一定比例可以用于支付教师、企业专家、外聘人员和受教育者的劳动报酬，也可以作为绩效工资来源，符合国家规定的可以不受绩效工资总量限制。 职业学校、职业培训机构实施前款规定的活动，符合国家有关规定的，享受相关税费优惠政策。

续表

修订前	修订后
第三十二条第一款　职业学校、职业培训机构可以对接受中等、高等职业学校教育和职业培训的学生适当收取学费，对经济困难的学生和残疾学生应当酌情减免。收费办法由省、自治区、直辖市人民政府规定。	**第四十二条**　职业学校按照规定的**收费标准和办法**，收取学费**和其他必要费用**；符合国家规定条件的，应当予以减免；**不得以介绍工作、安排实习实训等名义违法收取费用。** **职业培训机构、职业学校面向社会开展培训的，按照国家有关规定收取费用。**
	第四十三条　职业学校、职业培训机构应当建立健全教育质量评价制度，吸纳行业组织、企业等参与评价，并及时公开相关信息，接受教育督导和社会监督。 **县级以上人民政府教育行政部门应当会同有关部门、行业组织建立符合职业教育特点的质量评价体系，组织或者委托行业组织、企业和第三方专业机构，对职业学校的办学质量进行评估，并将评估结果及时公开。** **职业教育质量评价应当突出就业导向，把受教育者的职业道德、技术技能水平、就业质量作为重要指标，引导职业学校培养高素质技术技能人才。** **有关部门应当按照各自职责，加强对职业学校、职业培训机构的监督管理。**
	第五章　职业教育的教师与受教育者
第三十六条第一款　县级以上各级人民政府和有关部门应当将职业教育教师的培养和培训工作纳入教师队伍建设规划，保证职业教育教师队伍适应职业教育发展的需要。	**第四十四条　国家保障职业教育教师的权利，提高其专业素质与社会地位。** 县级以上人民政府及其有关部门应当将职业教育教师的培养培训工作纳入教师队伍建设规划，保证职业教育教师队伍适应职业教育发展的需要。

续表

修订前	修订后
	第四十五条　国家建立健全职业教育教师培养培训体系。 各级人民政府应当采取措施，加强职业教育教师专业化培养培训，鼓励设立专门的职业教育师范院校，支持高等学校设立相关专业，培养职业教育教师；鼓励行业组织、企业共同参与职业教育教师培养培训。 产教融合型企业、规模以上企业应当安排一定比例的岗位，接纳职业学校、职业培训机构教师实践。
	第四十六条　国家建立健全符合职业教育特点和发展要求的职业学校教师岗位设置和职务（职称）评聘制度。 职业学校的专业课教师（含实习指导教师）应当具有一定年限的相应工作经历或者实践经验，达到相应的技术技能水平。 具备条件的企业、事业单位经营管理和专业技术人员，以及其他有专业知识或者特殊技能的人员，经教育教学能力培训合格的，可以担任职业学校的专职或者兼职专业课教师；取得教师资格的，可以根据其技术职称聘任为相应的教师职务。取得职业学校专业课教师资格可以视情况降低学历要求。
第三十六条第二款　职业学校和职业培训机构可以聘请专业技术人员、有特殊技能的人员和其他教育机构的教师担任兼职教师。有关部门和单位应当提供方便。	第四十七条　国家鼓励职业学校聘请技能大师、劳动模范、能工巧匠、非物质文化遗产代表性传承人等高技能人才，通过担任专职或者兼职专业课教师、设立工作室等方式，参与人才培养、技术开发、技能传承等工作。

续表

修订前	修订后
	第四十八条　国家制定职业学校教职工配备基本标准。省、自治区、直辖市应当根据基本标准，制定本地区职业学校教职工配备标准。 县级以上地方人民政府应当根据教职工配备标准、办学规模等，确定公办职业学校教职工人员规模，其中一定比例可以用于支持职业学校面向社会公开招聘专业技术人员、技能人才担任专职或者兼职教师。
	第四十九条　职业学校学生应当遵守法律、法规和学生行为规范，养成良好的职业道德、职业精神和行为习惯，努力学习，完成规定的学习任务，按照要求参加实习实训，掌握技术技能。 职业学校学生的合法权益，受法律保护。
第三十七条第二款　企业、事业组织应当接纳职业学校和职业培训机构的学生和教师实习；对上岗实习的，应当给予适当的劳动报酬。	第五十条　国家鼓励企业、事业单位安排实习岗位，接纳职业学校和职业培训机构的学生实习。接纳实习的单位应当保障学生在实习期间按照规定享受休息休假、获得劳动安全卫生保护、参加相关保险、接受职业技能指导等权利；对上岗实习的，应当签订实习协议，给予适当的劳动报酬。 职业学校和职业培训机构应当加强对实习实训学生的指导，加强安全生产教育，协商实习单位安排与学生所学专业相匹配的岗位，明确实习实训内容和标准，不得安排学生从事与所学专业无关的实习实训，不得违反相关规定通过人力资源服务机构、劳务派遣单位，或者通过非法从事人力资源服务、劳务派遣业务的单位或个人组织、安排、管理学生实习实训。

续表

修订前	修订后
第二十五条　接受职业学校教育的学生，经学校考核合格，按照国家有关规定，发给学历证书。接受职业培训的学生，经培训的职业学校或者职业培训机构考核合格，按照国家有关规定，发给培训证书。 学历证书、培训证书按照国家有关规定，作为职业学校、职业培训机构的毕业生、结业生从业的凭证。	**第五十一条**　接受职业学校教育，**达到相应学业要求**，经学校考核合格的，取得相应的学业证书；接受职业培训，经职业培训机构或者职业学校考核合格的，取得**相应**的培训证书；**经符合国家规定的专门机构考核合格的，取得相应的职业资格证书或者职业技能等级证书。** 学业证书、培训证书、**职业资格证书和职业技能等级证书**，按照国家有关规定，作为**受教育者**从业的凭证。 **接受职业培训取得的职业技能等级证书、培训证书等学习成果，经职业学校认定，可以转化为相应的学历教育学分；达到相应职业学校学业要求的，可以取得相应的学业证书。** **接受高等职业学校教育，学业水平达到国家规定的学位标准的，可以依法申请相应学位。**
第三十二条第二款　国家支持企业、事业组织、社会团体、其他社会组织及公民个人按照国家有关规定设立职业教育奖学金、贷学金，奖励学习成绩优秀的学生或者资助经济困难的学生。	**第五十二条**　**国家建立对职业学校学生的奖励和资助制度，对特别优秀的学生进行奖励，对经济困难的学生提供资助，并向艰苦、特殊行业等专业学生适当倾斜。国家根据经济社会发展情况适时调整奖励和资助标准。** 国家支持企业、事业**单位、社会组织**及公民个人按照国家有关规定设立职业教育奖学金、助学金，奖励优秀学生，资助经济困难的学生。 **职业学校应当按照国家有关规定从事业收入或者学费收入中提取一定比例资金，用于奖励和资助学生。** **省、自治区、直辖市人民政府有关部门应当完善职业学校资助资金管理制度，规范资助资金管理使用。**

续表

修订前	修订后
	第五十三条　职业学校学生在升学、就业、职业发展等方面与同层次普通学校学生享有平等机会。 高等职业学校和实施职业教育的普通高等学校应当在招生计划中确定相应比例或者采取单独考试办法，专门招收职业学校毕业生。 各级人民政府应当创造公平就业环境。用人单位不得设置妨碍职业学校毕业生平等就业、公平竞争的报考、录用、聘用条件。机关、事业单位、国有企业在招录、招聘技术技能岗位人员时，应当明确技术技能要求，将技术技能水平作为录用、聘用的重要条件。事业单位公开招聘中有职业技能等级要求的岗位，可以适当降低学历要求。
第四章　职业教育的保障条件	第六章　职业教育的保障
第二十六条　国家鼓励通过多种渠道依法筹集发展职业教育的资金。	第五十四条　国家优化教育经费支出结构，使职业教育经费投入与职业教育发展需求相适应，鼓励通过多种渠道依法筹集发展职业教育的资金。
第二十七条　省、自治区、直辖市人民政府应当制定本地区职业学校学生人数平均经费标准；国务院有关部门应当会同国务院财政部门制定本部门职业学校学生人数平均经费标准。职业学校举办者应当按照学生人数平均经费标准足额拨付职业教育经费。	第五十五条　各级人民政府应当按照事权和支出责任相适应的原则，根据职业教育办学规模、培养成本和办学质量等落实职业教育经费，并加强预算绩效管理，提高资金使用效益。 省、自治区、直辖市人民政府应当制定本地区职业学校生均经费标准或者公用经费标准。职业学校举办者应当按照生均经费标准或者公用经费标准按时、足额拨付经费，不断

续表

修订前	修订后
各级人民政府、国务院有关部门用于举办职业学校和职业培训机构的财政性经费应当逐步增长。 任何组织和个人不得挪用、克扣职业教育的经费。	**改善办学条件。不得以学费、社会服务收入冲抵生均拨款。** **民办职业学校举办者应当参照同层次职业学校生均经费标准,通过多种渠道筹措经费。** **财政专项安排、社会捐赠指定用于职业教育的经费,**任何组织和个人不得挪用、克扣。
第三十条 省、自治区、直辖市人民政府按照教育法的有关规定决定开征的用于教育的地方附加费,可以专项或者安排一定比例用于职业教育。	**第五十六条 地方各级人民政府安排地方教育附加等方面的经费,应当将其中可用于职业教育的资金统筹使用;发挥失业保险基金作用,支持职工提升职业技能。**
第三十一条 各级人民政府可以将农村科学技术开发、技术推广的经费,适当用于农村职业培训。	**第五十七条** 各级人民政府**加大面向农村的职业教育投入,**可以将农村科学技术开发、技术推广的经费适当用于农村职业培训。
第二十八条 企业应当承担对本单位的职工和准备录用的人员进行职业教育的费用,具体办法由国务院有关部门会同国务院财政部门或者由省、自治区、直辖市人民政府依法规定。	**第五十八条 企业应当根据国务院规定的标准,按照职工工资总额一定比例提取和使用职工教育经费。职工教育经费可以用于举办职业教育机构、对本单位的职工和准备招用人员进行职业教育等合理用途,其中用于企业一线职工职业教育的经费应当达到国家规定的比例。用人单位安排职工到职业学校或者职业培训机构接受职业教育的,应当在其接受职业教育期间依法支付工资,保障相关待遇。** **企业设立具备生产与教学功能的产教融合实习实训基地所发生的费用,可以参照职业学校享受相应的用地、公用事业费等优惠。**

续表

修订前	修订后
第三十四条 国家鼓励金融机构运用信贷手段，扶持发展职业教育。	**第五十九条** 国家鼓励**金融机构通过提供金融服务支持**发展职业教育。
第三十五条 国家鼓励企业、事业组织、社会团体、其他社会组织及公民个人对职业教育捐资助学，鼓励境外的组织和个人对职业教育提供资助和捐赠。提供的资助和捐赠，必须用于职业教育。	**第六十条** 国家鼓励企业、事业**单位**、**社会组织**及公民个人对职业教育捐资助学，鼓励境外的组织和个人对职业教育提供资助和捐赠。提供的资助和捐赠，必须用于职业教育。
第九条 国家鼓励并组织职业教育的科学研究。 **第三十八条** 县级以上各级人民政府和有关部门应当建立、健全职业教育服务体系，加强职业教育教材的编辑、出版和发行工作。	**第六十一条** 国家鼓励和支持开展职业教育的科学技术研究、教材**和教学资源开发，推进职业教育资源跨区域、跨行业、跨部门共建共享。** **国家逐步建立反映职业教育特点和功能的信息统计和管理体系。** 县级以上人民政府及其有关部门应当建立健全职业教育服务**和保障**体系，**组织、引导工会等群团组织、行业组织、企业、学校等开展职业教育研究、宣传推广、人才供需对接等活动。**
	第六十二条 新闻媒体和职业教育有关方面应当积极开展职业教育公益宣传，弘扬技术技能人才成长成才典型事迹，营造人人努力成才、人人皆可成才、人人尽展其才的良好社会氛围。

续表

修订前	修订后
第五章 附 则	**第七章 法 律 责 任**
第三十九条 在职业教育活动中违反教育法规定的,应当依照教育法的有关规定给予处罚。	**第六十三条** 在职业教育活动中违反**《中华人民共和国教育法》、《中华人民共和国劳动法》**等有关法律规定的,依照**有关法律**的规定给予处罚。
第二十九条 企业未按本法第二十条的规定实施职业教育的,县级以上地方人民政府应当责令改正;拒不改正的,可以收取企业应当承担的职业教育经费,用于本地区的职业教育。	**第六十四条** 企业未依照本法规定**对本单位的职工和准备招用的人员实施职业教育、提取和使用职工教育经费的,由有关部门责令改正;拒不改正的,**由县级以上人民政府收取其应当承担的职工教育经费**,用于职业教育**。
	第六十五条 职业学校、职业培训机构在职业教育活动中违反本法规定的,由教育行政部门或者其他有关部门责令改正;教育教学质量低下或者管理混乱,造成严重后果的,责令暂停招生、限期整顿;逾期不整顿或者经整顿仍达不到要求的,吊销办学许可证或者责令停止办学。
	第六十六条 接纳职业学校和职业培训机构学生实习的单位违反本法规定,侵害学生休息休假、获得劳动安全卫生保护、参加相关保险、接受职业技能指导等权利的,依法承担相应的法律责任。 **职业学校、职业培训机构违反本法规定,通过人力资源服务机构、劳务派遣单位或者非法从事人力资源服务、劳务派遣业务的单位或个人组织、安排、管理学生实习实训的,由教育行政部门、人力资源社会保障行政部门或者其他有关部门责令改正,没收违法所得,并处违**

续表

修订前	修订后
	法所得一倍以上五倍以下的罚款;违法所得不足一万元的,按一万元计算。 对前款规定的人力资源服务机构、劳务派遣单位或者非法从事人力资源服务、劳务派遣业务的单位或个人,由人力资源社会保障行政部门或者其他有关部门责令改正,没收违法所得,并处违法所得一倍以上五倍以下的罚款;违法所得不足一万元的,按一万元计算。
	第六十七条　教育行政部门、人力资源社会保障行政部门或者其他有关部门的工作人员违反本法规定,滥用职权、玩忽职守、徇私舞弊的,依法给予处分;构成犯罪的,依法追究刑事责任。
	第八章　附　　则
第二十一条第二款　境外的组织和个人在中国境内举办职业学校、职业培训机构的办法,由国务院规定。	**第六十八条**　境外的组织和个人在境内举办职业学校、职业培训机构,**适用本法;法律、行政法规另有规定的,从其规定。**
第四十条　本法自 1996 年 9 月 1 日起施行。	**第六十九条**　本法自 **2022 年 5 月 1 日**起施行。